Rosa-Maria Dallapiazza, Eduard von Jan, Til Schönherr

GW00372216

TANGRAM

Deutsch als Fremdsprache

Kursbuch 1 B

Max Hueber Verlag

Beratung:
Ina Alke, Beate Blüggel, Roland Fischer, Franziska Fuchs,
Helga Heinicke-Krabbe, Dieter Maenner, Gary McAllen,
Angelika Wohlleben

Phonetische Beratung:
Evelyn Frey

Grammatische Beratung:
Andreas Tomaszewski

| R | 3. | 2. | 1. | | Die letzten Ziffern |
| 2002 | 2001 | 2000 | 1999 | 98 | bezeichnen Zahl und Jahr des Druckes. |

Alle Drucke dieser Auflage können, da unverändert,
nebeneinander benutzt werden.
1. Auflage
© 1998 Max Hueber Verlag, D-85737 Ismaning
Zeichnungen: ofczarek!
Verlagsredaktion: Silke Hilpert, Werner Bönzli
Lithographie: Agentur Langbein Wullenkord
Druck und Bindung: Schoder Druck, Gersthofen
Printed in Germany
ISBN 3–19–001614–3

Vorwort

 Beim Sprachenlernen stehen die Menschen im Mittelpunkt: die, die sich gemeinsam im Kurs die neue Sprache aneignen wollen, aber auch die, um deren Sprache es geht – in diesem Fall also um die Menschen zwischen Alpen und Nordsee, deren Muttersprache Deutsch ist. Nicht nur, wie sie sich ausdrücken, auch welchen gesellschaftlichen Normen sie folgen, welche Institutionen in ihr Leben eingreifen, was ihnen wichtig ist, worüber sie sich freuen oder ärgern – all das interessiert die Lernenden, weil die neue Sprache eben nur vor diesem Hintergrund Sinn macht.

Wir, die Autoren und der Verlag, hoffen, dass es uns mit dem Lehrwerk Tangram gelungen ist, den Lernenden diese Menschen in einer Form nahezubringen, die das Lernen zu einem ebenso angenehmen wie erfolgreichen Erlebnis macht – und dass wir darüber hinaus die Kursleiterinnen und Kursleiter bei der Vermittlung der deutschen Sprache so weitgehend unterstützen, wie dies durch das Medium eines Lehrwerks eben möglich ist. Über Reaktionen aus der Unterrichtspraxis würden wir uns sehr freuen.

Inhalt

Inhalt

Anhang

Pictogramme

Text auf Cassette und CD mit Haltepunkt

Schreiben

Wörterbuch

Hinweis aufs Arbeitsbuch

Regel

Familie und Haushalt

Die lieben Verwandten

Hören Sie und sortieren Sie die Fotos.

Unsere Bürgermeisterin ☐

Mein Bruder und sein Lieblingsspielzeug ☐

Mama ist die Beste. ☐

Ein glückliches Paar ☐

Kinderstunde ☐

Hals- und Beinbruch! ☐

Familientreffen in Pullach ☐

Die Pullacher Philharmoniker ☐

A 2

Hören Sie noch einmal und ergänzen Sie die Steckbriefe.

Name _Annika_
Wohnort _____
Alter _____
Beruf _Praktikum_
Hobbys _____
anderes _____

Name _Sibylle_
Wohnort _____
Alter _____
Beruf _____
Hobbys _____
anderes _____

Name _Lothar_
Wohnort _Pullach_
Alter _____
Beruf _____
Hobbys _____
anderes _____

Name _Justus_
Wohnort _____
Alter _____
Beruf _____
Hobbys _Feuerwehr_
anderes _____

Name _Johanna_
Wohnort _____
Alter _____
Beruf _____
Hobbys _____
anderes _____

Name _Sabine_
Wohnort _____
Alter _____
Beruf _Bürgermeisterin_
Hobbys _____
anderes _____

Arbeiten Sie zu dritt oder zu viert und vergleichen Sie.

A 3

Ergänzen Sie den Stammbaum von Annika Würthner.

Familie Würthner

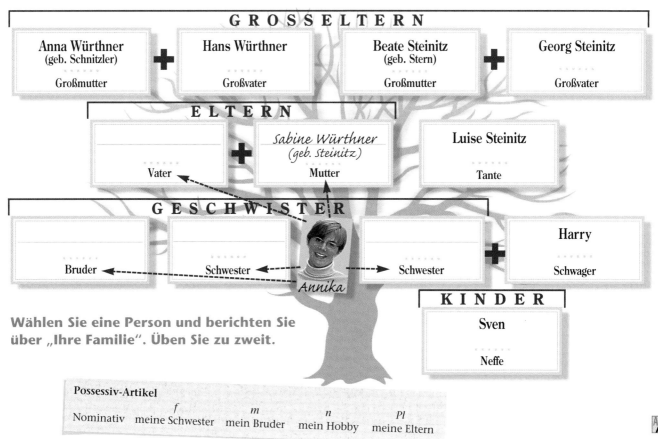

Wählen Sie eine Person und berichten Sie über „Ihre Familie". Üben Sie zu zweit.

Possessiv-Artikel

	f	m	n	Pl
Nominativ	meine Schwester	mein Bruder	mein Hobby	meine Eltern

Schreiben Sie den Stammbaum für Ihre Familie.

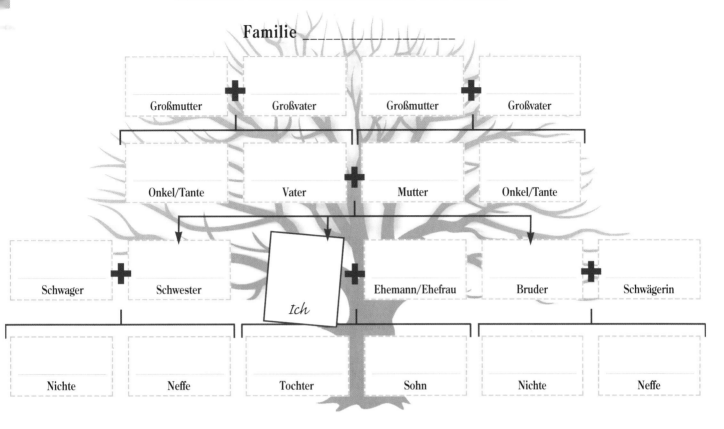

Familie _____

| Großmutter | + | Großvater | Großmutter | + | Großvater |

| Onkel/Tante | Vater | + | Mutter | Onkel/Tante |

| Schwager | + | Schwester | *Ich* | + | Ehemann/Ehefrau | Bruder | + | Schwägerin |

| Nichte | Neffe | Tochter | Sohn | Nichte | Neffe |

Machen Sie einen Steckbrief für sich und für zwei Familienangehörige.

Name	_____
Wohnort	_____
Alter	_____
Beruf	_____
Hobbys	_____
anderes	_____

Name	_____
Wohnort	_____
Alter	_____
Beruf	_____
Hobbys	_____
anderes	_____

Name	_____
Wohnort	_____
Alter	_____
Beruf	_____
Hobbys	_____
anderes	_____

Arbeiten Sie in Gruppen und stellen Sie sich und Ihre Familie vor.

Ich heiße Deniz Bostan. Ich komme aus der Türkei. Ich bin in Karabük geboren. Meine Eltern kommen beide auch aus Karabük. Sie heißen Aliye und Murat. Meine Mutter ist 48. Mein Vater ist 47 Jahre alt. Ich bin 25. Wir wohnen alle zusammen in Frankfurt, in Nied. Ich habe noch vier Geschwister. Zwei Brüder und zwei Schwestern ...

ARBEITSBUCH
A 4

Microsoft Internet Explorer - Microsoft Internet Explorer (T-Online Edition)

Datei   Bearbeiten   Ansicht   Explorer   Favoriten   ?

Zurück   Vorwärts   Abbrech...   Aktualisi...   Startseite   Suchen   Favoriten   Drucken   Schriftgr...   Mail   Bearbeit...

Adresse C:\WINDOWS\SYSTEM\BLANK.HTM

Links   Service   Surfbrett   Private Homepage   Deutsche Telekom   T-Online

B   Eine Klasse stellt sich vor.

B 1   Lesen Sie den Text und machen Sie Notizen.

Vera Kaufmann

Vera in 20 Jahren: Sie lebt im Ausland (San Francisco oder Irland) und hat eine feste Beziehung, aber sie ist nicht verheiratet und hat keine Kinder. Ihr Beruf: Irgendwas mit Sprachen – vielleicht Journalistin? Ihre Pläne nach dem Abi: Inter-Rail – jobben – danach USA und Australien. Wir fragten: Was nimmst du auf eine einsame Insel mit? „Bücher, mein Schreibzeug und meine Lieblings-CDs!" Was findest du gut an dir? „Ich kann gut zuhören." Was findest du nicht so gut an dir? „Ich kann mich so schwer entscheiden." Wie sieht dein Traummann aus? – „Ach, ich weiß nicht, da gibt's viele..."

Daniel „Schwede" Becker

Unser „Schwede" – Daniel ist Halbschwede. Am Wochenende spielt Schwede immer Fußball bei seinem Verein (KSC). Außerdem ist er SEHR Internet-begeistert: Er hat seine eigene Homepage (und ist festes Mitglied in unserem Redaktionsteam). Schwede ist sehr spontan und aktiv – bei ihm muss immer was los sein. Nach dem Abi will er nach Schweden fahren und seinen Vater besuchen, danach beginnt er sein VWL-Studium. Sein Leben in 20 Jahren stellt er sich so vor: Reihenhaus, Mercedes 200 D, Schrebergarten, Frau und zwei Kinder, KSC-Dauerkarte, Stammtisch. (Anm.d.Red.: Ist das wirklich dein Ernst?)

Katja Schmidt

Ihr Leben ist der KSC – jedes Wochenende unterstützt sie lautstark ihren Verein und feiert seine Siege und Niederlagen. Ihr Markenzeichen ist ihre Haarfarbe – sie wechselt ständig (blond, violett, grün ...). Die wichtigste Rolle in ihrem Leben (außer dem KSC) spielt ihr Freund Pinky. Beide sind sehr sportbegeistert, ihr neuestes Hobby ist Inline-Skating. Dein Leben in 20 Jahren? „Ich werde Single sein und Karriere machen – egal in welchem Beruf." Drei Dinge für die Insel: „Mann, Musik, Moskitonetz." Und dein Traummann? „Ich weiß nicht – er muss einfach den besonderen Kick haben!"

Die 13. Stufe   **MUSTER GYMNASIUM**

Unser Redaktionsteam präsentiert die Schülerinnen und Schüler der Stufe 13 – ihre Stärken und Schwächen, ihre Hobbys, ihre Träume und ihre Pläne für die Zukunft. Wir fragten:

Was sind eure Pläne für die Zeit nach dem Abi?

Wie sieht euer Leben in 20 Jahren aus?

Welche drei Dinge wollt ihr auf eine einsame Insel mitnehmen?

Wie sieht euer Traummann/eure Traumfrau aus?

Hier die Ergebnisse.

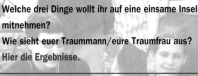

Vera Kaufmann   Daniel Becker   Katja Schmidt   Iris Staudinger   Pero Ovcina   Annette Heckel

Iris „Bevis" Staudinger

Heute in 20 Jahren lebt unsere Bevis mit ihrem Mann und ihren drei Kindern (ein Junge, zwei Mädchen) gerade für ein paar Jahre in Afrika. Sie ist Ärztin: „Da kann man seine Fähigkeiten sinnvoll einsetzen und anderen helfen." Mit ihrem Studium lässt sie sich Zeit: Nach dem Abi will sie erst einmal reisen und die Welt sehen, sie ist überhaupt sehr unternehmungslustig und kontaktfreudig. Für die einsame Insel packt sie ihre Gitarre, ihren Zeichenblock und ihre Lieblingsbücher ein. Ihr Traummann soll groß, humorvoll, ehrlich, kreativ und lieb sein – viel Glück bei der Suche!

Pero Ovcina

Pero ist Bosnier, immer freundlich und hilfsbereit, lebt seit 3 Jahren in Deutschland und ist seit zwei Jahren in unserer Klasse. Er kommt nicht oft zum Unterricht, aber er hat trotzdem super Noten: Er ist unser Mathe- und Physik-As. Sein Berufswunsch: Maschinenbauingenieur. Sein sportliches Outfit zeigt seine Begeisterung für Basketball. Sein Leben in 20 Jahren soll vor allem „nicht so anstrengend" sein. Seine Pläne: „Nach dem Abi will ich erst mal sechs Monate gar nichts tun." Seine Traumfrau? Pero genervt: „Hört doch auf mit euren doofen Fragen! Das ist doch meine Sache."

Annette Heckel

Annette ist ruhig, nachdenklich und zurückhaltend – auch bei unserem Interview beantwortet sie unsere Fragen nur zögernd. Annette hat Glück: Sie kann bei ihrer Tante eine Ausbildung in ihrem Traumberuf machen. Deshalb geht sie nach dem Abi nicht auf Reisen, sondern beginnt sofort mit ihrer Ausbildung als Fotografin. Ihre Hobbys sind Reiten, Lesen und Faulenzen. In ihren Träumen ist sie manchmal ein Vogel: ungebunden, frei und mit einer neuen Perspektive – alles von oben sehen. Viel Spaß, Annette, bei deinen Flügen und eine sichere Landung in deinem Traumberuf!

Name	Eigenschaften	Pläne	in 20 Jahren	Insel	Traummann/-frau

Arbeiten Sie zu dritt und vergleichen Sie Ihre Notizen.

Was passt zusammen? Lesen Sie noch einmal und ergänzen Sie.

Vera

„Ich lebe im Ausland."

„Mein Beruf? Vielleicht Journalistin."

Daniel

„Ich bin ein totaler Internet-Freak."

„Ich habe meine eigene Homepage."

Katja

„Die wichtigste Rolle in meinem Leben spielt Pinky."

„Wir sind beide sehr sportbegeistert."

„Unser neuestes Hobby ist Inline-Skating."

<u>Die Redaktion</u>

Sie lebt im Ausland.

Ihr Beruf? Vielleicht Journalistin.

_____ .

_____ .

_____ .

_____ .

_____ .

Personalpronomen	ich	du	sie	er	es/man	wir	ihr	sie	Sie
Possessiv-Artikel (ohne Endung)	_____	*dein-*	_____	_____	_____	_____	*euer/eur-* _____		*Ihr-*

Lesen Sie noch einmal, unterstreichen Sie alle Nomen mit Possessiv-Artikeln und ergänzen Sie die Tabelle.

	f	*m*	*n*	*Pl*
Nom	*unsere Bevis*	*ihr Beruf*		*ihre Pläne*
Endung	*-e*	*- —*	*-*	*-e*
Akk			*mein Schreibzeug*	*meine Lieblings-CDs*
Endung	*-*	*-*	*- —*	*-e*
Dat	*bei _____ Tante* *mit _____ Ausbildung* *in _____ Klasse*	*bei _____ Verein* *mit _____ Mann* *in _____ Traumberuf*	*bei _____ Interview* *mit _____ Studium* *in _____ Leben*	*bei _____ Flüge<u>n</u>* *mit _____ Frage<u>n</u>* *in _____ Träume<u>n</u>*
Endung	*-*	*-*	*-*	*-*

andere Artikel ◆ *euer* ◆ negative Artikel *(kein-)* ◆ links vom Nomen ◆ *eur-*

1 Possessiv-Artikel ersetzen _____ .

2 Possessiv-Artikel stehen _____ .

3 Man dekliniert Possessiv-Artikel genauso wie _____ .

4 Der Possessiv-Artikel „euer": ohne Endung _____ , mit Endung _____ .

ARBEITSBUCH
B 1-B 6

PROJEKT

Machen Sie eine Kurszeitung!

Überlegen Sie gemeinsam im Kurs: Welche Rubriken kann die Zeitung haben, z.B. kleine Geschichten, Witze und Cartoons aus verschiedenen Ländern, Wir über uns ... ? Machen Sie einen Plan: Wie viele Seiten soll die Zeitung haben?, Welchen Titel hat sie?, Wann ist Redaktionsschluss?, Wer macht Fotos?, Wer macht die Zeichnungen?, Wie sieht die erste Seite aus? Bilden Sie im Kurs kleine Redaktionsteams zu den verschiedenen Rubriken: Die Redaktionsteams sammeln alle Texte, die in der Klasse oder zu Hause geschrieben werden, wählen aus, korrigieren und ergänzen.

B 4   **Machen Sie eine Klassenzeitung für Ihren Deutschkurs.**

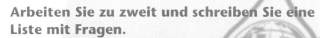

Arbeiten Sie zu zweit und schreiben Sie eine Liste mit Fragen.

Wie lange lernst du schon Deutsch?
Warum lernst du Deutsch?
Was sind deine Pläne für die Zukunft?
Welche drei Dinge nimmst du auf eine einsame Insel mit?
Wie sieht dein Traummann/deine Traumfrau aus?
...

Interviewen Sie andere Kursteilnehmer und machen Sie Notizen.

Warum lernst du Deutsch?
        Ich brauche Deutsch für meine Arbeit.
Was bist du von Beruf?
        Ich arbeite im Reisebüro.

Arbeiten Sie zu viert und schreiben Sie kleine Artikel.

Diana ist 25 Jahre alt. Sie lernt seit sechs Monaten Deutsch. Sie arbeitet im Reisebüro und braucht Deutsch für ihre Arbeit. Diana ist verheiratet, aber sie hat noch keine Kinder. Ihre Pläne für die Zukunft: sie möchte ...

Hausfrauen – rund um die Uhr im Einsatz.

Was passt wo? Ergänzen Sie.

A

aufstehen

B

C

D

E

F

G

H

I

J

K

L

DU HAST ES ABER GUT!

---

die Kinder von der Schule abholen ◆ staubsaugen ◆ die Wäsche aufhängen ◆
den Mülleimer ausleeren ◆ einkaufen ◆ Pause machen ◆ ~~aufstehen~~ ◆ aufräumen ◆
Frühstück machen ◆ bügeln ◆ (das) Geschirr abwaschen und abtrocknen ◆ kochen

---

Was machen Sie im Haushalt gern? Nicht so gern?

... macht mir Spaß	*... – das mache ich ganz gern*	*... – das mache ich nicht so gern*	*... finde ich furchtbar*
kochen	*einkaufen*		

Arbeiten Sie zu viert und sprechen Sie über Hausarbeiten.

Kochen macht mir Spaß. ↘
   Das mache ich auch ganz gern. ↘
      Was? ↗ *Kochen finde ich furchtbar.* ↘ *Das ist doch total langweilig.* ↘
        Stimmt, → *das mache ich auch nicht so gern.* ↘ *Aber Einkaufen* → *– das mache ich ganz gern.* ↘

Lesen Sie den Text und markieren Sie.

	richtig	falsch
1 Frau Jansen hat heute einen besonders anstrengenden Tag.	▨	▨
2 Sie steht um halb sieben auf.	▨	▨
3 Ihr Mann macht das Frühstück.	▨	▨
4 Sarah hilft Frau Jansen bei den Arbeiten im Haushalt.	▨	▨
5 Nach dem Mittagessen schläft Frau Jansen immer eine halbe Stunde.	▨	▨
6 Herr Jansen ist fast nie zum Abendessen zu Hause.	▨	▨
7 Herr und Frau Jansen lesen am Abend gern Geschichten.	▨	▨
8 Herr Jansen muss Sarah heute Nacht den Tee geben.	▨	▨

Verben mit Vokalwechsel a → ä

schlafen	du schläfst
	sie/er/es schläft
tragen	du trägst
	sie/er/es trägt
verlassen	du verlässt
	sie/er/es verlässt

Ein ganz normaler Tag
im Leben von Helga Jansen
Verheiratet mit Thomas, Mutter von Nina (9), Anna (6) und Sarah (18 Monate)

6.30 Der Wecker klingelt. Frau Jansen muss aufstehen und Nina und ihren Mann wecken. Dann duscht sie und zieht sich an. Thomas steht auf und macht das Frühstück.

7.00 Anna ist schon wach. Sie sitzt mit den anderen am Frühstückstisch. Helga Jansen macht Pausenbrote. Das Baby quengelt.

7.30 Nina muss sich beeilen, die Schule beginnt um 7.55 Uhr: tschüs – Küsschen. Dann besprechen Helga und Thomas das Tages- und Abendprogramm: Wer kommt wann? Wer muss wann wohin?

7.45 Thomas verlässt das Haus und geht ins Büro. Helga Jansen wickelt Sarah und füttert sie. Dann räumt sie die Küche auf, macht fünf Betten, packt die Wäsche in die Waschmaschine und stellt die Maschine an.

9.00 Helga bringt Anna mit dem Fahrrad zur Vorschule: Sarah sitzt vorne, Anna hinten.

9.30 Frau Jansen stellt das Fahrrad zu Hause ab und nimmt das Auto. Sie muss Lebensmittel für die ganze Woche einkaufen und zur Bank gehen – natürlich mit Sarah. Die schläft zwischendurch ein – das macht alles etwas einfacher.

11.10 Wieder zu Hause. Nina steht schon vor der Tür: Sie hat früher Schulschluss. Frau Jansen bringt erst mal die schlafende Sarah in die Wohnung. Dann trägt sie die Einkäufe in den dritten Stock, hängt schnell die Wäsche auf und bereitet das Mittagessen vor.

12.30 Frau Jansen holt Anna von der Vorschule ab – natürlich mit Sarah. Zu Hause dann Babyprogramm: wickeln, füttern, ab ins Bett.

13.15 Das Mittagessen ist fertig. Die Kinder erzählen von der Schule, Helga hört nur halb zu: Sie denkt schon an den Nachmittag. Schläft Sarah schon? Quengelt sie? Es klingelt: Zwei Schulfreundinnen wollen Nina zum Spielen abholen. Anna will mitgehen – endlich Ruhe.

13.45 Sie versucht eine halbe Stunde zu schlafen. Keine Chance: Die Kinder klingeln ständig. Sie wollen ihr etwas zeigen, sie müssen auf die Toilette, sie holen die Inline-Skates ... Schlafen klappt sowieso nicht – also zurück an die Arbeit! Die Küche sieht schlimm aus: Frau Jansen muss aufräumen und spülen.

14.45 Nina macht Hausaufgaben. Frau Jansen bringt Anna mit dem Fahrrad zum Tanzunterricht und holt sie um vier wieder ab. Dann fahren alle zum Spielplatz.

18.00 Wieder zu Hause – Babyprogramm. Gleichzeitig muss Frau Jansen das Abendessen vorbereiten.

19.00 Sarah schläft. Die anderen essen jetzt zu Abend – ohne Thomas, der kommt meistens erst viel später von der Arbeit.

19.30 Und noch einmal: die Küche aufräumen, spülen ... Anna und Nina spielen „Fotomodell" und räumen Mutters Kleiderschrank komplett aus – oh nein!

20.00 Die beiden Großen gehen zu Bett: Helga Jansen spricht mit den Kindern über den Tag (Anna: „Was heute wirklich furchtbar war, Mami: ...") und über die Farbe Blau (Nina). Dann liest sie ihren Töchtern noch eine Geschichte vor.

20.30 Helga schaltet das Licht im Kinderzimmer aus. Sie hängt die Wäsche ab und legt sie zusammen. Dann schaltet sie den Fernseher ein und bügelt.

22.00 Endlich fertig. Frau Jansen trinkt mit ihrem Mann ein Glas Wein und spricht mit ihm über den Tag.

23.30 Thomas und Helga Jansen gehen zu Bett. Sie wissen: Zwischen zwei und vier wird Sarah schreien und braucht einen Tee. Den „Nachtdienst" machen beide abwechselnd. Heute ist Donnerstag: Frau Jansen kann liegen bleiben – Thomas muss aufstehen.

Lesen Sie den Text noch einmal. Suchen und markieren Sie dabei folgende Verben.

aufstehen ▸ anziehen ▸ aufstehen ▸ beeilen ▸ beginnen ▸ besprechen ▸ verlassen ▸ aufräumen ▸ anstellen ▸ abstellen ▸ einkaufen ▸ einschlafen ▸ aufhängen ▸ vorbereiten ▸ abholen ▸ erzählen ▸ zuhören ▸ abholen ▸ mitgehen ▸ versuchen ▸ aussehen ▸ aufräumen ▸ abholen ▸ vorbereiten ▸ aufräumen ▸ ausräumen ▸ vorlesen ▸ ausschalten ▸ abhängen ▸ zusammenlegen ▸ einschalten ▸ aufstehen

Ergänzen Sie passende Sätze aus C 3 und die Regel.

	Verb 1		Verb 2 Vorsilbe
1	Sie	zieht sich	an.
2			
3			
4			
5			
6			

Trennbare Verben

1 Im Deutschen gibt es viele Verben mit Vorsilben. Die meisten Vorsilben sind trennbar, z.B.
   einkaufen, abholen, _____
   Im Satz steht das Verb auf Position _____ und die trennbare Vorsilbe _____ .

2 Vergleichen Sie: Frau Jansen **räumt** die Küche **auf**.
   Frau Jansen **muss** die Küche **aufräumen**.

   In Sätzen mit Modalverben steht _____ auf Position 2
   und das Verb im Infinitiv _____ .

> Das Verb „einkaufen"
> ist trenn**bar**.
> → Das Verb **kann man**
> trennen.

3 Einige Vorsilben (er-, be-, ver- ...) kann man nicht vom Verb trennen, z.B.
   beeilen, beginnen, erzählen, _____

ARBEITSBUCH
C 1-C 4

Hören Sie und markieren Sie den Wortakzent.

einkaufen ◆ besorgen ◆ bestellen ◆ abholen ◆ auspacken ◆ verbrauchen ◆ erzählen ◆ zuhören ◆ ergänzen ◆ verstehen ◆ aufpassen ◆ vergessen ◆ anfangen ◆ beginnen ◆ aussehen ◆ vorstellen ◆ eröffnen ◆ aufräumen

Sortieren Sie die Verben.

1 ●○○ _einkaufen,_ _____
2 ○●○ _besorgen,_ _____

Hören und vergleichen Sie. Ergänzen Sie die Regel.

Trennbare Verben: Wortakzent _____ .
Nicht-trennbare Verben: Wortakzent _____ .

ARBEITSBUCH
C 5-C 8

Sprechen Sie über einen ganz normalen Tag in Ihrem Leben.

Der Ton macht die Musik

Was passt wo? Lesen und ergänzen Sie.

Bett ◆ Betten ◆ Brötchen ◆ Bügeln ◆ Essen ◆ Fenster ◆ Kaffee ◆
Kuchen ◆ Mülleimer ◆ Supermarkt ◆ Wäsche ◆ Wecker

Haushalts-Blues

Der _____ klingelt, es ist gleich sechs,

ich muss raus – du bleibst liegen im _____ .

Ich hol' die _____ . Jetzt steh endlich auf!

Der _____ kocht – ja, was denn noch?

Wie hättest du's denn gern?

Was darf's denn sonst noch sein?

Ich mach' die _____ , ich räum' alles auf,

ich saug' die Wohnung, leer' den _____ aus,

ich putz' die _____ , das Bad und das Klo

und deine _____ wasch' ich sowieso.

Wie hättest du's denn gern?

Was darf's denn sonst noch sein?

Ich backe _____ , ich wasche ab.

Ich hasse _____ – und mach's doch jeden Tag.

Dann kauf' ich schnell noch im _____ ein,

ich koch' das _____ – das muss pünktlich fertig sein.

Wie hättest du's denn gern?

Was darf's denn sonst noch sein?

Du hörst mir nie zu. Okay – ich lass dich in Ruh'.

Mir stinkt schon lange, was ich Tag für Tag hier tu'.

Ich lass' alles liegen und lass' alles steh'n.

Ich hab' es satt – ich hau' jetzt ab!

Wie hättest du's denn gern?

Was darf's denn sonst noch sein?

Ich hab' es satt! Ich hau' jetzt ab! ...

Hören und vergleichen Sie.

ARB D

Computerspiele

Schauen Sie das Bild an und raten Sie.

Wo ist das?

Was macht die Frau am Computer?

Mit wem telefoniert sie?

Was fragt oder sagt sie?

Über welche Bilder sprechen die Leute? Hören und markieren Sie.

1

2

3

4

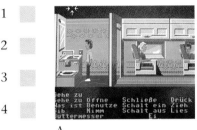   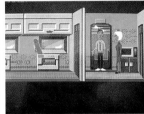      

A   B   C   D

Ergänzen Sie die passenden Präpositionen.

> am ◆ auf ◆ aufs ◆ im ◆ in ◆ ins ◆
> hinter ◆ unter

Präposition + Artikel

in + das → ins

in + dem → im

auf + das → aufs

an + dem → am

- Ich bin gerade *im* Flugzeug. Ich möchte ein bisschen herumsuchen. Aber die Stewardess lässt mich nicht. Ich soll immer gleich *auf* meinen Platz zurückgehen.

- Aber du darfst _____ die Toilette gehen. Und _____ der Toilette nimmst du das Klopapier, das liegt _____ dem Fußboden. Das legst du _____ Waschbecken. Dann läuft das Wasser _____ den Fußboden.

- Und dann kann ich _____ Flugzeug herumgehen?

- Nein, aber du kannst _____ die Küche gehen. Die ist ganz vorne _____ Eingang. _____ der Küche legst du das Ei _____ die Mikrowelle.

- Aber ich habe kein Ei!

- Das Ei findest du _____ der Wohnung. Das liegt dort _____ Kühlschrank, _____ Gemüsefach, _____ den Äpfeln.

- Gut, ich gehe zurück _____ die Wohnung und schaue _____ den Kühlschrank. Aber was soll das Ei _____ der Mikrowelle?

- Das Ei explodiert und die Stewardess muss _____ der Küche bleiben und aufräumen. Und du kannst _____ Flugzeug herumgehen.

- Genial.

- Und schau auch _____ die Sitze _____ den ersten Reihen. Irgendwo _____ den Sitzen liegt ein Feuerzeug.

- Danke, Marco. Du bist ein Schatz.

- Warst du eigentlich schon _____ dem Dach? _____ der Wohnung, meine ich.

- _____ dem Dach? Kann man auch _____ Dach gehen?

- O-o, ich sehe schon, du musst noch viel lernen!

Hören Sie noch einmal und vergleichen Sie.

Sortieren Sie die Ausdrücke mit Präpositionen aus E2 und unterstreichen Sie die Artikel.

	f	m	n	Pl
● **Wo** sind die Sachen (Präposition + DAT)	auf der Toilette	auf dem Fußboden	im Flugzeug	
→ **Wohin** soll man schauen/ soll man gehen/ soll man die Sachen legen (Präposition + AKK)	auf die Toilette	auf meinen Platz		unter die Sitze

1 Die Präpositionen _____ sind Wechselpräpositionen: Sie stehen mit Dativ (Frage: _____ ?) oder Akkusativ (Frage: _____ ?).

2 Die bestimmten Artikel im Dativ sind _der____ (f), _____ (m + n) und _____ (Pl) .

3 Nomen im Dativ Plural haben immer die Endung ____ .

Was passt wo? Ergänzen Sie die Präpositionen.

an ◆ in ◆ auf ◆ über ◆ unter ◆ vor ◆ hinter ◆ neben ◆ zwischen

„Programmieren" Sie zu dritt oder zu viert ein Computerspiel.

Banane (f) ◆ Brief (m) ◆ CD (f) ◆ Flasche Bier (f) ◆ Führerschein (m) ◆ Flugticket (n) ◆ Fußball (m) ◆ Handy (n) ◆ Kamera (f) ◆ Käsebrot (n) ◆ Klopapier (n) ◆ Kuli (m) ◆ Packung Erdnüsse (f) ◆ Pass (m) ◆ Pfennigstück (n) ◆ Pizza (f) ◆ Schokoriegel (m) ◆ Scheck (m) ◆ Spielzeugauto (n) ◆ Wörterbuch (n) ◆ Zehnmarkschein (m) ◆ Zeitschrift (f)

Verstecken Sie zehn Dinge. Was kommt wohin? Diskutieren Sie und schreiben Sie die Verstecke auf.

Banane - in die Mikrowelle
Pass – hinter das Bild über dem Tisch
Schokoriegel – auf den Herd
Brief – in die Schachtel auf dem Fernseher
Handy – unter den Teppich vor der Waschmaschine
. . .

Spielen Sie mit einer anderen Gruppe.

Was ist unter dem Teppich? ↘

Unter welchem Teppich? ↗

Unter dem Teppich am Fernseher. ↘

Moment! → Ein Führerschein. ↘

Zwischen den Zeilen

Die Konjunktionen „und", „oder" und „aber". Ergänzen Sie die Regeln.

Sätze ◆ ~~Addition~~ ◆ Kontrast ◆ Satzteile ◆ Alternative ◆ Komma

Konjunktionen verbinden _____ oder _____ .

und	...	**+**	...	= _Addition_
	Ihre Hobbys sind Reiten, Lesen	**und**	Faulenzen.	
oder	...	←∣→	...	= _____
	Sie lebt in San Francisco	**oder**	(sie lebt) in Irland.	
aber		←→		= _____
	Er kommt nicht oft zum Unterricht,	**aber**	er hat gute Noten.	
		←→		
	Sie hat eine feste Beziehung,	**aber**	sie ist nicht verheiratet.	

Vor „und" und „oder" steht meistens kein _____ , aber vor „aber" steht immer ein _____ .

Ergänzen Sie die passenden Konjunktionen.

Eigentlich besuche ich Onkel Albert ganz gern, _____ nicht heute: Heute hat er Geburtstag. Ich habe nichts gegen Geburtstage: Kindergeburtstage finde ich super, _____ meinen Geburtstag finde ich natürlich besonders super, _____ Geburtagsfeiern von Erwachsenen sind einfach schrecklich langweilig _____ anstrengend für uns Kinder. Da sitzen die Erwachsenen den ganzen Tag nur herum _____ essen _____ trinken viel zu viel. Alle haben Zeit, _____ keiner will mit uns spielen. Sie diskutieren lieber über uninteressante Themen wie Politik, Fußball _____ Krankheiten, _____ wir müssen stundenlang still dabei sitzen. Wenn wir dann endlich aufstehen _____ spielen dürfen, heißt es: „Seid doch nicht so laut, _____ wollt ihr dem Onkel den Tag verderben?" Endlich neun Uhr. Sonst müssen wir um diese Zeit ins Bett gehen, _____ heute ist alles anders. Die Eltern bleiben sitzen, trinken, diskutieren _____ streiten. Zehn Uhr. Jetzt singen alle _____ sind furchtbar laut. Wir sind müde _____ möchten nach Hause, _____ das ist ihnen egal …

Wenn ich mal groß bin, dann feiere ich meinen Geburtstag überhaupt nicht _____ ich mache alles ganz anders. Bei mir sollen sich nämlich alle Gäste wohl fühlen, Erwachsene _____ Kinder!

ARBEITSBUCH F 1-F 3

Eberhard Goldmann — sind sie denn auch gewillt, ab und zu den Müll runter-zutragen?!

JA!

P. GAY

ARBEITSBUCH G 1-G 3

Die Familie

die Großeltern	die Großmutter	der Großvater
die Eltern	die Mutter	der Vater
die Kinder	die Tochter	der Sohn
die Enkelkinder	die Enkeltochter / die Enkelin	der Enkel(sohn)
die Geschwister	die Schwester	der Bruder
andere	die Tante	der Onkel
	die Nichte	der Neffe
die Schwiegereltern	die Schwiegermutter	der Schwiegervater
	die Schwiegertochter	der Schwiegersohn
	die Schwägerin	der Schwager

Possessiv-Artikel   § 14

Unser Redaktionsteam präsentiert die Schülerinnen und Schüler der Stufe 13 – **ihre** Hobbys, **ihre** Träume und **ihre** Pläne für die Zukunft.

(Vera) Was nimmst du auf eine einsame Insel mit? Bücher, **mein** Schreibzeug und **meine** CDs.
Wie sieht **dein** Traummann aus? Ach, ich weiß nicht, da gibt's viele …

(Pero) Er ist **unser** Mathe- und Physik-As. **Sein** Berufswunsch: Maschinenbauingenieur.
Seine Traumfrau? Hört doch auf mit **euren** doofen Fragen!

(Katja) **Ihr** Leben ist der KSC. **Ihr** Markenzeichen ist **ihre** Haarfarbe.

(Daniel) Er ist sehr Internet-begeistert: Er hat **seine** eigene Homepage und ist festes Mitglied in **unserem** Redaktionsteam.

Trennbare Verben

6.30 Der Wecker klingelt. Frau Jansen muss **aufstehen** und Nina und ihren Mann wecken. Dann duscht sie und **zieht** sich **an**. Thomas **steht auf** und macht das Frühstück.
12.30 Frau Jansen **holt** Hanna von der Vorschule **ab**.

Nicht-trennbare Verben   § 4b, § 8c, d

7.30 Nina muss sich **beeilen**, die Schule **beginnt** um 7.55 Uhr: tschüs – Küsschen.
7.45 Thomas **verlässt** das Haus und geht ins Büro.
13.15 Das Mittagessen ist fertig. Die Kinder **erzählen** von der Schule.

Situativ- und Direktivergänzungen mit Wechselpräpositionen   § 19

● Wo?

Ich bin gerade **im** Flugzeug. Ich möchte ein bisschen herumsuchen. Aber die Stewardess lässt mich nicht.

Das Ei findest du **in der** Wohnung. Das liegt dort **im** Kühlschrank, **im** Gemüsefach, **hinter den** Äpfeln.

Warst du eigentlich schon **auf dem** Dach?

Irgendwo **unter den** Sitzen liegt ein Feuerzeug.

→ Wohin?

Aber du darfst **auf die** Toilette gehen. Das Klopapier legst du **ins** Waschbecken, dann läuft das Wasser **auf den** Fußboden. Dann gehst du **in die** Küche und legst das Ei **in die** Mikrowelle.

Gut, ich gehe zurück **in die** Wohnung und schaue **in den** Kühlschrank.

Kann man auch **aufs** Dach gehen?

Schau auch **unter die** Sitze!

Nützliche Ausdrücke

Was findest du gut an dir? ↗ Ich kann gut zuhören. ↘
Wie sieht dein Leben **in 20 Jahren** aus? ↘ Ich mache **irgendwas mit** Sprachen. ↘
Ist das wirklich dein **Ernst**? ↗ **Na klar.** ↘ Natürlich. ↘
Kochen **macht mir Spaß.** ↘ Das mache ich **auch ganz gern.** ↘
 Was? ↗ Kochen **finde** ich **furchtbar.** ↘

Du bist ein Schatz!

Junge Leute von heute

Wie junge Leute wohnen.

Sprechen Sie über die Bilder.

Auf Bild A sind vier junge Leute. ↘ *Sie sind in der Küche.* ↘
Vielleicht machen sie eine Party. ↘
Aber an der Klingel stehen vier Namen. ↘
Ich glaube, → *das sind Studenten.* ↘ *Sie wohnen zusammen* → *und kochen gerade.* ↘

2

Welche Aussagen passen zu welchen Bildern? Markieren Sie.

1 Ich komme aus Hannover. Seit zwei Jahren studiere ich hier in Berlin. Ich habe ein Zimmer im Studentenwohnheim.
2 Wir kennen uns jetzt seit vier Jahren und verstehen uns sehr gut. Seit zwei Jahren wohnen wir auch zusammen.
3 Ich bin 21 und wohne seit acht Monaten mit drei Freunden zusammen. Das ist toll, bei uns ist immer etwas los.

4 Ich bin 17 und wohne noch bei meinen Eltern. Nächstes Jahr bin ich mit meiner Lehre fertig, vielleicht ziehe ich dann aus. Ich hoffe, ich bekomme gleich eine Arbeit und kann genug Geld verdienen. Eine eigene Wohnung ist nämlich ziemlich teuer.
5 Ich bin 26 und arbeite als Reisekauffrau. Seit vier Jahren wohne ich nicht mehr bei meinen Eltern, sondern allein in einer kleinen Zweizimmerwohnung.

Text	Bild
1	C
2	
3	
4	
5	

Wie wohnen Sie, Ihre Kinder, Ihre Freunde, Ihre Nachbarn?

Ich bin Studentin. ↘ *Ich wohne im Studentenwohnheim.* ↘
Und ich wohne bei meinen Eltern. ↘

ARBEITSBUCH A1-A2

3

Lesen Sie die Überschrift. Was meinen Sie: Was steht im Text?

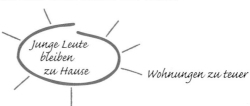

Zu Hause ist es doch **am schönsten!**

Der neue Trend:
Jugendliche wohnen länger bei den Eltern

Junge Leute bleiben zu Hause

Wohnungen zu teuer

**Lesen Sie den Text und machen Sie Notizen. Vergleichen Sie
die Informationen mit Ihren Vermutungen.**

Zu Hause ist es doch
am schönsten!

Der neue Trend:
Jugendliche wohnen länger bei den Eltern

– junge Leute im Elternhaus
↔ arbeiten, Geld verdienen

Immer mehr junge Leute bleiben im Elternhaus, obwohl sie schon lange arbeiten und Geld
verdienen. Zum Beispiel die 23-Jährigen: Heute (1995) leben genau 50% noch bei ihren
Eltern, 1975 waren es nur 15%. Sind Twens von heute zu bequem und zu anspruchsvoll?
Haben sie Angst vor der Unabhängigkeit oder kein Geld für eine eigene Wohnung?

– 23-Jährige: bei Eltern 50% (199
15% (1975)

5 In den 70er-Jahren war die Wohngemeinschaft (kurz: WG) bei jungen Erwachsenen eine
beliebte Wohnform. Man wollte weg von zu Hause, mit anderen jungen Leuten zusammen-
wohnen, anders leben als die Eltern. Große Wohnungen waren zwar teuer, aber zu viert oder
zu fünft konnte man die Miete gut bezahlen. Heute ist die WG für die meisten keine Alternative mehr, weil WG für viele nur Chaos und Streit um die Hausarbeiten bedeutet. Und eine
10 eigene Wohnung mieten, alleine wohnen? Die meisten zögern, obwohl sie gerne unabhängig
sein wollen.

– WG: in 70er-Jahren beliebt,
anders leben, Miete günstig

– WG heute: keine Alternative
←Chaos und Streit

Vor allem in den Großstädten sind Wohnungen sehr teuer – für Lehrlinge und Studenten oft
zu teuer. Also bleiben die meisten jungen Leute zu Hause, bis sie ihre Lehre oder ihr Studium
beendet haben. Und auch danach führt der Weg nicht automatisch in die eigene Wohnung,
15 weil viele nach Abschluss der Ausbildung keine Arbeit finden. Auch ein Universitätsabschluss
und gute Noten sind heute keine Garantie mehr für eine sichere berufliche Zukunft.

Bei einigen jungen Erwachsenen ist der Schritt in die Unabhängigkeit nicht von Dauer. Sie ziehen aus, kommen aber bald zu ihren Eltern zurück, weil sie arbeitslos werden, weil sie ihre
Wohnung nicht mehr bezahlen können oder weil sie Probleme mit dem Alleinsein haben.

20 Natürlich gibt es auch junge Leute, die gar nicht ausziehen wollen. Sie bleiben im Elternhaus,
obwohl sie genug Geld für eine eigene Wohnung haben. Das meistens kostenlose oder gün-
stige Wohnen bei den Eltern ist attraktiv, weil sie so nicht auf das eigene Auto und teure
Urlaube verzichten müssen. Sie genießen den „Rund-um-die-Uhr-Service" und müssen keine
Hausarbeiten machen. Und dann ist da immer jemand, der zuhört und hilft, wenn man
25 Probleme hat. Warum also ausziehen? – zu Hause ist doch alles so einfach.

Lerntipp:

Üben Sie Lese-Raten: Nehmen Sie ein Lineal oder ein Blatt Papier, legen Sie es auf den Text
und verstecken Sie so einen Teil der Textzeile.

Vor allem in den Großstädten sind Wohnungen sehr teuer –

Versuchen Sie jetzt die Wörter zu raten und den Satz zu lesen. Vergleichen Sie dann mit dem
kompletten Satz (ohne Lineal). Welche Wörter sind einfach, welche sind schwierig?
Trainieren Sie Lese-Raten immer wieder: mit bekannten Texten aus TANGRAM, mit dem
Vokabelheft, mit ...

Mit Lese-Raten lesen Sie bald wie ein Profi

Unterstreichen Sie alle „weil"- und „obwohl"-Sätze im Text von A 4.

Schreiben Sie die Gründe („weil"-Sätze) in die Liste.

Hauptsatz, Aussage 1	Nebensatz weil + Aussage 2 ← Grund		
	Subjekt	(...)	**Verb(en)**
...,	weil WG	für viele nur Chaos und Streit um die Hausarbeiten	bedeutet.

..., _weil_   _viele Jugendliche nach Abschluss der Ausbildung keine Arbeit_   _finden._

Schreiben Sie die Gegengründe („obwohl"-Sätze) in die Liste.

Hauptsatz, Aussage 1	Nebensatz obwohl + Aussage 2 ↔ Gegengrund		
	Subjekt	(...)	**Verb(en)**
...,	obwohl sie	schon lange	arbeiten
und	Geld		verdienen.

..., _obwohl_

Ergänzen Sie die Regel.

> Subjekt ◆ am Ende ◆ Grund ◆ Verb im Infinitiv ◆ Modalverb ◆ Gegengrund

1 Sätze mit „weil" oder „obwohl" sind Nebensätze.
 „Weil"-Sätze nennen einen _____, „obwohl"-Sätze nennen einen _____ für die
 Aussage im Hauptsatz. Zwischen Hauptsatz und Nebensatz steht ein Komma („,").
2 In Sätzen mit „weil" oder „obwohl" steht das Verb immer _____. Manchmal gibt es zwei
 Verben (Modalverb und Verb im Infinitiv), dann stehen beide Verben am Satzende: zuerst das
 _____ , dann das _____ .
3 Das _____ steht immer direkt hinter „weil" oder „obwohl".

ARBEITSBUCH
A 3-A 7

**Wie ist das in Ihrem Land? Wann ziehen junge Erwachsene aus?
Wie wohnen sie dann? Warum?**

> mit (etwa) ... Jahren ausziehen ◆ mit der Partnerin/dem Partner leben ◆
> in einer anderen Stadt arbeiten / studieren / ... ◆ zum Militär gehen ◆
> Streit mit den Eltern haben ◆ bei Verwandten wohnen ◆ unabhängig sein ◆
> zur Untermiete wohnen ◆ mit Freunden zusammenwohnen ◆
> gerne allein leben ◆ seine Ruhe haben ◆ wenig / genug Geld haben ◆
> bis zur Heirat / zum Examen / ... bei den Eltern wohnen ◆ Kinder haben ◆ ...

Bumerang-Kinder: Kaum sind sie ausgezogen, stehen sie wieder vor der Tür.

B 1

Arbeiten Sie zu viert und sprechen Sie über die Bilder.

A

NIC is the global leader in executive management consulting headquartered in Europe. With over 1,000 employees we develop and implement innovative business strategies and management systems. For our office in the World Trade Center (New York City) we are looking for a

secretary

German is your native language and you can speak and write English with near-native speaker fluency. You have been trained as a foreign-language secretary and have already acquired experience in an international business environment.

We look forward to your application.

NIC – International Management Consultants

One World Trade Center, 94th Floor, New York NY 10048, USA

B

C

D

Bumerang *(m); -s, Plural -s od. -e* (engl., aus austral. *wumera*); Wurfholz, das in einem Kreis zum Werfer zurückfliegt. Heute in vielen Formen als Spiel- und Sportgerät zu finden.

▨ *Die Leute sind am Flughafen. Ich glaube, die junge Frau will verreisen.*

● *Vielleicht macht sie Urlaub.*

▽ *Aber ihre ganze Familie ist da. Ich glaube, sie geht für lange Zeit weg.*

▲ *Das ist bestimmt kein Urlaub. Schau mal, die Anzeige …*

Hören Sie den Dialog und markieren Sie.

1 Die beiden Frauen sprechen über
   Bild _____ .

2 Christine lebt heute ...
   ☐ a) allein mit Simon.
   ☐ b) mit Simon bei ihren Eltern.
   ☐ c) mit John und Simon in New York.

3 Christine beantwortet Veras Fragen ...
   ☐ a) gerne.
   ☐ b) nicht so gerne.

4 Christine und Vera sind ...
   ☐ a) Freundinnen.
   ☐ b) Schwestern.
   ☐ c) Bekannte.

Was ist heute? Was war früher? Sortieren Sie.

~~keine Arbeit~~ ◆ ~~Arbeit bei NIC~~ ◆ Freundschaft mit John ◆ lange Haare ◆ keine eigene Wohnung ◆
Geburt von Simon ◆ alles funktioniert gut ◆
Kaffeetrinken mit Vera ◆ Streit mit den Eltern ◆ Zimmer bei den Eltern

heute	früher
keine Arbeit	Arbeit bei NIC

Hören Sie noch einmal und sortieren Sie die Antworten.

1 Warst du da in Amerika?

2 Urlaub in New York! Das wollte ich auch immer mal machen!

3 Und warum wolltest du wieder nach Deutschland zurück?

4 Wer ist eigentlich der Vater von Simon?

5 Wolltet ihr das Kind nicht haben?

6 Und dann bist du zurück nach Deutschland?

7 Da hattet ihr bestimmt viele Probleme, du und deine Eltern?

☐ Natürlich hatten wir manchmal Streit, vor allem wegen Simon. Am Anfang durfte er fast gar nichts. Meine Eltern mussten sich erst wieder an ein Kind im Haus gewöhnen.

☐ Eigentlich wollte ich ja in Amerika bleiben, aber mit Simon konnte ich ja nicht mehr arbeiten.

1 Ja, ich komme da gerade aus New York zurück. Das war vor zwei Jahren ...

☐ Ich wollte das Kind schon haben, aber John wollte es nicht. John war verheiratet und hatte schon zwei Kinder.

☐ John. ... Damals bei NIC hatte ich eine interessante Arbeit, nette Kollegen, alles war einfach super. Und John war auch ein Kollege. Er war ganz besonders nett. Na ja, und dann wurde ich eben schwanger. Aber mit John: Das konnte einfach nicht gut gehen.

☐ Ja, es gab keine andere Möglichkeit. Allein mit dem Baby, keine Arbeit, kein Geld – das war vielleicht ein Chaos! Ich musste alles allein organisieren ...

☐ Nein, nein. Das war kein Urlaub. Ich war drei Jahre in New York. Ich war Sekretärin bei NIC.

Unterstreichen Sie die Verben.

Ergänzen Sie die Tabelle und die Regeln.

	Modalverben		haben		sein	
	jetzt	früher	jetzt	früher	jetzt	früher
ich	will	_____	habe	_____	bin	_____
	kann	_____				
	muss	_____				
du	willst	_____	hast	*hattest*	bist	_____
sie, er, es, das	will	_____	hat	*hatte*	ist	_____
	kann	_____				
	darf	_____				
wir	müssen	*mussten*	haben	_____	sind	*waren*
ihr	wollt	_____	habt	_____	seid	*wart*
sie	müssen	_____	haben	_____	sind	_____
Sie	müssen	_____	haben	*hatten*	sind	_____

1 Die Modalverben und das Verb „haben" haben im Präteritum immer ein _____ (= Präteritum-Signal), dann kommt die Verb-Endung.

2 Im Präteritum sind die Endungen gleich bei
   • _____ und _____ (Singular).
   • _____ und _____ (Plural).

Präsens	Präteritum
es gibt	es gab
ich werde	ich wurde

3 Vergleichen Sie die Infinitive mit den Präteritum-Formen.

Infinitiv „können"   Infinitiv „müssen"   Infinitiv „dürfen"
Präteritum: *konnt-*   Präteritum: _____   Präteritum: _____

Im Präteritum gibt es keine _____.

ARB
B

Machen Sie ein Interview über „Kindheit und Jugend".

im Haushalt helfen ◆ still sitzen ◆ aufräumen ◆ früh ins Bett gehen ◆ Süßigkeiten essen ◆
fernsehen ◆ (Zigaretten) rauchen ◆ laut Musik hören ◆
abends allein in die Disko gehen ◆ einen Freund/eine Freundin mit nach Hause bringen ◆
mit Freunden in Urlaub fahren ◆ heiraten ◆ (Pilot) werden ◆ ...

■ *Mussten Sie als Kind im Haushalt helfen?* ↗
   ● *Ja,*→ *manchmal musste ich das Geschirr abtrocknen*
   und den Mülleimer ausleeren. ↘

▼ *Durftest du mit 15 abends allein in die Disko gehen?* ↗

   ▲ *Was wollten Sie als Kind werden?* ↘
      ...

Als Kind wollte ich Rock-Star werden.
Als Studentin ...
Mit 15 durfte ich nie allein in die Disko gehen.
Mit 18 ...

ARB

Aber du wolltest doch ...

Hören Sie drei Dialoge. Zu welchen Dialogen passen die Bilder?

Was passt zu welchem Dialog? Hören Sie noch einmal und ordnen Sie zu.

A	Dialog	B	Dialog		Dialog
das Auto		Anna		Peter	
die Englischarbeit		Herr Schade		Inge	
die Hausaufgaben		Barbara		Philipp	
die Party		die Mutter von Philipp		Bernd Sauer	
das Ticket		ein paar Leute mit Tickets		Jochen	
die Werkstatt					

Ergänzen Sie die Sätze. Die passenden Namen oder Wörter finden Sie in C 2.

Dialog 1

_____ entschuldigt sich.

_____ ist noch nicht fertig.

_____ sollte schon gestern fertig
sein.

_____ konnte die Ersatzteile erst
heute bekommen.

_____ wollte nach Essen fahren.

Dialog 2

_____ wollten nach Berlin fliegen.

_____ konnten keine Tickets mehr
bekommen.

_____ mussten auch da bleiben.

Bei _____ war eine Party.

_____ waren nicht auf der Party.

_____ war krank.

Dialog 3

_____ sollte um sechs Uhr zu
Hause sein.

_____ konnte seine Haus-
aufgaben nicht allein
machen.

_____ musste seinem Freund
helfen.

_____ wollten für die
Englischarbeit üben.

_____ war erst um sieben zu
Hause.

_____ war sauer.

_____ sollte eigentlich sein
Zimmer aufräumen.

Sei bitte um sechs Uhr zu Hause!

*Ich muss um sechs Uhr zu Hause sein.
(Meine Mutter will das. Ich will
pünktlich sein.)*

*Ich soll um sechs Uhr zu Hause sein.
(Meine Mutter will das. Ich weiß noch nicht.
Vielleicht bin ich pünktlich, vielleicht auch nicht.)*

*Ich musste um sechs Uhr zu Hause sein.
(Meine Mutter wollte das. Ich war
pünktlich.)*

*Ich sollte um sechs Uhr zu Hause sein.
(Meine Mutter wollte das. Aber ich war
nicht pünktlich.)*

Fragen und antworten Sie abwechselnd.

■ *Warum war Philipp erst um sieben Uhr zu Hause?* ↘

    ● *Weil er seinem Freund helfen musste* → *und weil er für die Englischarbeit üben ...* ↘

■ *Und warum war Philipps Mutter sauer?* ↗

    ● *Weil Philipp schon um sechs Uhr zu Hause sein sollte* → *und eigentlich ...*

Machen Sie eigene Dialoge nach den Beispielen.

1

● *Wo warst du denn gestern Abend?*

■ *Ich musste zu Hause bleiben. Anna war krank.*

● *Schade! Die Party bei Barbara war sehr schön.*

gestern	Morgen
heute	Vormittag
	Nachmittag

am Montagabend
am Dienstagmorgen
am ...

zum Zahnarzt gehen
zum Ordnungsamt gehen
...

der Unterricht	interessant sein
der Ausflug	schön sein
der Film	
...	

2

● *Huch! Was macht ihr denn hier? Wolltet ihr heute nicht nach Berlin fliegen?*

■ *Eigentlich schon, aber wir konnten keine Tickets mehr bekommen.*

nach München fahren
Karten spielen
Peter besuchen
...

Auto: kaputt sein
Peter: nicht kommen können
keine Zeit haben
...

3

● *Du solltest doch schon um sechs zu Hause sein!*

■ *Tut mir Leid, aber ich musste Peter noch bei den Hausaufgaben helfen.*

● *Und da konntest du nicht anrufen?*

die Konzertkarten kaufen
anrufen
die Waschmaschine reparieren
...

kein Geld dabei haben
eine Konferenz haben
das Werkzeug nicht finden
...

mit Scheck bezahlen
mal kurz rausgehen
fragen
...

4

● *Guten Tag. Ich möchte mein Auto abholen.*

■ *Tut mir Leid, das ist noch nicht fertig.*

● *Aber es sollte doch heute fertig sein?!*

■ *Eigentlich schon, aber wir konnten die Ersatzteile nicht bekommen.*

● *So ein Mist!*

Fernseher abholen
neue Waschmaschine abholen
zum Deutschkurs gehen
...

noch nicht fertig sein
noch nicht da sein
erst nächste Woche anfangen
...

neue Ersatzteile bestellen
der Hersteller: nicht liefern können
die Lehrerin: krank sein

ARBEITSBUCH
C 3–C 4

Schreiben Sie zu zweit Dialoge zu diesen Situationen.

1 Sven glaubt: Melanie ist in Urlaub. Dann trifft er sie in der Kneipe.
2 Warum wollte Salih nicht mehr zum Deutschkurs gehen?
3 Andreas sollte einkaufen. Nicole kommt nach Hause. Der Kühlschrank ist leer.
4 Helga war am Wochenende nicht auf der Hochzeitsfeier.
5 Herr Spät hat um zehn Uhr einen Termin mit Herrn Müller, aber Herr Müller ist nicht da. Herr Spät spricht mit der Sekretärin.

D 1   **Lesen Sie die Dialoge zu zweit oder zu dritt und unterstreichen Sie die Verben.**

1 ● Kommt ihr heute mit ins Konzert?
   Im „Sinkkasten" spielt eine tolle Band.
   ■ Tut mir Leid, heute kann ich nicht.
   ● Ich auch nicht.
   ■ Schade. Warum nicht?
   ● Ich muss zu Hause bleiben und lernen, weil wir
   am Montag ein Diktat schreiben.
   ■ Und ich muss mit meiner kleinen Schwester in
   die Disko gehen, obwohl ich dazu überhaupt
   keine Lust habe. Aber sie darf abends nicht allein
   weg, da muss ich halt manchmal mit.

2 ● Wohnst du noch bei deinen Eltern?
   ■ Nein, ich musste ausziehen, weil ich ja jetzt in
   Münster studiere.
   ● Hast du da eine eigene Wohnung?
   ■ Ja, ich wohne mit zwei anderen Studentinnen zusammen.
   ● Und? Wie ist das in einer Wohngemeinschaft?
   ■ Ich finde es ganz gut, obwohl ich manchmal Probleme mit dem Chaos in der Küche habe.
   ● Das kann ich gut verstehen. Ich war ja auch mal in einer WG. Da war immer die Hölle los: Musik, Parties,
   dauernd fremde Leute in der Wohnung. Nach vier Monaten bin ich wieder zurück zu meinen Eltern, weil
   ich einfach meine Ruhe haben wollte.
   ■ Ach, die vielen Leute stören mich eigentlich nicht, obwohl ich auch manchmal gerne allein bin.

Hören und vergleichen Sie. Die Leute sprechen „Umgangssprache".
Was ist hier anders bei „weil" und „obwohl"? Markieren Sie.

> So sprechen heute viele Leute in Deutschland. Sie denken nach „weil" und „obwohl" einen Doppelpunkt: Dann folgt ein Hauptsatz. So darf man sprechen, aber nicht schreiben.

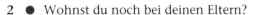

Nach „weil" oder „obwohl"	Im „weil"-Satz oder im „obwohl"-Satz
☐ ist eine Pause.	☐ steht das Verb auf Position 2.
☐ ist keine Pause.	☐ steht das Verb am Ende.

D 2   **Lesen und ergänzen Sie.**

Die Leute sprechen schnell: Buchstaben, Silben und Endungen fehlen. Wie heißen diese Wörter richtig?

heut'	_____	hastu	_____
'ne tolle Band	_____	'ne eig'ne	_____
nich'	_____	Wohnung	_____
lern'n	_____	ich wohn'	_____
'n Dikat	_____	ander'n	_____
geh'n	_____	in 'ner	_____
ich hab'	_____	ich find's	_____
ich musst	_____	versteh'n	_____
auszieh'n	_____	ich wollt'	_____
ich studier'	_____	stör'n	_____

Hören Sie jetzt noch einmal und vergleichen Sie.

Der Ton macht die Musik

Hören Sie und sprechen Sie nach.

Wie konntet ihr nur!

Wie konntet ihr nur ... !	Wir mussten doch ...
Konntet ihr denn nicht ... ?	Wir wollten schon, aber ...
Ach, ihr wolltet doch nur ...	Nein, wirklich nicht. Wir mussten ...
Wie konntet ihr nur!	

Das durftest du nicht!

Das durftest du nicht!	Warum? Ich wollte doch nur ...
Und warum musstest du ... ?	Aber ich sollte doch ...
Und warum konntest du nicht ... ?	Das wollte ich ja, aber ...
Das durftest du nicht!	

Mussten sie wirklich?

Mussten sie wirklich ... ?	Na klar. Sie wollten doch nicht ...
Und warum konnten sie nicht ... ?	Sie mussten doch ... ,
	da konnten sie doch nicht ...
Aber mussten sie wirklich ... ?	

In diesen Dialogen gibt es keine „Inhalte". Wählen Sie einen Dialog und ergänzen Sie die Sätze oder schreiben Sie einen neuen Dialog mit Inhalten. Arbeiten Sie zu zweit.

Variieren Sie Ihren Dialog.

Beispiel:		
	Wie konnten Sie nur?	Wir mussten ...
	Das durftet ihr nicht!	Warum? Wir wollten doch nur ...
	Mussten Sie wirklich ...?	Na klar. Ich wollte doch nicht ...

ARBEITSBUCH
E1-E4

ARBEITSBUCH
F1-F4

Aussage

Lehrlinge und Studenten bleiben länger zu Hause,
Einige junge Leute kommen zu den Eltern zurück,

Viele junge Leute finden heute keine Arbeit,
Einige junge Leute bleiben im Elternhaus,

„Warum"-Fragen

Warum war Philipp erst um sieben zu Hause?
Warum war das Auto noch nicht fertig?
Warum wart ihr nicht auf der Party von Barbara?

← „weil"-Sätze   § 5b, § 22

weil eine eigene Wohnung zu teuer **ist.**
weil sie arbeitslos **werden.**

↔ „obwohl"-Sätze

obwohl sie eine gute Ausbildung **haben.**
obwohl sie genug Geld für eine eigene
Wohnung **haben.**

Kurzantworten mit „Weil"-Sätzen

Weil er seinem Freund **helfen musste.**
Weil der Meister krank **war.**
Weil Anna krank **war.**

Präteritum von „sein" und „haben"   § 9a

Warst du da in Amerika?

Ja, ich **war** drei Jahre in New York. Ich **hatte** eine interessante Arbeit und nette Kollegen. John **war** ein Kollege. Er **war** ganz besonders nett. Dann wurde ich schwanger. John **war** verheiratet und **hatte** schon zwei Kinder. Da bin ich dann zurück zu meinen Eltern nach Deutschland.

Da **hattet** ihr bestimmt viele Probleme,
du und deine Eltern?

Natürlich **hatten** wir manchmal Streit.

Präteritum der Modalverben   § 10

Wolltet ihr heute nicht nach Berlin fliegen?

Tut mir Leid, aber Ihr Wagen ist noch nicht fertig.
Wo warst du denn am Samstag?

Durften Sie früher allein in die Disko gehen?
Konntest du nicht anrufen?
Warum **konnten** sie nicht zur Party kommen?

Ja, aber wir **konnten** keine Tickets mehr bekommen.
Was? Der **sollte** doch schon gestern fertig sein!
Ich hatte keine Zeit. Ich **musste** den ganzen Tag arbeiten.
Nein, ich **durfte** nur mit meinem Bruder weggehen.
Ich **wollte** ja, aber das Telefon war kaputt.
Sie **mussten** zu Hause bleiben, weil Anna krank war.

Nützliche Ausdrücke

Wer ist **eigentlich** der Vater von Simon? ↘
Warum wolltest du wieder nach Deutschland zurück? ↗
Was macht ihr denn hier? ↘ Ihr wolltet **doch** nach Berlin fliegen. ↘
Musst du **nicht** am Wochenende arbeiten? ↗
Du solltest **doch** schon um sechs zu Hause sein. ↘

Was wolltet Sie **als Kind** werden? ↗
Mussten Sie **als Kind** im Haushalt helfen? ↗
Mit 18 wollte ich ausziehen → und **in einer Wohngemeinschaft** wohnen. ↘

John. ↘
Eigentlich wollte ich **ja** in Amerika bleiben, → **aber** mit Sim konnte ich ja nicht mehr arbeiten. ↘
Eigentlich schon, → **aber** wir konnten keine Tickets mehr bekommen. ↘
Doch, → aber nur bis sechs. ↘ Am Abend habe ich Zeit. ↘
Tut mir Leid, → aber ich musste Peter noch bei den Hausau gaben helfen. ↘

Rock-Star. ↘
Ja, → manchmal musste ich das Geschirr abtrocknen. ↘

Ich war **auch** mal in einer WG. ↘ **Da war** immer die Hölle

Urlaub und Reisen

Was für ein Urlaubs-Typ sind Sie?

aktuelle Urlaubs–Angebote

A Mittelmeer-Kreuzfahrt
14 Tage, alles inkl.,
ab Genua, 3.250,– DM

B Bus-Rundreise durch Mecklenburg
5 Tage, Übern. im DZ / HP, 599,– DM

C Englisch lernen auf Malta
10 Tage, Übern. / Frühstück
täglich 4 Std. Unterricht, 1.435,– DM

D Weltreise in 12 Tagen
alles inkl., ab 3.995,– DM

E Surfen auf Korsika
2 Wochen, Flug, *** Hotel (HP)
inkl. 1 Wo Surfkurs, 1.089,– DM

F Städtereise nach Wien
4 Tage, Flug, **** Hotel (Ü / F),
inkl. Stadtrundfahrt & Musical, 839,– DM

G Entspannungs-Wochenende auf Rügen
mit komplettem Wellness-Programm
3 Tage, **** Hotel, HP, ab 585,– DM

Strandhotel auf Djerba (Tunesien)

Wanderung in den Alpen

Radtour von Dresden nach Prag

Camping in der Bretagne

Familien-Ferien auf dem Bauernhof

mit dem Interrail-Ticket durch Europa

Sprechen Sie über die Urlaubsangebote.

Angebot A ist eine Mittelmeer-Kreuzfahrt. ↘ *Man fährt mit dem Schiff,* → *man besichtigt viele Sehenswürdigkeiten,* →
man kann schwimmen, → *man isst und trinkt gut,* → *und abends kann man in die Disko gehen.* ↘

Wie finden Sie die Angebote? Diskutieren Sie.

Welches Angebot finden Sie interessant / langweilig / günstig / (zu) teuer / … ?
Welches Angebot ist interessant für junge Leute / Familien / ältere Leute / … ?
Welche Angebote gibt es auch / gibt es nicht in Ihrem Land?

Was ist für Sie im Urlaub wichtig? Markieren und ergänzen Sie.

einfach mal nichts tun

Menschen kennen lernen

Sport treiben

Sehenswürdigkeiten besichtigen

Zeit für die Familie haben

gut essen und trinken

fremde Länder kennen lernen

etwas lernen / einen Kurs machen

in der Sonne liegen und braun werden

mit Freunden zusammen sein

_____

_____

_____

Welchen Urlaub möchten Sie gerne machen? Warum? Interviewen Sie Ihre Nachbarn.

Wie möchten Sie / möchtest du gerne Urlaub machen?

Ich möchte gerne einmal …
Ich wollte schon immer einmal …
Da kann ich …
Im Urlaub will ich …

Berichten Sie.

Ramon möchte einen Campingurlaub in der Bretagne machen, weil er schon immer einmal nach Frankreich fahren wollte. Da kann er viel mit den Kindern spielen und einen Surfkurs machen.

In 12 Tagen um die Welt – Nordroute

Welche Texte passen zu welchen Bildern? Markieren Sie.

Tempel in Bangkok

San Francisco mit Golden Gate-Brücke

Blick auf den Grand Canyon

Das Spielerparadies Las Vegas bei Nacht

Der Waikikistrand in Honolulu (Hawaii)

Tokios beliebte Einkaufsstraßen

Welche Reiseziele finden Sie interessant? Warum?

Lesen Sie den Prospekt und ordnen Sie die Reiseroute.

1   Freitag um 15.45 Uhr Abflug mit Linienmaschine ab Frankfurt.
Ankunft in Bangkok Samstag um 8.45 Uhr, Transfer zum Hotel, anschließend Freizeit.
Am Abend „Dinner Cruise" auf dem Chao Phaya.

Ralf unpünktlich!
– Snacks im Hotel

Mittwoch 21 Uhr Nachtflug nach Honolulu (Hawaii). Dabei Flug über die Datumsgrenze: Der Mittwoch erscheint deshalb zweimal im Programm.

Montag Tagesflug über Indochina nach Tokio.
Dienstag Tagesfahrt nach Kamakura zum großen Buddha und zum Hakone See beim
Fujiyama; Mittwoch Freizeit und Stadtrundfahrt.

Freitag Freizeit in San Francisco und Gelegenheit zum Einkaufen; nachmittags
Rundfahrt u.a. mit Golden Gate-Brücke und Fisherman's Wharf. Samstagvormittag
Freizeit, am Nachmittag Flug nach Las Vegas.

2   Sonntags Stadtrundfahrt in der Hauptstadt Thailands und Besichtigung der
Tempel; Zeit zum Stadtbummel; abends Vorführung von thailändischen Tänzen
mit Abendessen.

Zwei Tage Freizeit am weltberühmten Strand von Waikiki. Donnerstag um 17.15 Uhr
Flug nach San Francisco. Ankunft um Mitternacht und Transfer zum Hotel.

Am Abend Rundfahrt „Las Vegas bei Nacht" oder Besuch einer Show.
Am Sonntag Freizeit in Las Vegas oder Flug zum Grand Canyon.

Sonntag 21 Uhr ab Las Vegas Nachtflug über den amerikanischen Kontinent,
Flugzeugwechsel und Weiterflug über den Atlantik nach Deutschland.

Hören Sie den Reisebericht und vergleichen Sie.

**Das sind Notizen aus Inkas Reisetagebuch. Was passt wo?
Hören Sie noch einmal und ergänzen Sie.**

Bus zu spät – kein Flugzeug zum Grand Canyon! ◆ ~~Ralf unpünktlich – Snacks im Hotel~~ ◆
Kamera vergessen (Ralf!!) ◆ Tempel, Tempel, Tempel ◆ Strand, Meer, Sonne: super! ◆
Kopfschmerzen: zwei Tage im Bett! ◆ fix und fertig! ◆ eine ganz tolle Stadt

Vergleichen Sie den Reiseplan und Inkas Notizen.

*Sie wollten abends eigentlich einen Dinner Cruise machen, aber sie mussten
im Hotel essen, weil sie nicht pünktlich waren.*

Lesen Sie die Urlaubspost und unterstreichen Sie die Verben.

Hallo Ihr Lieben!

Unsere Weltreise hat gut begonnen:
In Frankfurt sind wir mit
Verspätung abgeflogen. Der Flug
war ganz schön lang, aber wir
haben gleich nette Leute kennen
gelernt. Bangkok ist traumhaft
schön! Wir haben schon eine
Stadtrundfahrt gemacht, die Tempel
angesehen und eine Vorstellung
mit thailändischen Tänzen besucht
– ganz toll! Jetzt geht's gleich
weiter nach Tokio. Arbeitet nicht
zu viel!

Liebe Grüße
Inka und Ralf

Fam.

Arnold Berg
Länderstr. 7

D-61906 Frankfurt a.M.

Germany

Liebe Rosi,

diese Reise ist wirklich ein Alptraum! Wir sind todmüde und völlig kaputt in Bangkok angekommen. Dort haben wir dann ewig
auf den Bus zum Hotel gewartet. Ralf ist im Hotel geblieben, hat
sich ins Bett gelegt und ist sofort eingeschlafen. Ich war auch
müde, aber wir hatten ja nur zwei Tage für Bangkok. Also bin ich
allein in die Stadt gegangen und habe groß eingekauft – auch ein
hübsches Teil für dich!
Abends wollten wir einen „Dinner Cruise" auf dem Chao Phaya
machen, aber wir haben das Boot verpasst. Ralf ist zu spät aufgewacht und hat Stunden gebraucht, bis er fertig war. Wir sind
dann auf eigene Faust losgegangen und haben ein Restaurant
gesucht, aber wir haben nichts Richtiges gefunden. Schließlich sind
wir ins Hotel zurückgefahren und haben dort gegessen – ein
paar Snacks, mehr gab's nicht mehr. Später haben wir dann
Leute aus unserer Reisegruppe getroffen. Die haben uns noch auf
einen Drink in die Hotelbar eingeladen und uns von dem „Dinner
Cruise" erzählt. Da haben wir wirklich was verpasst, ich war
ganz schön sauer auf Ralf!
Am Montag sind wir dann nach Tokio geflogen. Wir haben fast
den ganzen Tag im Flugzeug gesessen – das war zu viel für
mich. Jetzt liege ich hier allein im Hotelzimmer und habe furchtbare Kopfschmerzen. Ralf ist natürlich fit und hat die Tagesfahrt
mitgemacht. Stell dir vor, er hat die Kamera hier vergessen –
jetzt gibt es nicht einmal Dias vom Hakone-See. Morgen geht's
weiter nach Honolulu – hoffentlich wird dort alles besser.

Alles Liebe
deine Inka

Hallo Sven!
Unsere Weltreise geht zu Ende. Las Vegas ist
die letzte Station. In Bangkok und Tokio
haben wir die üblichen Sehenswürdigkeiten
besichtigt, auf Hawaii dann zwei Tage nur
gefaulenzt: Strand, Meer, Sonne, kühle Drinks.

Heute wollten wir eigentlich zum Grand
Canyon fliegen, aber das hat nicht geklappt.
Also sind wir durch die Spielkasinos gezogen -
wir haben zwar ein bisschen Geld verloren,
aber wir hatten viel Spaß.
Gleich geht's zum Flughafen.

Bis bald
dein Ralf

Sven Janes

Spielstr. 61

D-61458 Frankfurt a

Germany

Welche Sätze passen? Ergänzen Sie Sätze aus B4 und die Regel.

	Verb 1 (haben / sein)			Verb 2 (Partizip Perfekt)
Unsere Weltreise	hat		gut	begonnen.
In Frankfurt	sind	wir	mit Verspätung	abgeflogen.
Wir	haben		gleich	

sein ◆ haben ◆ Partizip Perfekt

Diese Zeitform nennt man Perfekt. So berichtet man über Vergangenes (vor fünf Minuten, gestern, vor einer Woche, letztes Jahr …).
Das Perfekt von Verben wie „beginnen", „abfliegen", „machen" bildet
man mit _____ oder _____ und dem Partizip Perfekt.
Auf Position 2 stehen _____ oder _____ , das
_____ steht am Ende.

Auch für die Verben „sein" und
„haben" gibt es Perfektformen:
„Der Flug **ist** ganz schön lang
gewesen."
„Wir **haben** viel Spaß **gehabt**."
Aber das sagt man nur selten. Meistens
benutzt man hier das Präteritum:
„Der Flug **war** ganz schön lang."
„Wir **hatten** viel Spaß."
Auch die Modalverben benutzt man
im Präteritum:
„Heute **wollten** wir eigentlich zum
Grand Canyon fliegen."

ARB
B

6 **Arbeiten Sie zu dritt oder zu viert und schreiben Sie Plakate.**

A *Infinitiv   ge/.../(e)t*
  machen   gemacht

C *Infinitiv   ge/.../en*
  schlafen   geschlafen

E *Infinitiv   ... .../t*
  besuchen   besucht

B *Infinitiv   .../ge/.../(e)t*
  einkaufen   eingekauft

D *Infinitiv   .../ge/.../en*
  einladen   eingeladen

F *Infinitiv   ... .../en*
  beginnen   begonnen

G *Perfekt mit „sein"*
  gehen   (ist) gegangen

Welche Regeln gelten für welche Gruppen? Markieren Sie.

1 Das Partizip Perfekt bildet man bei den meisten Verben mit der Vorsilbe „ge-". *A,*

2 Bei trennbaren Verben steht „-ge-" nach der trennbaren Vorsilbe. _____

3 Das Partizip Perfekt der regelmäßigen Verben hat die Endung „-(e)t". _____

4 Das Partizip Perfekt der unregelmäßigen Verben hat die Endung „-en". _____

5 Die meisten Verben bilden das Perfekt mit „haben". _____

6 Verben der Bewegung (A → fahren/fliegen/... → B) oder der Veränderung
  (wach sein → einschlafen → schlafen) bilden das Perfekt mit „sein" (auch: bleiben!). _____

7 Verben mit den Vorsilben „er-, be-, ver-" sind nicht trennbar. Sie haben kein „ge-". _____

berichten du berichtest, sie/er/es
  berichtet berichtete hat berichtet
  19, 35, 65, 78, 104, 106, 108, 123
Beruf der -e   6 7 8 14 24 57

Betrieb der, -e   A
Betriebsfest das, -e
betrunken   113
Bett das -en   31

ge·ben; *gibt, gab, hat gegeben;* Vt **1** *j-m etw.* **g.** etw.
in j-s Hände od. in seine Nähe legen / tun, sodass er
es nehmen kann ≈ j-m etw. reichen ↔ j-m etw.

war·ten' ; *wartete, hat gewartet;* Vt **1** (*auf j-n / etw.*)
w. nichts tun, nicht weggehen *o. Ä.*, bis j-d kommt
od. etw. eintritt ⟨auf den Zug w.; w., bis man ab-

Lerntipp:

Lernen Sie die unregelmäßigen Verben und die
Verben mit „sein" immer mit dem Partizip Perfekt,
also:
schlafen – **geschlafen**   fliegen – **ist geflogen**
beginnen – **begonnen**   fahren – **ist gefahren**
usw.

Sie finden diese Informationen in der Wortliste und
im Wörterbuch.

Hören Sie, sprechen Sie nach und markieren Sie den Wortakzent.

B 7

14

abgeflogen ◆ angekommen ◆ eingeschlafen ◆ aufgewacht ◆ losgegangen ◆ eingekauft ◆
besucht ◆ besichtigt ◆ verpasst ◆ vergessen ◆ erzählt

Ergänzen Sie die Regeln.

auf dem Verbstamm ◆ auf der Vorsilbe ◆ Vorsilbe + ge ◆ ge

Trennbare Verben	Nicht-trennbare Verben
Vorsilben _ab,_ _____	Vorsilben _be,_ _____
Wortakzent _____	Wortakzent _____
Partizip Perfekt _____	Partizip Perfekt ohne _____

B 8

Fragen Sie und machen Sie Notizen.

ARB
B

Wer hat / ist schon einmal ... ?

nach Asien fliegen

in den USA einkaufen

über die Datumsgrenze fliegen

in Afrika in der Sonne liegen

den Grand Canyon sehen

das Flugzeug verpassen

in ein Spielkasino gehen

den Pass oder das Ticket vergessen

eine berühmte Person kennen lernen

japanisch essen

eine kulturelle Veranstaltung im Ausland
    besuchen

...

Bist du / Sind Sie schon einmal nach Asien geflogen? ↗
        Nein, → *noch nie.* ↘
Hast du / Haben Sie schon einmal in den USA eingekauft? ↗
        Ja. ↘ *Ich war vor 3 Jahren in den USA.* ↘ *Da habe ich auch eingekauft.* ↘
    ...

Jetzt berichten Sie.

Mario war schon einmal in den USA → *und hat dort auch eingekauft.* ↘

B 9

Was haben Sie am letzten Wochenende gemacht? Berichten Sie.

Zwischen den Zeilen

Hören Sie und ergänzen Sie.

ein bisschen ◆ etwas ◆ ziemlich ◆ ganz schön ◆ sehr ◆ wirklich ◆ ganz

Inka Berger erzählt:

1 Wir haben gleich _____ nette Leute kennen gelernt.

2 Der Flug war _____ lang.

3 Ich war auch _____ müde.

4 Ohne Reiseleiter, das war irgendwie _____ schwierig.

5 Es gab nur noch ein paar Snacks, und die waren _____ teuer.

6 Ich war _____ sauer auf Ralf.

7 Die sind ja _____ schön, aber irgendwie …

8 Das war _____ fantastisch.

9 Das war _____ langweilig.

10 Also das ist eine _____ tolle Stadt.

11 Das war _____ anstrengend, ich bin jetzt fix und fertig.

Hören Sie, sprechen Sie nach und markieren Sie die Akzente.

ganz fantastisch
ganz toll
wirklich schön
wirklich super

sehr nett
sehr schön
sehr interessant
sehr schick

ziemlich spät
ziemlich teuer
etwas müde
etwas langweilig
ganz schön anstrengend
ganz schön lang

sehr schwierig
sehr teuer
wirklich sauer

Was passt? Lesen Sie die Dialoge und ergänzen Sie.

1 ● Die Reise war ganz fantastisch.
  ■ Ja, die war _____ .

2 ● Das Hotel war ziemlich teuer.
  ■ Es war nicht billig, aber _____ _____ .

3 ● Die Tempel waren etwas langweilig.
  ■ Wieso? Die waren doch _____ _____ .

4 ● Die Reise war ganz schön anstrengend.
  ■ Und sehr teuer. Ich bin _____ _____ .

5 ● Kennen Sie die Schillers? Die sind sehr nett.
  ■ Ach, ich weiß nicht. Ich finde sie _____ _____ .

6 ● Der Mantel ist sehr teuer.
  ■ Aber _____ .

7 ● Ich finde das Buch etwas langweilig.
  ■ Langweilig? Ich finde es _____ _____ .

8 ● Ich gehe jetzt nach Hause. Ich bin etwas müde.
  ■ Du hast Recht. Es ist ja auch schon _____ .

Jetzt spielen Sie die Dialoge zu zweit.

Wie finden Sie …? Diskutieren Sie zu dritt oder vier.

Tangram ◆ die deutsche Sprache ◆ die Schule ◆ diese Lektion ◆ das Perfekt ◆ …

Was wissen Sie über Deutschland? Sprechen Sie mit Ihren Nachbarn.

Das ist Berlin. Berlin ist die Hauptstadt von Deutschland.
Wer hat in Weimar gewohnt? Waren das Marx und Engels?
Das ist das Zeichen von Mercedes …
Ich war schon einmal in …
Ich habe ein Buch / einen Zeitungsbericht über … gelesen …
…

Welche Texte passen? Vergleichen Sie mit der Karte und ergänzen Sie die Namen der Bundesländer.

Die Bundesrepublik Deutschland liegt im Herzen Europas. Sie hat neun direkte Nachbarn: Dänemark im Norden, die Niederlande, Belgien, Luxemburg und Frankreich im Westen, die Schweiz und Österreich im Süden und die Tschechische Republik und Polen im Osten. Deutschland hat rund 80 Millionen Einwohner und besteht seit dem 3. Oktober 1990 aus 16 Bundesländern.

5 *Nordrhein-Westfalen* Bevölkerungsreichstes Bundesland und größtes Ballungsgebiet Europas: Rund die Hälfte der Menschen sind in Großstädten mit mehr als 500 000 Einwohnern zu Hause. Das Ruhrgebiet ist Europas größtes Industriegebiet (Kohle, Stahl, Motorenbau, Brauereien). Kulturelle Zentren sind die Landeshauptstadt Düsseldorf und Köln, Geburtsort des bekannten Schriftstellers Heinrich Böll (1917–1985) und berühmt für seinen gotischen Dom und den Karneval.

10 _____ „Deutschlands grünes Herz". Landeshauptstadt ist die „Gartenstadt" Erfurt mit sehr schöner Altstadt. In Weimar lebten für längere Zeit die beiden großen deutschen Dichter Johann Wolfgang von Goethe und Friedrich Schiller. Wichtige Wirtschaftszweige: Werkzeugmaschinen und optische Geräte – die Namen der Stadt Jena und des Mechanikers Carl Zeiss sind weltbekannt. Spezialität: Thüringer Rostbratwurst.

_____ Deutschlands alte und neue Hauptstadt, ein europäisches Kulturzentrum, aber 15 auch eine „grüne" Stadt mit Parks, Wäldern und Seen. Wahrzeichen: das Brandenburger Tor. Wichtiger Industriestandort (Siemens AG und AEG). Neben Hamburg und Bremen einer der drei „Stadtstaaten".

_____ Ein landschaftlich reizvolles Bundesland: Beliebte Ausflugs- und Urlaubsziele sind der Schwarzwald, der Bodensee und Heidelberg (Schloss). Beliebtes Souvenir: die traditionellen Schwarzwälder Kuckucksuhren. Spezialität: die Schwarzwälder Kirschtorte. Wirtschaftliches Zentrum ist die Region um die 20 Landeshauptstadt Stuttgart: Weltfirmen wie Daimler-Benz (Mercedes), Bosch oder Porsche haben hier ihre Zentrale.

_____ Das am dichtesten besiedelte und am stärksten industrialisierte Land der fünf „neuen" Bundesländer. Leipzig, traditionelle Messestadt und Verlagszentrum, ist bekannt für den Thomaner-Chor und die „Montagsdemonstrationen" von 1989. Landeshauptstadt ist Dresden, im Volksmund „Elbflorenz" 25 genannt, mit der wunderschönen Semper-Oper im italienischen Renaissance-Stil. Weltbekannt ist die Porzellanmanufaktur Meißen. Attraktive Urlaubsziele: das Elbsandsteingebirge der Sächsischen Schweiz und die „Silberstraße Erzgebirge".

_____ Größtes Bundesland und deutsches Urlaubs-Paradies: Hauptattraktionen sind die Alpen mit Deutschlands höchstem Berg (Zugspitze: 2962 m) und die Schlösser des bayerischen 30 „Märchenkönigs" Ludwig II. (Herrenchiemsee, Linderhof und Neuschwanstein). Spezialität: die Nürnberger Lebkuchen. Landeshauptstadt ist München, „Deutschlands heimliche Hauptstadt", mit dem weltbekannten Oktoberfest und dem Deutschen Museum (weltgrößte Sammlung zur Geschichte der Naturwissenschaften und der Technik).

_____ Sitz des größten Chemiewerks in Europa (BASF Ludwigshafen) und der größten 35 europäischen Rundfunkanstalt, des Zweiten Deutschen Fernsehens (ZDF). Von hier kommen zwei Drittel der deutschen Weinernte. Hauptattraktion: das Rheintal zwischen Bingen und Bonn mit seinen vielen Burgen und der berühmten „Loreley". Die Landeshauptstadt Mainz ist Geburtsort von Johannes Gutenberg (1400–1468, Erfinder des Buchdrucks), die 2000 Jahre alte Römerstadt Trier ist die Geburtsstadt des Philosophen Karl Marx (1818–1883).

_____ Deutschlands wichtigster Seehafen mit Handelsfirmen aus aller Welt (z.B. rund 40 130 aus Japan und über 20 aus China), aber auch eine der „grünsten" Städte Deutschlands. Sitz der größten deutschen Zeitungs- und Zeitschriftenverlage, der Deutschen Presse-Agentur (dpa) und zahlreicher Fernseh- und Rundfunkanstalten.

D 3 **Lesen Sie noch einmal und ergänzen Sie die passenden Ausdrücke aus den Texten.**

Zeile	Nummer		
1	1	in der Mitte von Europa	*im Herzen Europas*
5	2	hier wohnen sehr viele Menschen	
9	3	Volksfest mit Kostümen und Masken	
11	4	altes Stadtzentrum	
12	5	z.B. optische Geräte, Autoindustrie, Tourismus	
14	6	hier gibt es viele Theater, Museen, Konzerte …	
15	7	ein Gebäude als Zeichen für eine Stadt	
16	8	hier gibt es viele Fabriken / Firmen	
17/18	9	hierher kommen viele Touristen	
30	10	Essen oder Getränk, typisch für eine Region / Stadt	
31	11	in der ganzen Welt bekannt	
35/36	12	66% der deutschen Weinproduktion	

D 4 **Über welches Bundesland sprechen die Leute? Hören und ergänzen Sie.**

1 _____   5 _____
2 _____   6 _____
3 _____   7 _____
4 _____   8 _____

D 5 **Arbeiten Sie zu zweit und fragen Sie Ihren Nachbarn.**

Schlagen Sie die Karte vorne im Buch auf.

Partner A: Fragen Sie.

Welches Bundesland liegt nördlich von Niedersachsen?
Welche Stadt liegt an der Ostsee, zwischen Hamburg und Kiel?
Wo liegt … ?
Wie heißt der Fluss im Osten von Deutschland, an der Grenze zu Polen?
Welcher Fluss fließt von … nach … ?
Welches Gebirge liegt … ?

Fragepronomen „welch-" im Nominativ:

die Stadt   welche Stadt?
der Fluss   welcher Fluss?
das Land   welches Land?
die Städte   welche Städte?

Partner B: Antworten Sie.

Schleswig-Holstein.

Schleswig-Holstein liegt
im Norden von Deutschland
nördlich von Niedersachsen

im Norden von …

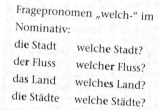

nördlich von …

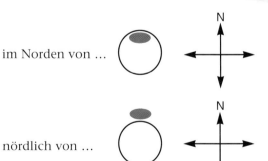

D 6 **Jetzt beschreiben Sie Ihr Land oder Ihre Stadt.**

Lage (Wo?, Nachbarländer) ◆ Geografie (Gebirge, Flüsse, Seen) ◆ Ballungsgebiete ◆
Industriegebiete / wichtige Industriezweige ◆ Kulturzentren ◆ Hauptattraktionen ◆
Spezialitäten ◆ Wahrzeichen ◆ Volksfeste ◆ …

Eine Reise in Deutschland

Lesen Sie die Reisenotizen und markieren Sie die Reiseroute.

Juan Lojo Fabeiro ist Reiseleiter in Spanien. In seinen Reisegruppen sind immer deutsche Touristen. Viele Deutsche sprechen kein Spanisch, also hat Juan Deutsch gelernt.

Jetzt reist er durch Deutschland. Er will sein Deutsch verbessern und das Land seiner Kunden kennen lernen.

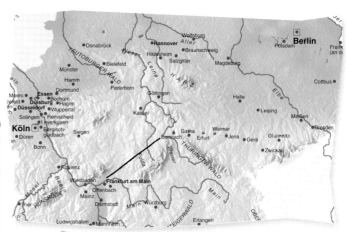

Fast alle Verben auf „-ieren" sind Fremdwörter. Sie bilden das Partizip Perfekt **ohne** die Vorsilbe „ge-", aber **mit der Endung -t.** Der Wortakzent ist immer am Ende.

repar**ieren**   (hat) repar**ier**t

telefon**ieren**   (hat) telefon**ier**t

pass**ieren**   (ist) pass**ier**t

Wenn einer eine Reise tut, dann kann er was erzählen.

Dienstag, 10. Juni
11.30 Ankunft Frankfurt. Gleich ins Hotel Bristol; nachmittags Stadtbummel: Goethehaus, Museum für Moderne Kunst, Spaziergang am Main (Museumsufer). Abends Essen im Hotel (nie mehr!), dann „Tigerpalast" (Varieté, sehr lustig).

Mittwoch, 11. Juni
9 Uhr Abfahrt zur 5-Tage-Busrundfahrt Thüringen / Sachsen. Erste Station Eisenach (Besichtigung Wartburg und Lutherhaus), dann nach Gotha (Schloss Friedenstein, schöner Park!, Kamera kaputt: keine Fotos), abends nach Erfurt.

Donnerstag, 12. Juni
Stadtbesichtigung Erfurt (viele Kirchen, „Stadt der Türme"), nachmittags Stadtbummel: schöne alte Häuser, Fotogeschäft: Kamera repariert! Abends Kino („Stadtgespräch" - sehr komisch) dann Kneipe (1 Uhr: „Sperrstunde" → alle raus).

Freitag, 13. Juni
Fahrt nach Weimar - kleiner Unfall, nichts passiert - „Gottseidank" (lernen!). Stadtbesichtigung (Nationaltheater, Goethehaus, Stadtschloss): guter Führer, langsam gesprochen - gut verstanden; → Dresden. Auf Autobahn Bus-Panne, Fahrer telefoniert, 3 Std. im Bus (deutsche Organisation?), dann Umsteigen

(neuer Bus). Erst 22 Uhr in Dresden, Abendessen verpasst (Hotelrestaurant geschlossen) → Pizza!

Samstag, 14. Juni
Stadtrundgang: Zwinger und Semperoper! Nachmittags Ausflug in die „Sächsische Schweiz" (etwas übertrieben - aber tolles Panorama!). Abends Orgelkonzert (Bach); mit Straßenbahn zurück; betrunkene (?) Jugendliche („Scheiß-Ausländer") → schnell zum Hotel.

Sonntag, 15. Juni
Abfahrt nach Meißen (Besuch Porzellanmanufaktur: Tasse gekauft und im Café vergessen - Mist!); Rückfahrt nach Frankfurt a.M. Abends „Don Carlos" (spanisches Restaurant, wunderbar!)

Montag, 16. Juni
Tagestour nach Heidelberg. Besuch bei Conny (studiert jetzt hier); Spaziergang am Neckar (Schloss & Altstadt!); abends Kneipe (mit Freunden von C.; viel erzählt und diskutiert: Deutschland, Spanien, Höflichkeit, Frauen-Männer. Essen und Bier „Klasse" (= sehr gut); spät zurück nach F., gleich ins Hotel und ins Bett.

Dienstag, 17. Juni
Ausgeruht; nachmittags Abfahrt zur Bayern-Rundreise: mit dem Intercity nach München

---

Arbeiten Sie zu zweit und sprechen Sie über die Reise.

Partner A ist ■ Juan Lojo Fabeiro. Er erzählt von seiner Reise.

Partner B ist ● seine Freundin Conny aus Heidelberg. Sie will alles ganz genau wissen.

■ *Am Dienstagmittag bin ich in Frankfurt angekommen und gleich zum Hotel gefahren.*

● *War das Hotel gut?*

■ *Ja, das war ganz okay, aber das Restaurant …*

● *Und was hast du in Frankfurt gemacht?*

■ *…*

Der Perfekt-Hamburg-Trip-Rap

Hey, du,
wie war der Hamburg-Trip?

Gottseidank, Gottseidank,
bin ich jetzt zurück.

Erzähl doch mal …

dann hilf mir mal,
ich hab's noch nicht gecheckt

Das mit dem Perfekt?

Das geht noch nicht perfekt!

fliegen?   geflogen
ab, ab, ab, ab, abgeflogen
kommen?   gekommen
an, an, an, an, angekommen
schlafen?   geschlafen
neunzehn Stunden nicht geschlafen
nur gesessen, viel gegessen
warten?   gewartet
lange aufs Gepäck gewartet
fahren?   gefahren
dann gleich ins Hotel gefahren
nehmen?   genommen
Bad genommen, ausgeruht

Das mit dem Perfekt,
das geht doch schon sehr gut!

gehen?   gegangen
bin dann in die Stadt gegangen
kaufen?   gekauft
ein, ein, ein, groß eingekauft
machen?   gemacht
Tour gemacht, Show besucht
Bus verpasst, Bar gesucht
passieren?   passiert
dann ist es passiert
saufen?   gesoffen
zwei, drei, vier – Schnaps und Bier
einschlafen?   eingeschlafen
eingeschlafen, aufgewacht
Geld weg, Pass weg

Was hast du gemacht?

zurückfliegen? Richtig:
Ich bin dann halt zurückgeflogen.
ankommen? Klar:
gestern wieder angekommen
In Hamburg auf der Reeperbahn,
da war ich nicht ganz klar …

Mensch, das mit dem Perfekt,
das geht doch wunderbar!

PROJEKT

Lesen Sie nicht nur die Texte
im Lehrbuch, lesen Sie auch so
oft wie möglich andere deutsche
Texte.
Sie leben in einem deutschspra-
chigen Land?
Dann gehen Sie in ein Reisebüro
und fragen Sie nach Prospekten
und Informationen über Reisen
in Ihr Heimatland.
Sie lernen in Ihrem Heimatland
Deutsch?
Dann gehen Sie zur Touristen-
Information und fragen Sie nach
Prospekten und Informationen
für deutsche Touristen.
Lesen Sie und unterstreichen
Sie alle Informationen, die Sie
verstehen.

Rund um den Urlaub

Lesen Sie die Texte. Welche Überschrift passt wo?

USA ganz anders ◆ Reisefreiheit ◆ Touristen

Vermischtes

A

Wer dieses Jahr
Nicht reisen will,
Darf zu Hause bleiben.
Noch kann man reisen
Nach Deutschland
In Deutschland
Aus Deutschland.
Noch muss man nicht.

B

Sie sind abgeflogen,
aber nicht angekommen.
Sie haben besichtigt,
aber nicht kennen gelernt.
Sie haben gehört,
aber nicht verstanden.
Sie haben fotografiert,
aber nicht gesehen.
Sie haben gekauft,
aber nicht erlebt.
Sie haben gesucht,
aber nicht gefunden.
Sie sind zurückgefahren
und haben viel erzählt.
Jetzt planen Sie
den nächsten Urlaub.

C

Reisebüro Stempfl
und World Wide Gruppenreisen

präsentieren:

Amerika

Einmalig in Deutschland

- deutsche Organisation
- deutsche Qualität
- deutsche Reiseleitung
- deutsche Sprache
- deutscher Fahrer
- deutscher ****Mercedes Bus

Welche Aussagen passen zu welchem Text? Markieren Sie.

1 „Was? Du bist nicht in Urlaub gefahren? Das verstehe ich nicht. Wenigstens einmal im Jahr wegfahren – das muss schon sein."

2 „Der Urlaub war super – ich habe tolle Souvenirs mitgebracht."

3 „Es war prima organisiert, alles war wie zu Hause …"

4 „Ich habe viele Fotos gemacht. Komm doch mal vorbei, dann zeige ich sie dir."

5 „Ich wollte ja schon immer mal nach Amerika, aber ich kann nicht gut Englisch. Da habe ich neulich ein interessantes Angebot gesehen: …"

6 Viele Leute fahren nur deshalb in Urlaub, weil die Nachbarn auch fahren.

7 Viele Touristen wollen die Kultur ihres Urlaubslandes gar nicht richtig kennen lernen.

Das Perfekt   § 4c, § 8e

Freitagnachmittag **sind** wir von Frankfurt nach Bangkok **geflogen**.
Wir **sind** völlig kaputt in Bangkok **angekommen**.
Wir **haben** überall Stadtrundfahrten **gemacht** und viele Veranstaltungen **besucht**.

Perfekt mit „haben"	Perfekt mit „sein"
Hast du Freunde **besucht**?	Ja, ich **bin** mit dem Zug nach Heidelberg zu Conny **gefahren**.
Was **hast** du am Abend **gemacht**?	Ich **bin** in eine Kneipe **gegangen**.
Hast du im Hotel gut **geschlafen**?	Nein, ich **bin** spät **eingeschlafen** und sehr früh wieder **aufgewacht**

Das Partizip Perfekt   § 8e

regelmäßige Verben		unregelmäßige Verben	
machen	gemacht	fliegen	(ist) geflogen
suchen	gesucht	schlafen	geschlafen
warten	gewartet	bleiben	(ist) geblieben

trennbare Verben

abholen	abgeholt	einladen	eingeladen
einkaufen	eingekauft	aufstehen	(ist) aufgestanden
aufwachen	aufgewacht	kaputtgehen	(ist) kaputtgegangen

nicht-trennbare Verben

besuchen	besucht	beginnen	begonnen
erzählen	erzählt	erscheinen	erschienen
verpassen	verpasst	vergessen	vergessen

Verben auf „-ieren"

telefonieren	telefoniert
reparieren	repariert
passieren	(ist) passiert

Fragen mit „Welch-"   § 13c

Welches Land liegt zwischen Hessen und Sachsen, **in der Mitte von** Deutschland?
Welche Burg liegt **bei** Eisenach?
Welcher Fluss fließt **von** Dresden **nach** Hamburg?
Welches Gebirge liegt **im Südwesten von** Deutschland?
Welche Seen liegen **in der Nähe von** München?
Welche Städte liegen **an der Ostsee, nordöstlich von** Hamburg?

Nützliche Ausdrücke

Wo möchten Sie gerne Urlaub machen? ↗   In Frankreich. ↘ **Ich wollte schon immer einmal** nach Frankreich fahren.
Wie möchtest du gerne Urlaub machen? ↗   **Ich möchte gerne** einmal eine Kreuzfahrt machen. ↘
Was ist für dich im Urlaub wichtig? ↘   Einfach mal **nichts tun**, → **Zeit für** die Familie **haben**, etwas **Sport treiben**.

Das Hotel war **ziemlich** teuer. ↘   Es war nicht billig, → aber **sehr** schön. ↘
Die Tempel waren **etwas** langweilig. ↘   Wieso? ↗ Die waren doch **sehr** interessant. ↘
Die Reise war **ganz schön** anstrengend. ↘   Und sehr teuer. ↘ Ich bin **wirklich** sauer. ↘

Es **hat alles geklappt**. ↘   **Gottseidank** ist nichts passiert. ↘
Ich bin **fix und fertig**. ↘   Ich bin **ganz schön sauer**. ↘
Das **mit** (dem Perfekt / ...), → **das geht doch schon sehr gut!** ↘

„Gesundheit!" – „Danke."

Gesundheit ist nicht alles,
aber ohne Gesundheit ist alles nichts.
(ARTHUR SCHOPENHAUER)

_____

_____

_____

_____

die Finger _____

_____

das Knie _____

_____

Der Körper

Schreiben Sie die Wörter zu den Körperteilen.

Auge das, -n ◆ Nase die, -n ◆ Mund der, ¨er ◆ Kopf der, ¨e ◆ Ohr das, -en ◆ Busen der, - ◆
Rücken der, - ◆ Brust die, ¨e ◆ Fuß der, ¨e ◆ Bauch der, ¨e ◆ Bein das, -e ◆ Arm der, -e ◆
Hals der, ¨e ◆ Schulter die, -n ◆ Finger der, - ✓ ◆ Haar das, -e ◆ Knie das, - ✓ ◆ Hand die, ¨e ◆ ...

Was kann man alles mit den Händen, mit den ... machen?

mit den Händen
Klavier spielen
kochen
Briefe schreiben

mit den Füßen
joggen
...

mit dem Mund
singen
...

A 2

Was fehlt den Leuten? Welche Schmerzen und Krankheiten haben sie?

Welche Krankheiten kennen Sie noch?

Diabetes, Grippe,

A 3

19-22

Welche Krankheiten und Körperteile hören Sie in den Dialogen? Sortieren Sie.

Schmerzen ◆ Rückenschmerzen ◆ Magenschmerzen ◆ Kopfschmerzen ◆
Schnupfen✓◆ Übergewicht ◆ Husten ◆ Erkältung ◆ Fieber ◆ hoher Blutdruck ◆
Allergie ◆ Lunge ◆ Kopf ◆ Rücken

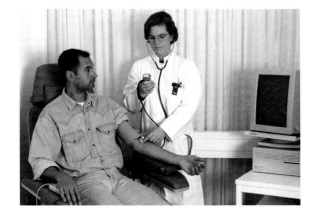

Dialog

1 *Schnupfen,*

2

3

4

Welche Ratschläge passen zu welchen Dialogen? Sortieren Sie.

Sie sollten ... / Du solltest ...

viel <u>trinken</u> ◆ Medikamente (Tabletten, Tropfen) nehmen ◆ <u>Sport</u> treiben ◆ abnehmen ◆
weniger Fleisch und <u>Wurst</u> essen ◆ die Er<u>n</u>ährung umstellen ◆ zu <u>Hause</u> bleiben ◆
mehr Obst und Gemüse essen ◆ zum <u>Arzt</u> gehen ◆ im <u>Bett</u> bleiben ✓ ◆ regelmäßig <u>schwimmen</u> gehen

1 **Erkältung**
   im Bett bleiben,

2 **Hoher Blutdruck**

3 **Rückenschmerzen**

4 **Allergie**

	Komparativ
viel	mehr
wenig	weniger

Hören Sie noch einmal und vergleichen Sie.

22

ARBEITSBUCH A 5-A 7

Arbeiten Sie zu viert und geben Sie Ratschläge.

Jede Gruppe schreibt acht bis zehn Probleme auf. Dann nennt jede Gruppe abwechselnd ein Problem, die anderen Gruppen geben Ratschläge. Für jeden passenden Ratschlag gibt es einen Punkt.

Ich habe starke Kopfschmerzen.

Ratschläge geben
Sie **sollten** mehr Sport treiben.
Du **solltest** weniger rauchen.

Sie sollten eine Tablette nehmen.

Du solltest weniger rauchen.

ARBEITSBUCH A 8-A 9

B 1 Lesen Sie den Text und ergänzen Sie die Nummern im Schaubild.

Sieben Dinge braucht Ihr Körper

Bei einer vollwertigen Ernährung ist es wichtig, „was" wir essen und trinken. Der Ernährungskreis gibt uns einen guten Überblick. Alle Lebensmittel sind hier in sieben Gruppen geordnet:

1	Getreideprodukte
2 + 3	Gemüse und Obst
4	Getränke
5	Milch-Produkte
6	Fisch und Fleisch
7	Fett

Wer sie täglich in der richtigen Menge auswählt, der bleibt schlank, fit und gesund. Bevorzugen Sie frische Lebensmittel. Essen Sie täglich und reichlich Lebensmittel aus den Gruppen 1 bis 5. Essen Sie weniger Lebensmittel aus den Gruppen 6 und 7. Wechseln Sie vor allem bei der Wahl von Lebensmitteln aus der Gruppe 6 konsequent ab.

B 2 Welche Lebensmittel gehören zu welcher Gruppe? Schreiben Sie.

1 Getreideprodukte: *Brot, Nudeln,* _____
2 Gemüse: _____
3 Obst: _____
4 Getränke: _____
5 Milch-Produkte: _____
6 Fisch und Fleisch: _____
7 Fett: _____

 Was essen Sie oft, nicht so oft, gar nicht?

Ich esse …

…

Machen Sie ein Quiz. Fragen und raten Sie. Üben Sie zu zweit und notieren Sie die Antworten.

1 Wer nimmt schneller ab? Frauen oder Männer?
2 Wie viel Stück Würfelzucker sind in einem Glas Cola?
3 Kosten Light-Produkte mehr oder weniger als andere Lebensmittel?
4 Wie viel wiegt der dickste Mensch?
5 Wer isst weniger Kalorien? Dünne oder dicke Menschen?

6 In welchem Land leben die Menschen am längsten?
7 Machen Deutsche lieber Fasttage oder lange Diäten?
8 Wie alt wurde der älteste Mensch?
9 Wie groß ist der größte Mensch?
10 Wie lange hat die längste Ehe der Welt gedauert?

Wer nimmt schneller ab? Frauen oder Männer?
Was meinst du?
      Ich weiß nicht. Vielleicht Männer.
Wie viel Stück Würfelzucker sind in einem Glas Cola?
      Keine Ahnung.
Rate doch mal.
      Vielleicht zwei.
…

Lesen Sie die Texte und vergleichen Sie mit Ihren Antworten.

Haben Sie gewusst,

… **dass** Männer schneller abnehmen als Frauen? Das hat ein amerikanischer Professor durch Untersuchungen festgestellt.

… **dass** ein Glas Cola elf Stück Würfelzucker enthält?

… **dass** Light-Produkte nicht unbedingt weniger Kalorien enthalten als normale Lebensmittel? Aber sie sind teurer als andere Lebensmittel.

… **dass** der dickste Mensch der Welt 404 Kilo wiegt?

… **dass** Kalorienzählen „out" ist? Dünne und dicke Menschen unterscheiden sich nicht in ihrem Kalorienverbrauch. Aber der Fettanteil der Speisen bei dicken Menschen liegt höher als bei dünnen Menschen.

… **dass** Fasttage bei den Deutschen beliebter sind als lange Diäten?

… **dass** die Menschen in Japan älter werden als Menschen in anderen Ländern? Sie essen am gesündesten.

… **dass** der älteste Mensch (der Japaner Shigechiyo Izumi) 120 Jahre alt wurde?

… **dass** der größte Mensch der Welt 231,7 cm groß ist?

… **dass** die längste Ehe der Welt 86 Jahre gedauert hat? Sir und Lady Nariman aus Bombay wurden 1853 mit fünf Jahren verheiratet. Der Ehemann ist 1940 gestorben.

„dass"-Sätze
Nach einigen Verben wie: **wissen, glauben, meinen, vermuten** steht oft ein „dass"-Satz.
„Dass"-Sätze sind Nebensätze wie „weil"- und „obwohl"-Sätze. Das Verb steht am Ende.
Ich **glaube, dass** Nikos im Kurs **ist.** *oder:* Ich **glaube,** Nikos **ist** im Kurs.

Markieren Sie alle Adjektiv-Formen in B3 + B4 und ergänzen Sie.

	Komparativ	Superlativ	
wenig	weniger	am wenigsten	die/der/das wenigste
viel	mehr	am meisten	die/der/das meiste
dick			
alt			
schnell			
lang	länger		
gesund	gesünder		
hoch		am höchsten	
beliebt			
teuer		am teuersten	der/die/das teuerste
gern		am liebsten	der/die/das liebste
groß			

als ◆ die, der, das ◆ -er ◆ -sten ◆ ä, ö, ü

1   Adjektive kann man steigern.
    Man bildet den Komparativ meistens mit der Endung _____ .
    Oft werden „a, o, u" zu _____ , _____ , _____ .
2   Vergleicht man Menschen oder Sachen, benutzt man den Komparativ + _____ .
3   Es gibt zwei Superlativ-Formen:
    – „am" + Adjektiv + Endung _____ ohne Nomen.
    – _____ + Adjektiv + Endung „-(e)ste" mit Nomen.
4   Es gibt einige unregelmäßige Formen:

    *viel*_____   *mehr*_____   _____
    *gern*_____   _____   _____
    *teuer*_____   _____   _____
    *hoch*_____   _____   _____

    Lernen Sie diese Formen extra.

Vergleichen Sie die Leute. Wen finden Sie interessanter, schöner, sympathischer … ?
Wer ist schneller, älter, dicker … ?

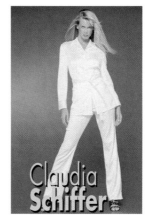 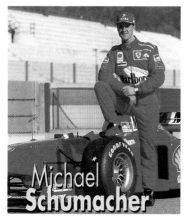  

Ich finde Steffi Graf interessanter als Claudia Schiffer.
    Herbert Grönemeyer ist älter als Michael Schumacher.
        …

Schreiben Sie Ihre „Top ten" von Lebensmitteln und vergleichen Sie mit der Graphik. Machen Sie im Kurs eine Statistik. Welche Lebensmittel stehen auf den Plätzen 1 bis 10?

Cola ist am beliebtesten und steht auf Platz eins in Europa.

Bei uns (im Kurs) ist Cola auf Platz ...
...

ARBEITSBUCH
B 8

Kennen Sie die „Top ten" in Ihrem Heimatland? Berichten Sie.

Essen in Deutschland

ARBEITSBUCH
C 1–C 2

Die Leute sprechen über ihre Essgewohnheiten. Zu wem passt welche Aussage?

1 **Peter Steinmann** 38, Werbemanager

2 **Inga Ostner** 68, Rentnerin

3 **Janina Metz** 23, Model

4 **Sandra Haller** 13, Schülerin

5 **Günter Molke** 57, Kohlenhändler

Eisbein? Igitt!! ◆ Lakritz und Rührei! ◆ Appetit auf Honig! ◆
Nach dem Essen einen Kognak und eine Havanna! ◆ Pommes statt Obst

27
Hören und vergleichen Sie.

27
Was passt zu welcher Person? Hören und markieren Sie.

	Person	1	2	3	4	5
Frühstück	isst morgens Müsli	X				
	isst morgens Brot (Toast, Brötchen, Knäckebrot)					
	isst morgens Cornflakes oder Kuchen					
Mittagessen	isst mittags so richtig					
	hat mittags nicht viel Zeit zum Essen	X				
	geht mittags zum Schnell-Imbiss					
Abendessen	isst abends so richtig					
	isst abends oft Gemüse					
	isst abends nur ganz wenig					
zwischendurch	isst Obst					
	nascht gern: Schokolade ...					
	trockenes Brötchen und Banane					
	Brot und Rührei oder Bratkartoffeln					

Ernähren sich die Leute gesund? Was meinen Sie?

Ergänzen Sie die Sätze.

> ... gibt es nur Würstchen.✓ ◆ ... dann hole ich mir das auch. ◆ ... dann wird uns schlecht. ◆
> Ich trinke pure Kohlehydrate und Eiweiß, ... ◆ ... kaufe ich mir eben ein Brötchen und eine Banane. ◆
> Ich frühstücke erst in der Schule ... ◆ ... koche ich abends so richtig. ◆
> ... sieht man das auch an meiner Haut.

1 Peter: Wenn keine Zeit bleibt, *gibt es nur Würstchen.*

2 Peter: Wenn ich Lust und Zeit habe, _____

3 Inga: Wenn ich Appetit auf etwas habe, _____

4 Janina: Wenn ich beim Job Hunger habe, _____

5 Janina: Wenn ich mal drei Tage ganz normal gegessen habe, _____

6 Sandra: _____ , wenn Pause ist.

7 Sandras Mutter: Wenn wir solche Sachen essen, _____

8 Günter: _____ , wenn ich einen Wettkampf habe und zunehmen muss.

23-27 Hören und vergleichen Sie.

Schreiben Sie zu jedem Modell einen passenden Satz und ergänzen Sie die Regel.

1

Nebensatz,   Hauptsatz
wenn + Aussage 1   Aussage 2
→ *(zeitlicher) Auslöser*

　　　　　　　　Subjekt Verb(en)
Wenn keine Zeit bleibt, gibt es nur Würstchen.

Position　　　　　1　　　　2

2

Hauptsatz,   Nebensatz
Aussage 1   **wenn** + Aussage 2
　　　　　　　　← *(zeitlicher)Auslöser*

　　　　　　　　Subjekt Verb(en)
Ich frühstücke erst, wenn Pause ist.

Wenn man auf den Auslöser
drückt, macht man ein Foto.

1 „Wenn"-Sätze sind _____ wie „weil"- und „obwohl"-Sätze.

2 Das _____ im „wenn"-Satz steht immer am Ende.

3 Das Subjekt steht nach _____ .

4 Zwischen Hauptsatz und Nebensatz steht ein _____ .

Was machen Sie, wenn ... ? Üben Sie zu viert.

1 Es ist drei Uhr nachts. Das Telefon klingelt.
2 Sie sind traurig / sauer / verliebt / krank / nervös ...
3 Sie sind im Restaurant und wollen bezahlen.
　 Sie haben Ihr Geld vergessen.
4 Sie wollen abnehmen.
5 Sie haben Kopfschmerzen.
6 Sie haben Geburtstag.
7 Ihr Nachbar hört laut Musik.
8 Sie haben Liebeskummer.

Finden Sie weitere Fragen.

■ *Was machen Sie, wenn um drei Uhr das Telefon klingelt?*
　● *Ich gehe ans Telefon und sage hallo.*
　　▲ *Was? Ich gehe nachts nicht ans Telefon.*
　　Ich schlafe weiter.
　　▼ *Ich habe kein Telefon.*

■ *Was machst du, wenn du traurig bist?*
　● *Ich gehe ins Kino und schaue mir einen lustigen*
　Film an.
　...

Zwischen den Zeilen

„Wenn" oder „wann"? Hören und markieren Sie.

Dialog	1	2	3	4	5
wenn					
wann	X				

Mit „wann" fragt man nach der Uhrzeit, dem Tag, der Woche, dem Monat, dem Jahr.

Wann = Frage **Wann** bist du zu Hause? Um neun.

Mit „wenn" nennt man den (zeitlichen) Auslöser für die Aussage im Hauptsatz.

Wenn = Nebensatz **Wenn** ich in London bin, dann schreibe ich dir gleich eine Karte.

Was passt, „wenn" oder „wann"? Ergänzen Sie.

1 ● *Wann* _____ gehen wir ins Kino?

  ■ Um sieben.

  ● Und was machen wir, _____ es keine Karten mehr gibt?

  ■ Dann gehen wir in die Spätvorstellung.

  ● _____ fängt die denn an?

  ■ Ich weiß nicht genau, so um zehn oder halb elf.

  ● Und _____ das auch nicht klappt?

  ■ Dann gehen wir halt in die Kneipe.

2 ▲ _____ musst du denn ins Krankenhaus?

  ▼ Nächste Woche, am Montag.

  ▲ Und wie lange dauert das alles?

  ▼ Eine Woche, _____ alles gut geht.

  ▲ Soll ich dich mal besuchen?

  ▼ Ja, das wäre schön.

  ▲ _____ sind die Besuchszeiten?

  ▼ Ich glaube, es gibt keine festen Zeiten. Komm einfach vorbei, _____ du mit der Arbeit fertig bist.

3 ▲ Kannst du mir morgen beim Renovieren helfen?

  ■ Klar. _____ ich morgen nicht zu lange arbeiten muss, komme ich vorbei.

  ▲ _____ denn ungefähr?

  ■ So gegen sieben.

  ▲ Ach, das ist ja toll. Du bist ein Schatz.

  ■ _____ es später wird, rufe ich dich an.

BREITWAND
Gilching (S-Bahnhof) · T. 081 05/9417
siehe TAGESPROGRAMM

CINEMA
Nymphenburger Str. 31 · T. 55 52 55
siehe TAGESPROGRAMM

RI-KINO
…91 · T. 38 40 53 10

CITY-KINOS 1-3 + ATELIER 1+2
Sonnenstr. 12 · T. 59 19 83 · T. Atelier: 59 19 18
CITY: 16.00, 20.00, So auch 12.00
Titanic (siehe KINOS MÜNCHNER FREIHEIT)
14.45, 17.30, 20.30, Fr/Sa auch 23.15
Good Will Hunting (siehe TIVOLI-THEATER)
15.15, 18.00, 21.00, Fr/Sa auch 23.15
Die Musterknaben (siehe AEROPORT FJS)
ATELIER: 15.15, 18.00, 20.45, Fr/Sa auch 23.15
The Big Lebowski (siehe ABC-KINO)
15.00, 17.30, 20.15, Fr/Sa auch 22.45
Das süße Jenseits · Von Atom Egoyan, CDN 1997. Mit Ian Holm, Nicole Burnelle u.a. ○ Die vielschichtig inszenierte Trauerarbeit in einer kleinen Gemeinde. Ausgehend von einem Busunglück, bei dem 14 Kinder ums Leben kamen. Großer Preis der Jury in Cannes.
Ab Do 26.3. voraussichtlich
Wag The Dog (siehe ROYAL-FILMPALAST)

CINERAMA
Grafinger Str. 6 · T. 499 188 19
18.00, 20.15
Ich weiß, was du letzten Sommer getan hast
Von Jim Gillespie. USA 1997. Mit Jennifer Love Hewitt u.a. ○ Thriller: Vier Schulfreunde überfahren einen Mann, entledigen sich der Leiche und werden fortan von einem Fremden verfolgt.
Täglich außer So 22.45
Lebe lieber ungewöhnlich (siehe RIO PALAST)
So 22.3. 21.00
Die Strategie der Schnecke (OmU) · Von Sergio Cabrera. Kolumbien 1993. Mit Frank Ramirez, Fausto Carrera u.a. ○ Eine anarchische Komödie vom Widerstand einiger Mieter, die aus ihrem Viertel in Bogotá vertrieben werden sollen.

ELDORADO
Sonnenstr. 7 · T. 55 71 74
15.45, 18.00, 20.30, Fr/Sa auch 22.45
Die Schwächen der Frauen · Von Luis Galvão …

Hören und vergleichen Sie.

 ARBEITSBUCH **D 1-D 3**

satt Ich möchte nichts mehr essen.

Schicht, die -en mal tags, mal nachts arbeiten

down fix und fertig

etwas zu kauen etwas zu essen

scharf mit vielen Gewürzen

blau Du hast zu viel Alkohol getrunken.

flau schlecht

ich kriege sie Meine Frau schimpft mit mir.

nach meinem Geschmack Das finde ich gut.

* Herbert Grönemeyer, geb. 1956 in Göttingen, Schauspieler und Musiker. Bekannt durch seine Hauptrolle im Film „Das Boot" (1981), sowie durch sein Musikalbum „Bochum" (1984) mit dem Single-Hit „Männer".

Currywurst
(von Herbert Grönemeyer*)

Gehst du in die Stadt
was macht dich da satt
eine Currywurst.

Kommst du von der Schicht
Etwas Schöneres gibt es nicht
Als Currywurst.

Mit Pommes dabei
Ach, dann geben Sie gleich zweimal Currywurst.

Bist du richtig down
brauchst du etwas zu kauen
eine Currywurst.

Willi, komm geh mit
Ich kriege Appetit
auf Currywurst.

Ich brauche etwas im Bauch
Für meinen Schwager hier auch noch eine Currywurst.

Willi, ist das schön
Wie wir zwei hier stehen
Mit Currywurst.

Willi, was ist mit dir
Trinkst du noch ein Bier
Zur Currywurst.

Kerl scharf ist die Wurst
Mensch das gibt einen Durst, die Currywurst.

Bist du dann richtig blau
Wird dir ganz schön flau
Von Currywurst.

Rutscht das Ding dir aus
Gehst du dann nach Haus
Voll Currywurst.

Auf dem Hemd, auf der Jacke
Kerl was ist das eine K... alles voll Currywurst.

Komm Willi
Bitte, bitte komm geh mit nach Hause
Hör mal, ich kriege sie, wenn ich so nach Hause komme

Willi, Willi bitte du bist ein Kerl nach meinem Geschmack
Willi. Willi komm geh mit, bitte Willi

Im Restaurant: Essen in Hessen

Was essen und trinken die Deutschen gern? Kennen Sie eine typisch deutsche Speise?

Die Deutschen essen viel Kartoffeln und Sauerkraut, ↘ oder? ↗
Die Deutschen trinken gern …

Sprechen Sie über die Speisekarte.

1 Welche Speise haben Sie schon einmal gegessen? Welche Getränke kennen Sie?
2 Welche Speisen essen Sie gern / nicht gern?
3 Was ist gesund / ungesund? Warum?

4 Bestellen Sie ein Menü (Vorspeise, Hauptgericht und Dessert).
5 Welche Speisen kennen Sie nicht? Welche möchten Sie einmal probieren?

VORSPEISEN

Suppen

Gulaschsuppe & Brot	5.50
Tomatencremesuppe	6.50
Tagessuppe	5.50

HAUPTGERICHTE / WARME SPEISEN

Vom Rind

argent. Steak, Kräuterbutter, Bratkartoffeln und Salat	23.00
Wiener Schnitzel, Bratkartoffeln und Salat	18.50
Rinderrouladen mit Salzkartoffeln u. grünem Salat	18.50

Vom Schwein

Frankfurter Würstchen mit Kraut und Brot	7,-
Jägerschnitzel, Bratkart. und Salat	15.50
Schlachtplatte m. Kraut und Brot	11,-

VEGETARISCHE SPEISEN

Gemüseauflauf	14.80
Grüne Soße, 4 halbe Eier, Salzkartoffeln	10.50

KALTE SPEISEN

Handkäs' mit Musik	6.50
Schneegestöber mit Brot	7,-
Strammer Max	9.80
Frikadelle mit Brot	7.80

SALATTELLER

Bauernsalat, mit Schafskäse und Knoblauchbrötchen	13.80
Feldsalat mit Ei, gebratenem Speck u. Knoblauch- brötchen	14.00

DESSERT

Portion gemischtes Eis mit Sahne	6.50
Obstsalat	7.90

HEISSE GETRÄNKE

Tasse Kaffee	3.10
Cappuccino	3.90
Espresso	2.90
Heiße Schokolade	3.90
Glas Tee, diverse Sorten	3.10
Glühwein	3.90

NICHT-ALKOHOLISCHE GETRÄNKE

Selters Mineralwasser	0.25	3.20
Cola/Cola Light / Sinalco	0.3	3.50
Spezi	0.3	3.50
Apfelsaft	0.2	3.40
Apfelsaftschorle	0.2	3.10
Orangensaft	0.2	3.50

BIERE

Binding Lager	0.3	3.90
Clausthaler (alkoholfrei)	0.33 Fl	3.70
Radler / Cola-Bier	0.3	3.90
Dunkles Weizen	0.5 Fl	5,-
Kristall Weizen	0.5 Fl	5,-

WEINE

Weißweine

Müller-Thurgau halbtrocken	0.2l	4.80
Riesling trocken	0.2l	5.20

Rotweine

Bordeaux	0.2l	6.20
Französischer Landwein	0.2l	4.50

Roséweine

Weißherbst	0.2l	5.10
Mateus	0.25l	6.30

Schorle

Weißweinschorle süß/sauer	0.2l	4.20

Was ist das? Raten Sie.

1 Jägerschnitzel ◆ 2 Handkäs' mit Musik ◆
3 Sauergespritzter ◆ 4 Schneegestöber ◆
5 Schlachtplatte ◆ 6 Strammer Max ◆
7 Spezi ◆ 8 Tagessuppe

Apfelwein mit Mineralwasser
Cola und Fanta
Bauernbrot mit Schinken und Spiegelei
ein spezieller Käse mit Zwiebeln, Essig und Öl
verschiedene Wurst- und Fleischsorten (gekocht)
ein Stück Fleisch mit Pilzsoße
heute: Hühnersuppe, morgen…
eine Mischung aus Camembert und Frischkäse
mit Gewürzen und Zwiebeln

 Hören und vergleichen Sie.

ohne	ein Gericht **ohne** Fleisch
mit	eine Suppe **mit** Gemüse und Fleisch
aus	eine Creme **aus** Schokolade

ARB

Woher kommen die Speisen? Was ist was? Raten Sie.

1 **Minestrone**

2 **Paella**

3 **Mousse au chocolat**

4 **Börek**

5 **Köttbullar**

6 **Miso-Suppe**

Italien
Türkei
Frankreich
Spanien
Japan
Schweden

Fleischbällchen
Schafskäse mit Spinat in Blätterteig
Gemüsesuppe mit Speck
süße Creme aus Schokolade und Sahne
Reisgericht mit Fisch und Gemüse
Suppe aus Sojabohnenpaste mit Tofu

Beschreiben Sie kurz ein typisches Gericht aus Ihrem Land oder Ihr Lieblingsgericht.

Ein typisches Gericht in Japan ist Tempura.
Das sind fritierte (Riesen-) Garnelen mit Gemüse. Das esse ich sehr gern.
...

PROJEKT

Sprechen Sie so oft wie möglich Deutsch!

Wenn Sie in einem deutschsprachigen Land sind, dann fragen Sie nach allem Möglichen:
- Fragen Sie Leute auf der Straße nach der Uhrzeit.
- Fragen Sie am Bahnhof, welcher Zug wohin fährt, wann der Zug fährt, wo der Zug fährt ...
- Fragen Sie im Geschäft nach den Preisen, nach dem Material ...
- Fragen Sie im Restaurant, im Café, was für eine Speise oder was für ein Getränk auf der Speisekarte steht (wie in F3)

Wenn Sie in Ihrem Heimatland Deutsch lernen, dann ...
- machen Sie mit einer Kursteilnehmerin/einem Kursteilnehmer ein Spiel. Reden Sie jeden Tag eine halbe Stunde Deutsch zusammen – nicht nur im Unterricht!
- Suchen Sie Plätze, wo Deutsch gesprochen wird: deutsche Restaurants, Firmen, die Universität ...
- Sprechen Sie Deutsch mit Touristen. (Woher kommen Sie? Wie finden Sie? ...)

Sammeln Sie diese Fragen in einem Heft und üben Sie täglich.

ARBEITSBUCH
G 1-G 3

TOUCHÉ by @TOM

Kurz & bündig

Probleme

Ich habe Grippe.

Ich habe Fieber.

Ich habe Rückenschmerzen.

Ratschläge § 10d

Sie soll**ten** mal zum Arzt gehen.

Du soll**test** besser zu Hause bleiben.

Sie soll**ten** regelmäßig schwimmen gehen.

Komparativ § 17c

Wer nimmt schnell**er** ab? Männer oder Frauen?

Männer nehmen schnell**er** ab als Frauen.

Wen finden Sie interessant**er**? Claudia Schiffer

oder Steffi Graf?

Wen finden Sie interessant**er**? Michael Schu-

macher oder Herbert Grönemeyer?

Haben Light-Produkte **mehr** oder **weniger**

Kalorien **als** normale Lebensmittel?

Ich weiß nicht.

Ich finde Steffi Graf interessant**er als** Claudia Schiffer.

Herbert Grönemeyer, natürlich.

Keine Ahnung. **Weniger**, oder?

Superlativ § 17c

Wie viel wiegt **der** dick**ste** Mensch?

Nein, noch mehr, 404 Kilo.

Wie alt wurde **der** ält**este** Mensch?

Nein, 120!

In welchem Land leben die Menschen **am** läng**sten**?

Stimmt. Weil sie **am** gesünd**esten** essen.

Vielleicht 210 Kilo.

105 Jahre?

In Japan.

„wenn"-Sätze § 5b, § 22

Was machen Sie, **wenn** Sie krank **sind**?

Was machen Sie, **wenn** Ihr Nachbar laut

Musik **hört**?

Was machen Sie, **wenn** Sie traurig **sind**?

Wann rauchen Sie?

Ich gehe sofort zum Arzt.

Wenn mein Nachbar laut Musik **hört**, dann

stelle ich mein Radio lauter.

Dann gehe ich in die Disko.

Wenn ich viel Stress **habe**.

„dass"-Sätze § 5b, § 22

Weißt du eigentlich, **dass** ein Glas Cola

elf Stück Würfelzucker **enthält**?

Haben Sie **gewusst**, **dass** der größte Mensch

der Welt 231,7 cm groß **ist**?

Was? Ich trinke nie mehr Cola.

Na und?

Nützliche Ausdrücke

Was fehlt Ihnen denn? ↘

„Hatschi!" ↘

Danke! ↘

Ich habe starke Kopfschmerzen. ↘

Ich gehe nach Hause. ↘

Kennen Sie Mousse au chocolat? ↗

Eine Creme **aus** Schokolade und Sahne. ↘

Können Sie mir sagen, →

was Handkäs' mit Musik ist? ↗

Gut, → den probiere ich mal. ↘

Guten Appetit! ↘

Ich habe Kopfschmerzen. ↘

Gesundheit! ↘

Tschüs und **gute Besserung**! ↘

Nein, was ist das denn? ↘

Ja, natürlich. ↘ **Das ist ein** magerer Käse **mit** Zwiebeln, →

Essig und Öl. ↘

Danke, → **gleichfalls**. ↘

Meine Lieblingsfarbe

Wie heißen die Farben? Ergänzen Sie.

Welche Farben sind „kalt", welche „warm"?

Welche sind „laut", welche „leise"?

Welche sind „natürlich", welche „künstlich"?

*Ich finde, → Blau ist eine kalte Farbe. ↘ Der Himmel
ist blau, das Meer ist blau …
Und Rot ist …*

Was passt zu diesen Farben?

Neid ◆ Revolution ◆ Nervosität ◆ Liebe ◆ Fernweh ◆ Glaube ◆ Fantasie ◆ Aberglaube ◆ Angst ◆
Trauer ◆ Hoffnung ◆ Ruhe ◆ Tradition ◆ Kälte ◆ Energie ◆ Wärme ◆ Treue ◆ Aktivität

Neid passt zu Grün. ↘

Grün? ↗ Nein, → das finde ich nicht. ↘ Ich finde, → das passt zu Gelb. ↘

Warum Gelb? ↘

Gelb ist hart. ↘

Ja, → Gelb ist ungesund. ↘ Und Neid ist auch ungesund. ↘

…

Ergänzen Sie die passenden Farben.

Wenn wir eine Farbe sehen, dann wirkt sie nie allein, sondern immer im Kontrast mit einer zweiten Farbe oder zusammen mit vielen anderen Farben. Helle Farben stehen allgemein für die fröhliche, lichtvolle Seite des Lebens, dunkle Farben stehen für die negativen und dunklen Kräfte.

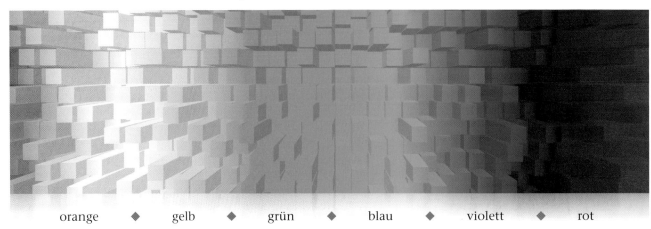

orange ◆ gelb ◆ grün ◆ blau ◆ violett ◆ rot

_____ ist die Farbe der Sonne und des Lichts. Diese Farbe ist das Symbol für Wissen, aber sie steht auch für Neid. Besonders hell, heiter und strahlend wirkt sie im Kontrast mit dunklen Farben.

_____ ist vor allem die Farbe der Liebe. Aber es ist auch die Farbe der Revolutionen und Leidenschaften. Diese Farbe fördert das Wachstum der Pflanzen, sie wirkt anregend oder aufregend. Oft signalisiert sie Gefahr.

_____ ist die Farbe des Himmels und das Symbol des Glaubens. Sie steht für Treue und Fernweh zugleich. Sie kann aber auch für den Aberglauben, die Angst und die Trauer stehen.

_____ vermittelt zwischen Gelb und Blau. Es ist die Farbe der Pflanzen, der Fruchtbarkeit, der Ruhe und der Hoffnung. Mit Gelb vermischt wirkt sie jugendlich und frisch – wie ein Frühlingsmorgen.

_____ ist die Mischung von Gelb und Rot. Diese Farbe steht für strahlende Aktivität und warme Energie. Sie zieht die Aufmerksamkeit auf sich, deshalb benützt man sie auch als Signalfarbe für Gefahren, zum Beispiel bei Maschinen und Baustellen.

_____ ist die Farbe des Unbewussten, des Geheimnisses. Diese Farbe ist entweder eher rot oder eher blau. Wenn sie eher blau ist, steht sie für Tod und Einsamkeit. Die rötliche Variante symbolisiert die himmlische Liebe; es ist die Farbe der katholischen Kirche.

Genitiv

... ist die Farbe *(f)* der Liebe
(m) des Glaubens
(n) des Lichts
(Pl) der Pflanzen

Wie ist das in Ihrem Land? Berichten Sie.

Was ist Ihre Lieblingsfarbe? Warum?

Ich mag Gelb besonders, → vielleicht, → weil mein
Kinderzimmer gelb war. ↘
  Meine Lieblingsfarbe ist Blau, → weil ...

Blau steht Ihnen gut!

Welche Farben passen zu diesen Menschen? Warum?

A   B   C   D

Haare	schwarz ◆ blond ◆ braun ◆ rot ◆ grau ◆ glatt ◆ lockig ◆ kraus …
Augenfarbe	schwarz ◆ braun ◆ grün ◆ blau ◆ graugrün …
Teint	blass ◆ dunkel ◆ hell ◆ mit Sommersprossen …

Zu der Frau auf Bild D passt Orange. ↘

       Orange? ↗ *Warum?* ↗

Ihre Augen sind braun. ↘

     Aber ihre Haare sind schwarz. ↘ *Ich finde,* →

     Rot steht ihr besser. ↘

          Zu der Frau auf Bild A passt Grün. ↘

        Das finde ich auch. ↘

> Adjektive ohne Nomen
> verändern sich nicht:
> Ihre Haare sind **blond**.

Was denken Sie? Wer ist ein Frühlingstyp, wer ist ein Sommertyp, wer ein Herbsttyp und wer ein Wintertyp?

Ich finde, → *die Frau auf Bild A ist ein Wintertyp.* ↘ *Ihre Haut ist hell.* ↘

  Ja, → *aber ihre Haare sind blond.* ↘ *Ich denke,* → *sie ist ein Sommertyp.* ↘

    Nein, → …

Welche Farben hören Sie? Machen Sie Notizen.

Frühlingstyp
Bild: A
Teint / Haut: hell
Haare:
Augen:
Farben:

Sommertyp
Bild: D
Teint / Haut:

Arbeiten Sie zu viert und vergleichen Sie.

PROJEKT

Hören Sie so oft wie möglich
deutsche Nachrichten, Interviews
und Reportagen im Radio. Nehmen
Sie Sendungen mit Cassettenrekorder auf und hören Sie sie immer
wieder. Beim ersten Hören verstehen Sie nur wenig, beim zweiten
Hören schon etwas mehr …
Überall auf der Welt können Sie
die **Deutsche Welle** empfangen. Hier
gibt es auch spezielle Sendungen
für Deutschlernende: **7 Tage**
berichtet in einfachem Deutsch
über die Ereignisse der letzten
Woche. Das **Stichwort** erklärt wichtige Wörter und Ausdrücke. Die
Texte können Sie auch als E-Mail
bekommen. Weitere Informationen
erhalten Sie bei der Internet-
Adresse: http.//www.dwelle.de.

B 3 · Ordnen Sie die Sätze nach den einzelnen Jahreszeitentypen.

1

A Typisch für ihn ist eine helle, fast blasse und transparente Haut mit gelbem Unterton.
B Milchweißer oder rosiger Teint: Alle haben einen fast blauen Unterton der Haut.
C Ein blauer Unterton verbirgt sich fast immer hinter seiner Haut.
D Sie haben einen goldenen, warmen Hautton und der blasse Teint kann rotbraune Sommersprossen haben.

2

A Die meisten Menschen dieses Typs haben dunkle Haare.
B Im Kindesalter machen diesem Typ die Haare oft großen Kummer: Die charakteristische Haarfarbe ist Rot.
C Sie haben blonde Haare oder waren als Kinder blond.
D Seine Haare sind nicht golden, sondern eher mausfarben.

3

A Sie sind die einzigen Typen, denen ein volles, leuchtendes Orange steht.
B Ideale Farben für ihn sind hell und klar: strahlendes Grün, warmes, volles Gelb.
C Wirklich gut stehen ihm die sanften Farben: das rauchige Blau und das bläuliche Grün.
D Wenn es unbedingt braun sein muss, sollte er den dunkelsten und kühlsten Braunton nehmen. Bittere Schokolade hat genau diesen Farbton.

	Frühlingstyp	Sommertyp	Herbsttyp	Wintertyp
1	A			
2				
3				

 38 Hören Sie noch einmal und vergleichen Sie.

B 4 · Suchen Sie die Adjektive in B 3, markieren Sie die Endungen und ergänzen Sie die Regeln.

	Nominativ	Akkusativ
f	die __charakteristische__ Haarfarbe eine _____, fast _____ Haut _____ Schokolade	wie Nominativ !
m	der _____ Teint ein _____ Unterton _____ oder _____ Teint	den _____ und _____ Braunton einen _____ Unterton _____ Kummer
n	das _____ Blau ein _____ Orange _____ Grün	wie Nominativ !
Plural	die _____ Menschen _____ Farben	_____ Haare

1 Alle Adjektive haben vor Nomen mindestens eine _e-Endung_ .
2 Die Genus-Signale sind gleich wie beim bestimmten Artikel: für feminin: ___ , für maskulin: ___ , für neutrum: ___ . Sie stehen am _Artikel-Ende_ oder am _____ .
3 Im Plural enden die Adjektive nach Artikel auf _____ .
4 Nominativ und Akkusativ sind gleich bei f, n und *Plural*.
Nur bei *m* steht im Akkusativ bei Artikel und Adjektiv ein _____ .

B 5 · Was für ein Typ sind Sie? Arbeiten Sie zu zweit und machen Sie Notizen.

Kleiderkauf

Mode
FÜR LEUTE MIT IDEEN

Bluse in aktuellen Farben, pflegeleicht **69,–**

Weste **69,–**

Rock mit Gürtel **59,–**

Blazer in klassischer Form schilf-kariert oder blau-kariert, Gr. 36–48 **149,–**

Jeans mit modischem Gürtel **89,–**

Modischer Sakko, Mischgewebe (Leinen/Viskose) **178,–**

Baumwoll-Hemd, bügelfrei **49,–**

Seiden-Krawatte **39,80**

Baumwoll-Hose, bügelfrei **89,–**

Angenehm zu tragen!

T-Shirt **49,–**

Jeans, Used Look **149,–**
(ohne Gürtel)

OUTFIT
Große Mode zum kleinen Preis!

Was trägt sie? Was trägt er? Sortieren Sie.

Bluse

▶ **Welche weiteren Kleidungsstücke kennen Sie? Ergänzen Sie.**

Welche Kleider kauft Bettina? Hören und markieren Sie.

den dunkelbraunen Blazer

die dunkelbraune Hose

das dunkelblaue Kostüm

den apricotfarbenen Blazer

die apricotfarbene Hose

die dunkelbraune Seidenbluse

Farben ohne Endungen:
Die Bluse ist **rosa**.
→ eine rosa**farbene** Bluse
Der Blazer ist **apricot**.
→ ein apricot**farbener** Blazer
Das Hemd ist **lila**.
→ ein lila**farbenes** Hemd.

Hören Sie noch einmal und ergänzen Sie den Text.

● _____ Kostüm hätten Sie denn gern? So für jeden Tag, oder soll es für einen beson-deren Anlass sein?

■ Nein, schon _____ für einen besonderen Anlass, für eine Bewerbung.

● Für eine Bewerbung ... Und an _____ Farbe haben Sie gedacht?

■ Ich weiß auch nicht genau. Vielleicht dunkel, dunkelgrün oder dunkelblau ...

● Ich zeige Ihnen ein paar Kostüme. Welche Größe haben Sie? 38?

■ Ja, 38 oder 40. Das kommt darauf an ...

● So, hier sind einige Blazer in topmodischen Farben.

▲ Oh, schau mal, der sieht doch toll aus.

■ _____ meinst du denn? _____ schilfgrünen oder _____ apricotfarbenen?

▲ Hier den apricotfarbenen.

■ Aber _____ Rock soll ich denn dazu anziehen?

▲ Na, _____ dunklen. Oder sogar _____ dunkle Hose in Braun oder Schwarz.

● Ich habe Ihnen hier einen Rock und eine Hose in Dunkelbraun zum Kombinieren mitge-bracht. Mit dem kurzen Rock wirkt die Jacke sehr elegant.

■ Mir gefällt es eigentlich auch ganz gut. Ich fühle mich recht wohl darin. Und _____ Bluse passt dazu?

● Da würde ich Ihnen etwas ganz Einfaches empfehlen: _____ Seidenbluse oder _____ T-Shirt in der gleichen Farbe wie die Hose. Moment ... Schauen Sie mal, hier.

■ Hm, da nehme ich die Bluse. Mit dem einfachen T-Shirt hier wirkt das vielleicht doch zu jugendlich ... Was kostet das denn?

● Alle Teile zusammen – Moment ... 650 Mark ...

Ergänzen Sie die Regel.

Was für ein Pullover?   **Ein** grauer Pullover.

Welcher Pullover?   **Der** orangefarbene Pullover.

Nach Fragen mit …			kommen meistens Antworten mit …
1 _____	?	→	unbestimmtem Artikel.
2 _____	?	→	bestimmtem Artikel.

ARBEITSBUCH
C 3-C 10

„Was für ein …" / „Welch- …" kaufen Sie? Schreiben und spielen Sie ähnliche Dialoge. Arbeiten Sie zu zweit oder zu dritt.

Bewerbung ◆ Geschäftsessen ◆ Oper ◆ Theater ◆ Kostümball ◆ Hochzeit ◆ Beerdigung ◆ Picknick ◆ Ausflug ◆ Wanderung ◆ Urlaub ◆ Geburtstagsparty

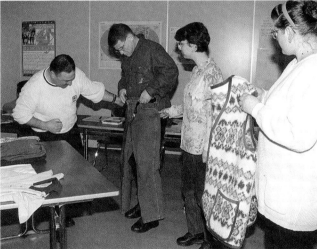

Ich hätte gern …
Ich suche …
Zeigen Sie mir bitte ein paar …

Ich habe Größe …

Die gefällt mir nicht so gut. / …

Haben Sie	*die*	*auch*	*in Rot? / …*
	so etwas		*in Seide? / …*

Die gefällt mir gut. / sehr gut. / …

Aber sie passt mir nicht.

Sie ist mir	*zu klein. / zu groß.*
	zu eng. / zu weit.
	zu kurz. / zu lang.

Haben Sie die auch	*eine Nummer*	*größer?*
	etwas	*kleiner?*

Wie viel kostet …?
Ja, … nehme ich.
Nein, vielen Dank, aber das ist doch nicht das Richtige.

Was für ein …
Was für eine Farbe …?
Welche Größe haben Sie?

Probieren Sie mal …
Wie gefällt Ihnen …?

Nein, leider nicht.

Ja, aber leider nicht in	*dieser Größe.*
	dieser Farbe.

Die Bluse steht Ihnen ausgezeichnet. / …
Sie wirkt sehr elegant. / jugendlich. / …

Typen ...

Wie sind diese Leute? Was meinen Sie? Machen Sie Notizen.

| Yuppie ◆ Tourist ◆ ~~Rentner~~ ◆ Student |

Rentner

Arbeiten Sie zu viert und vergleichen Sie Ihre Ergebnisse.

Hier links, das sind sicher Rentner.

Die sind bestimmt ...

Die ...

Rentner
Alter: über 60
Kleidung: altmodisch,
grau, langweilig
Hobbys:
Familie:
Sonstiges:

Hören und ergänzen Sie.

	Thema	Ort (wo?)	Gesprächspartner
Interview 1			
Interview 2		*U-Bahn-Station*	

Lesen und markieren Sie: Was denken die Interviewten über ... ?

Text 1

1. ☐ Yuppies fahren in ihrem roten BMW zur Arbeit.
2. ☐ Yuppies wohnen meistens allein in einem teuren Penthouse.
3. ☐ Yuppies arbeiten beim Hessischen Rundfunk.
4. ☐ Yuppies sieht man in modischen Anzügen oder mit schicken Sakkos.
5. ☐ Yuppies sind meistens Politiker.
6. ☐ Für eine Familie haben Yuppies keine Zeit.
7. ☐ Yuppies essen oft in teuren Lokalen.
8. ☐ Yuppies haben viel Freizeit.

Text 2

1. ☐ Rentner sind ältere Frauen oder Männer.
2. ☐ Rentner wohnen in einer kleinen Wohnung, weil ihre Kinder schon ausgezogen sind.
3. ☐ Rentner haben immer Zeit, auch an den ganz gewöhnlichen Werktagen, aber sie machen nichts mit dieser Freizeit.
4. ☐ Klischees enthalten in den meisten Fällen viel Wahrheit.
5. ☐ Es gibt arme und reiche Leute, dumme und intelligente. Man kann nichts Genaues über sie sagen.

 Hören Sie noch einmal und vergleichen Sie.

Unterstreichen Sie die Adjektive in C 3 und D 3. Ergänzen Sie dann die Sätze und die Regel.

Adjektiv-Deklination im Dativ.

f, m, n, Pl

Da empfehle ich eine Bluse	in d____	gleich____	Farbe wie die Hose.	☐
Rentner wohnen	in ein____	klein *en*	Wohnung.	
Der Blazer wirkt	mit d____	kurz____	Rock sehr elegant.	☐
Yuppies fahren	in ihr____	rot____	BMW zur Arbeit.	
Vielleicht wirkt der Blazer	mit d____	einfach____	T-Shirt zu wenig elegant.	☐
Yuppies wohnen meistens	in ein____	teur____	Penthouse.	
Rentner haben immer Zeit, auch	an d____	gewöhnlich____	Werktagen.	☐
Yuppies essen oft	in____	teur____	Lokalen.	

Plural im Dativ.

	Singular	Plural (im Nominativ)
in modischen Anzügen	*Anzug, m*	*Anzüge*
mit schicken Sakkos		
in teuren Lokalen		
auch an den ganz gewöhnlichen Werktagen		
in den meisten Fällen		

1 Das Genus-Signal für den Dativ: feminin: _____ , maskulin und neutrum: *m*____ , Plural: _____ .

2 Im Dativ ist die Endung bei den Adjektiven nach Artikel immer _____ .

3 Im Dativ Plural steht am Ende des Nomens in der Regel ein _____ .
    Ausnahme: Nomen mit Plural auf -s.

ARBEITSBUCH
D 1-D 4

Beschreiben Sie eine für Ihr Land „typische" Person und ihren Beruf.

Bei uns in ...
Sie sind meistens ...
Sie tragen ...

Zwischen den Zeilen

E 1

Beschreiben Sie die Farben möglichst genau.

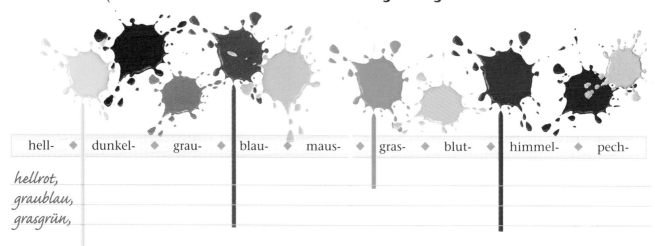

| hell- | ◆ | dunkel- | ◆ | grau- | ◆ | blau- | ◆ | maus- | ◆ | gras- | ◆ | blut- | ◆ | himmel- | ◆ | pech- |

hellrot,
graublau,
grasgrün,

E 2

Welche Farben haben diese Dinge in Deutschland / in Österreich / in der Schweiz? Und in Ihrem Land?

Telefonzelle ◆ Feuerwehrauto ◆ Polizeiuniform ◆ Pass ◆ Briefkasten ◆ Post ◆
Krankenwagen ◆ Polizeiauto ◆ Straßenmarkierungen

Die Telefonzellen sind in Österreich …

   Bei uns sind sie …

E 3   **Welche Farben hören Sie? Markieren Sie.**

	blau		grün		schwarz
	braun		lila		violett
	gelb		orange		weiß
	grau		rot		

Jemand … der, ohne rot zu werden, blau macht
und schwarz arbeitet – muss sich nicht wundern,
wenn ihm die Kollegen nicht grün sind.

Was passt? Hören Sie noch einmal, ergänzen Sie und sortieren Sie.

1 _____ *fahren*
2 _____ *sehen*
3 _____ *ärgern*
4 _____ *arbeiten*
5 _____ *sehen*
6 _____ *machen*
7 *mit einem* _____ *Auge*
   davonkommen
8 *jemandem nicht* _____ *sein*
9 *dasselbe in* _____

	es sieht zwar etwas anders aus, ist aber gleich
	furchtbar wütend über etwas sein
	illegal, ohne Lohnsteuerkarte Geld verdienen
	immer Schlechtes in der Zukunft sehen
	im Pech Glück haben, nur einen kleinen Schaden erleiden
	ohne Fahrschein in öffentlichen Verkehrsmitteln fahren
	nicht zur Arbeit oder zum Unterricht gehen
	sich nicht gut mit jemandem verstehen
	so wütend werden, dass man seine Gefühle nicht mehr kontrollieren kann

Vergleichen Sie mit Ihrer Sprache.

ARB
E

Der Ton macht die Musik

A B C D E F G H

Sprechen Sie über die Zeichnungen.

bei Rot über die Straße gehen ◆ in der Nase bohren ◆ an der Wand lauschen ◆
älteren Leuten einen Sitzplatz anbieten ◆ die Schuhe ausziehen ◆ mit den Fingern essen ◆
die Tischdecke schmutzig machen ◆ heiraten

Man soll nicht in der Nase bohren. ↘
    In einer Moschee muss man …

Was soll man nicht machen?

Hören und markieren Sie.

in der Nase bohren

laut schreien

mit den Fingern essen

bei Rot über die Straße gehen

in der Schule schlafen

über Sex sprechen

über Geld sprechen

schwarz fahren

Schecks fälschen

als Mann weinen

mit vollem Mund reden

die Füße auf den Tisch legen

an der Wand lauschen

als Mann einen Mann lieben

Können Sie noch andere „Tabus" verstehen? Hören Sie noch einmal.

Was darf man in Ihrem Land auf keinen Fall tun? Arbeiten Sie in Gruppen und machen Sie eine Liste mit Tabus.

In einer Kirche soll man nicht lachen. ↘
    Bei uns darf man nicht mit Schuhen
    in den Tempel gehen. ↘
      Und bei uns …

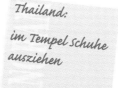

Spanien:
in der Kirche nicht lachen

Thailand:
im Tempel Schuhe ausziehen

Marokko:

ARBEITSBUCH
F 1–F 7

ARBEITSBUCH
G 1–G 3

Kurz & bündig

Adjektive ohne Nomen und Artikel § 17a

Welche Farben sind „kalt", welche „warm"?
Mit Gelb vermischt wirkt diese Farbe **jugendlich** und **frisch**.

Ihre Augen sind **braun**.   Aber ihre Haare sind **schwarz**.
Ich finde, **Rot** steht ihr besser.

Adjektive nach Artikeln oder vor Nomen § 17b

Nominativ und Akkusativ

Er hat **eine helle**, fast **blasse** und **transparente Haut** und **einen gelben Unterton**.
Die meisten Menschen dieses Typs haben **dunkle Haare**.
Die idealen Farben für ihn sind hell und klar: **strahlendes Grün**, **warmes**, **volles Gelb**.

Dativ

Ich empfehle eine Bluse in **der gleichen Farbe**.
Mit **dem kurzen Rock** wirkt die Jacke sehr elegant.
Mit **dem einfachen T-Shirt** wirkt das vielleicht zu jugendlich.

Rentner wohnen in **einer kleinen Wohnung**.
Yuppies fahren in **ihrem roten BMW** zur Arbeit und wohnen in **einem teuren Penthouse**.
Sie essen oft **in teuren Lokalen**.

Fragen mit „Was für ..." und mit „Welch- ..." § 13b, c

Was für ein Kostüm hätten Sie denn gern?   **Eins** für einen besonderen Anlass.
Und an **was für eine Farbe** haben Sie gedacht?   Vielleicht **dunkelgrün** oder **dunkelblau**.

Welchen Blazer meinst du denn? **Den** schilfgrünen
oder **den** apricotfarbenen?   Hier, den apricotfarbenen.
Was für eine Bluse passt dazu?   **Eine Seidenbluse**, oder **ein einfaches T-Shirt**.

Verben mit Dativ § 7

Wie findest du meinen neuen Pullover?   Er **steht dir** sehr gut
Mir gefällt er eigentlich auch ganz gut.   Er wirkt sehr jugendlich.
Er **passt mir** nur nicht ganz,
er ist etwas zu groß.   Aber ich finde, die Farbe **passt** sehr gut **zu** dir.
Und ich fühle mich sehr wohl darin.

Nützliche Ausdrücke

Was ist Ihre **Lieblings**farbe? ↘   Gelb. ↘
Ich **mag** Blau **besonders**. ↘

Ich suche ein Kostüm. ↘   Soll es **für einen besonderen Anlass** sein? ↗
Ja, → für eine Bewerbung. ↘   **Welche Größe** haben Sie? ↘
38 oder 40. **Das kommt darauf an.** ↘

Schau mal, → der Pullover sieht toll aus. ↘   **Welchen meinst du denn?** ↘
Den hellen oder den dunklen? ↘

Haben Sie das Kostüm **eine Nummer größer**? ↗   Ja, → aber **nicht in Rot**, → nur **in Dunkelblau**. ↘
Und was soll ich **dazu anziehen**? ↗   **Ich zeige Ihnen** ein paar Blusen. ↘
Haben Sie diese Bluse **auch in Seide**? ↗   Nein, → tut mir Leid, →
die gibt es **nur in Baumwolle**. ↘

Gut, → **ich nehme** das Kostüm. ↘
Nein, → **das ist doch nicht das Richtige.** ↘

Sie brauchen vier Sorten Geldstücke,
pro Spieler eine Sorte.

Spielen Sie zu dritt oder zu viert.

Länderspiel

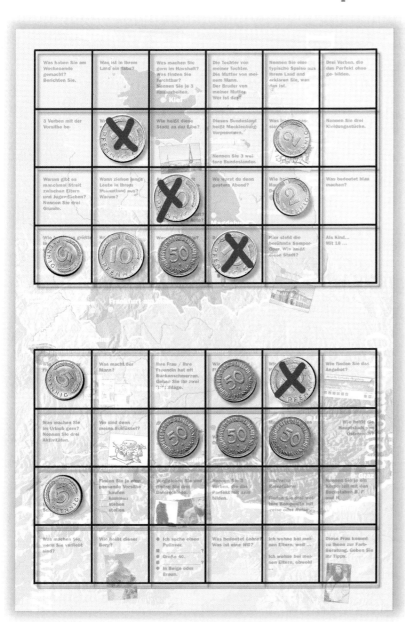

Spielregeln:

Jeder Spieler braucht zehn gleiche Münzen. Spieler eins hat z.B. zehn Zweipfennigstücke, Spielerin 2 hat zehn Fünfpfennigstücke usw.

Spieler 1 beginnt. Er sucht eine Frage auf dem Spielfeld, die er beantworten möchte, und liest sie laut vor. Wenn der Spieler die Frage richtig beantworten kann, dann legt er eine Münze auf das Feld. Wenn die Antwort falsch ist, darf er keine Münze ablegen.

Dann sucht Spielerin 2 eine Frage aus und liest sie laut vor usw.

Wer zuerst vier Münzen in eine Reihe oder in eine Diagonale legen kann, der hat gewonnen.

Deutschland

Drei Verben, die das Perfekt ohne „ge". bilden.	Nennen Sie drei Kleidungsstücke.	Was bedeutet „blau machen"?	Als Kind … Mit 18 …
Nennen Sie eine typische Speise aus Ihrem Land und erklären Sie, was das ist.	Was ist hier passiert?	Wie heißt die Hauptstadt von Deutschland? *Potsdam*	Hier steht die berühmte Semper-Oper. Wie heißt diese Stadt? *Leipzig*
Die Tochter von meiner Tochter. Die Mutter von meinem Mann. Der Bruder von meiner Mutter. Wer ist das? *Rostock*	Dieses Bundesland heißt Mecklenburg-Vorpommern. Nennen Sie drei weitere Bundesländer. *Schwerin*	Wo warst du denn gestern Abend? *Magdeburg*	Beschreiben Sie den Mann.
Was machen Sie gern im Haushalt? Was finden Sie furchtbar? Nennen Sie je drei Hausarbeiten. *Kiel*	Wie heißt diese Stadt an der Elbe?	Aus dieser Stadt kommt ein bekanntes Auto. *Hannover* Wie heißt die Stadt? Wie heißt das Auto?	Wann weinen Sie? *Erfurt*
Was ist in Ihrem Land ein Tabu?	Was machen Sie, wenn sie krank sind? *Bremen*	Wann ziehen junge Leute in Ihrem Heimatland aus? Warum?	Haben Sie ein Handy? Mögen Sie Computerspiele? Warum (nicht)?
Was haben Sie am Wochenende gemacht? Berichten Sie.	Drei Verben mit der Vorsilbe be-.	Warum gibt es manchmal Streit zwischen Eltern und Jugendlichen? Nennen Sie drei Gründe. *Düsseldorf*	Wie heißt das größte Industriegebiet in Europa? *Dortmund* *Essen* *Köln* *Bonn*

Frankfurt am Main

Aachen

Wie finden Sie das Angebot?

aktuelle Urlaubs-Angebote
Surfen a...
2 Wochen
inkl. 1 Wo
Mittelmeer-Kreuzfahrt
14 Tage, alles inkl.
ab Genua, 3.250 DM

Wie heißt die Hauptstadt von Österreich?

Graz

Nennen Sie je ein Körperteil mit den Buchstaben *B*, *F* und *H*.

Klagenfurt

Diese Frau kommt zu Ihnen zur Farbberatung. Geben Sie ihr Tipps.

Linz

Wie heißen die Himmelsrichtungen auf Deutsch?

Mozart kommt aus dieser Stadt? Wie heißt sie?

Salzburg

Weltreise
Reiseführer

Finden Sie drei weitere Komposita mit *-reise* oder *Reise-*.

Ich wohne bei meinen Eltern, weil ...

Ich wohne bei meinen Eltern, obwohl ...

Nürnberg

Wir heißt dieser Fluss?

Wo findet das Oktoberfest statt?

Nennen Sie drei Verben, die das Perfekt mit *sein* bilden.

Was bedeutet *Lehre*? Was ist eine *WG*?

Ihre Frau / Ihre Freundin hat oft Rückenschmerzen. Geben Sie ihr zwei Ratschläge.

Stuttgart

grasgrün
Nennen Sie drei weitere Farben aus zwei Wörtern.

Innsbruck

Vergleichen Sie und finden Sie drei Unterschiede.

Ich suche einen Pullover.

— Größe 40.

In Beige oder Braun.

?

?

Was macht der Mann?

Wo sind denn meine Schlüssel?

Zürich

Finden Sie je eine passende Vorsilbe
___ kaufen
___ kommen
___ stehen
___ stellen

Wie heißt dieser Berg?

Saarbrücken

Was machen Sie im Urlaub gern? Nennen Sie drei Aktivitäten.

Wie heißt dieser Fluss?

Basel

Wie heißt die Hauptstadt der Schweiz?

Was machen Sie, wenn Sie verliebt sind?

ARBEITSBUCH
A 1-A 2

Glückwünsche

Was passt wo? Ergänzen Sie.

Alles Gute für die Zukunft! ◆ Auf Wiedersehen! ◆ Bis bald! ◆ Viel Glück! ◆ Guten Appetit! ◆
Gute Besserung! ◆ Guten Flug! ◆ Gute Reise! ◆ Gute Fahrt! ◆ Gesundheit! ◆
Hals- und Beinbruch! ◆ Zum Wohl! ◆ Herzlichen Glückwunsch (zum Geburtstag)! ◆
Kommt doch herein! ◆ Kommt gut nach Hause! ◆ Prost! ◆ Prost Neujahr! ◆ Viel Spaß! ◆ ...

**Arbeiten Sie zu zweit. Schreiben Sie einen Dialog zu einer Situation.
Spielen Sie dann Ihren Dialog vor.**

Wählen Sie eine oder zwei Fragen. Interviewen Sie die anderen Kursteilnehmer und machen Sie Notizen.

Kursbefragung zum Thema „Deutsch lernen"

Welche Lerntipps haben Sie ausprobiert?

Sandra: Lerntipp: „Nomen mit Artikel", hat geholfen

Felicitas: Lerntipp: „Pluralformen mitlernen, viel Arbeit", Plural ist schwer

Pero: nein, keine Zeit, warum auch?

Carlo: Lerntipp: „mit Teilnehmern jeden Tag eine halbe Stunde Deutsch sprechen", am Anfang komisch, dann viel Spaß gemacht, viel geübt

Kerry:

1 Wo sprechen Sie Deutsch: im Unterricht, zu Hause, bei der Arbeit, mit Freunden ... ?
2 Welche Städte oder Regionen in den deutschsprachigen Ländern kennen Sie? Welche möchten Sie kennen lernen?
3 Wie klingt Deutsch für Sie: angenehm, hart, wie ...-Musik ... ?
4 Welche Laute finden Sie schwierig? Welche Laute finden Sie interessant?
5 Was ist Ihr Lieblingswort oder Ihr Lieblingssatz?
6 Welche Themen in TANGRAM waren interessant? Welche waren langweilig?
7 Welcher Text in TANGRAM hat Ihnen am besten gefallen?
8 Welcher Cartoon in TANGRAM hat Ihnen am besten gefallen?
9 Welche Übungen in TANGRAM machen Sie gerne?
10 Welche Lerntipps haben Sie ausprobiert?
11 Können Sie noch ein Lied oder einen Rap aus TANGRAM singen oder sprechen?
12 Haben Sie regelmäßig zu Hause gearbeitet? Was und wie haben Sie gelernt oder geübt?
13 Wie lernen Sie neue Wörter? Wie oft? Wie lange?
14 Was benutzen Sie regelmäßig: Wortliste, Wörterbuch, Grammatik-Anhang ... ?
15 Was können Sie jetzt gut? Was können Sie noch nicht so gut?
16 Was ist für Sie wichtig, aber nicht im Buch? Was fehlt in TANGRAM?

Berichten Sie im Plenum.

ARBEITSBUCH
B 1-B 3

Hören Sie das Lied und singen Sie mit.

Auf der Mauer, auf der Lauer

liegt 'ne kleine Wanze.

Schau dir mal die Wanze an,

wie die Wanze tanzen kann.

Auf der Mauer, auf der Lauer

liegt 'ne kleine Wanze.

Wanze / tanzen
Wanze / tanzen
Wanze / tanzen
Wanze / tanzen
Wanze / tanzen

Ergänzen Sie die Strophen. Schreiben Sie einen neuen Text.

Tickets kaufen, Koffer packen,
dann geht's ab nach Bern.

_____

Tickets kaufen, Koffer packen,
dann geht's ab nach Bern.

Rechts entlang? Links entlang?
Ich will jetzt zum Ausgang!

_____

Rechts entlang? Links entlang?
Ich will jetzt zum Ausgang!

   Spanisch, Schwedisch, Russisch,
Deutsch – schwer ist keine Sprache.

_____

   Spanisch, Schwedisch, Russisch,
Deutsch – schwer ist keine Sprache.

Willst du mit nach Bern geh'n?
        warte auf die doofe Karte.
   Zum Ausgang, wo ich raus kann.
Nie hatt' ich so schlimmen Husten,
   Mir steh'n keine schwarzen Kleider,
Traurig sitz' ich hier und warte,

Keine Nachricht, auch kein Brief –
ich sitz' hier und warte.

_____

Keine Nachricht, auch kein Brief –
ich sitz' hier und warte.

Ach, ich bin ein Frühlingstyp,
trag' nur grüne Kleider.

_____

Ach, ich bin ein Frühlingstyp,
trag' nur grüne Kleider.

   Letzte Woche war ich krank,
hatte schlimmen Husten.

_____

   Letzte Woche war ich krank,
hatte schlimmen Husten.

die die Sprache sprechen können.
        Wie komm' ich zum Ausgang?
auch nicht weiße Kleider – leider.
        Ja, ich will Bern gern seh'n.
   Lerne einfach Sprecher kennen,
        dass ich ständig husten musste.

Vergleichen Sie Ihre Texte und singen Sie gemeinsam.

Grammatik
Seite G1-G22

Übersicht

Der Satz

§ 1 Die Aussage: *Ich heiße Nikos Palikaris.*
§ 2 Die Fragen: *Wie heißen Sie? – Kommen Sie aus Italien?*
§ 3 Der Imperativ-Satz: *Gib mir doch mal einen Tipp!*
§ 4 Die Verbklammer: ***Kann** ich Ihnen **helfen**?*
*Frau Jansen **hängt** die Wäsche **ab** und **legt** sie **zusammen**.*
*Unsere Weltreise **hat** gut **begonnen**.*
§ 5 Das Satzgefüge:
a) Hauptsätze *Achim hat eine große Wohnung, aber keine Küche.*
b) Nebensätze *Ich wohne alleine, **weil** ich unabhängig sein will.*
*Ich wohne noch bei meinen Eltern, **obwohl** ich unabhängig sein will.*
*Haben Sie gewusst, **dass** der dickste Mensch der Welt 404 Kilo wiegt?*
*Was machen Sie, **wenn** Sie verliebt sind?*
§ 6 Die Satzteile: Subjekt, Verb, Akkusativ-Ergänzung,
Dativ-Ergänzung, andere Ergänzungen und Angaben
§ 7 Verben und *haben + AKK, helfen + DAT, kommen + DIR,*
ihre Ergänzungen: *finden + AKK + QUA ...*
schreiben + an + AKK, sprechen + mit + DAT + über + AKK ...

Die Wortarten

Das Verb

§ 8 Die Verb-Konjugation:
a) Präsens *ich komme, du kommst, sie kommt ...*
b) Imperativ *Gib mir einen Tipp! – Gebt mir einen Tipp!*
c) Trennbare Verben *er räumt auf, wir sehen fern, sie schlafen ein ...*
d) Nicht-trennbare Verben *ich besuche, du erzählst, sie verlässt ...*
e) Perfekt *wir sind geflogen, er hat erzählt, sie haben eingekauft, ... abgeflogen.*
§ 9 Unregelmäßige Verben: *nehmen, lesen, haben, sein, werden ...*
§ 10 Die Modalverben im
Präsens und Präteritum: *wollen, möchten, können , sollen, müssen, dürfen*

Die Nomengruppe

§ 11 Die Artikel und Nomen: *die Kellnerin, der Friseur, das Mädchen ...*
eine Kellnerin, ein Friseur, ein Mädchen ...
§ 12 Die Pluralformen: *Lampe, -n; Stuhl, ¨ e; Sofa, -s; Kind, -er; Computer, -*
§ 13 Die Deklination: *der Tisch, den Tisch, ein Tisch, (k)einen Tisch, auf dem Tisch,*
auf (k)einem Tisch ...
§ 14 Die Possessiv-Artikel: *mein, dein, sein, ihr, unser ...*
§ 15 Die Artikelwörter: *jede, diese, alle ...*
§ 16 Die Pronomen: *ich, sie, mir, Ihnen, euch, keins, eins ...*
§ 17 Die Adjektive:
a) Qualitativergänzung *komplett, neu, hübsch, unpraktisch ...*
b) Adjektive vor Nomen *der blasse Teint, ein leuchtendes Orange, blonde Haare ...*
c) Komparativ und Superlativ *schneller, am schnellsten, die/der/das schnellste*
§ 18 Die Zahlwörter: *eins, zwei, der erste, der dritte ...*

Die Partikeln

§ 19 Die Präpositionen: *aus, bei, nach, von, mit, zu, in, um, bis, für ...*
§ 20 Die Adverbien: *links, unten, hier, heute, jetzt, gern ...*
§ 21 Die Modalpartikeln: *etwa, mal, denn, fast, sehr, doch, wirklich, etwas, ziemlich, ganz*
§ 22 Die Konjunktionen: *aber, und, oder / weil, obwohl, wenn, dass*

Die Wortbildung

§ 23	Komposita	der Kleiderschrank, der Schreibisch, das Hochbett
§ 24	Vorsilben und Nachsilben	
	a) Nachsilben	der Arzt – die Ärz**tin**, der Japaner – die Japaner**in**
		die Angst – ängst**lich**, die Jugend – jugend**lich**, die Farbe – farb**ig**
		dumm – die Dumm**heit**, freundlich – die Freundlich**keit**
		bedeuten – die Bedeu**tung**, beraten – die Bera**tung**
		aktiv - die Aktiv**ität**; fantastisch - die Fanta**sie**,
		demonstrieren - die Demonstra**tion**
	b) Vorsilben	praktisch – **un**praktisch

Textgrammatische Strukturen

§ 25	Die Negation:	nicht, kein, nein, doch, nie …
§ 26	Referenzwörter :	Vera kommt aus Brasilien. **Sie** arbeitet bei TransFair.
		Hast du ein Handy? – Ja, ich habe **eins**.
§ 27	Kurze Sätze:	Sind Sie nicht verheiratet? – **Doch**, natürlich.
		Was sind Sie von Beruf? – **Ärztin. Und Sie?**

Der Satz

In einem Satz findet man fast immer ein Verb und ein Subjekt . → §1–§3
  Tanja weint .

  Wie heißen Sie ?

Die meisten Sätze haben weitere Satzteile: Ergänzungen und Angaben. → §6 + §7
  Kaufe ich ihr jetzt Gummibärchen ?

  Sind Sie Frau Beckmann von „Globe-Tours" ?

Es gibt aber auch kurze Sätze ohne Subjekt oder Verb. → §27
  Woher kommst du?   ***Aus Namibia.***
  Und was möchten Sie trinken?   ***Einen Apfelsaft, bitte.***

Die Aussage → §6 + §7

In einer Aussage steht das Verb immer auf Position 2. Das Subjekt steht in einer Aussage links **oder** rechts vom Verb. Am Satz-Ende steht ein Punkt („."): *„Tanja weint."* und *„Er arbeitet."* sind einfache und sehr kurze Aussagen. Hier gibt es nur ein Subjekt und ein Verb. Fast immer gibt es aber noch andere Satzteile.

1.	2.	... Position
Das Sofa	*finde*	*ich toll.*
Ich	*kaufe*	*doch kein Sofa für 2500 Mark.*
Heute	*kaufe*	*ich euch kein Eis.*
Peter und Andrea	*gehen*	*am Samstag ins Kino.*

Die Fragen → §27

Es gibt   **W-Fragen**   und   **Ja/Nein-Fragen:**

 Woher kommst du?
Aus ...

 Kommst du aus Australien? – ***Ja** (, aus Sydney).*
                          ***Nein**, aus Irland.*

a) Die **W-Frage** beginnt immer mit einem Fragewort: *woher, wie, wann, ...*
  Das Fragewort steht auf Position 1 und das Verb auf Position 2. Am Satz-Ende steht ein Fragezeichen („?").
  Wie   *heißen   Sie?*   *Yoko Yoshimoto.*
  Wie lange *sind   Sie denn schon in Deutschland?* *Erst sechs Monate.*
  Was   *möchten Sie trinken?*   *Einen Kaffee, bitte.*
  Wie viel *kostet   der Sessel denn?*   *Zweihundertsechzig Mark.*

b) In einer **Ja/Nein-Frage** steht das Verb immer auf Position 1.
  Am Satz-Ende ist ein Fragezeichen („?").
  Kaufst *du uns ein Eis?*   ***Nein**, Merle.*
  Nehmt *ihr Zucker und Milch?*   ***Ja**, gerne.*
  Hast   *du vielleicht auch Tee?*   *Natürlich, einen Moment.*

Der Imperativ-Satz → §8

In Imperativ-Sätzen steht das Verb auf Position 1. Am Satz-Ende steht ein Punkt („.") oder ein Ausrufezeichen („!").
Den Imperativ-Satz benutzt man für Bitten oder Ratschläge.

per du   **per Sie**

 Schau   doch mal ins Wörterbuch!   *Buchstabieren Sie bitte !*
       Bestell doch eine Gulaschsuppe.   *Nehmen   Sie doch eine Gulaschsuppe.*

 *Gebt   mir mal einen Tipp!*   *Geben   Sie mir doch mal einen Tipp.*

▶ Die Wörter *doch, mal* oder *bitte* machen Imperativ-Sätze höflicher. → §21

§ 4   Die Verbklammer

a) In Sätzen mit Modalverben steht das „normale" Verb in der Infinitiv-Form **am Satz-Ende.** → § 10

Wir	***wollen***	*am Samstag*	*umziehen.*
	Kannst	*du uns vielleicht beim Umzug*	*helfen?*
Ich	***darf***	*nicht ins Konzert*	*mitkommen.*
Ich	***muss***	*am Wochenende*	*lernen.*
Ich	***will***	*heute in die Disko*	*gehen.*
	Soll	*ich dich*	*abholen?*
Nein, ich	***möchte***	*heute nicht*	*tanzen gehen.*

b) In Sätzen mit trennbaren Verben steht die Vorsilbe am Satz-Ende.

Wie	***sieht***	*dein Traummann*	*aus?*
Wir	***stellen***	*Ihnen ein komplettes Buffet*	*zusammen.*
	Rufen	*Sie uns*	*an!*

c) In Perfekt-Sätzen stehen *haben* oder *sein* auf Position 2 (oder Position 1), das Partizip Perfekt am Satz-Ende.

Unsere Weltreise	***hat***	*gut*	*begonnen.*
In Frankfurt	***sind***	*wir mit Verspätung*	*abgeflogen.*
Wir	***haben***	*gleich nette Leute*	*kennen gelernt.*
Wir	***haben***	*schon eine Stadtrundfahrt*	*gemacht.*
	Seid	*ihr auch in ein Spielkasino*	*gegangen?*

§ 5   Das Satzgefüge

a) Hauptsätze

Man kann Hauptsätze mit *und, aber* und *oder* verbinden → § 22

*Lesen Sie den Text **und** markieren Sie die Verben.*
*Jan möchte ins Konzert gehen, **aber** er muss lernen.*
*Treffen wir uns in der Kneipe **oder** soll ich dich abholen?*

▶ Sind Subjekt oder Verb in beiden Sätzen gleich, wiederholt man sie nicht.

Frau Jünger	*macht die Tüte auf*	*Roman*	***bestellt***	*eine Suppe*
und	*gibt Tanja ein Gummibärchen.*	*und Andrea*		*einen Salat.*

b) Nebensätze

Nebensätze beginnen mit einer Konjunktion: *dass, weil, obwohl, wenn*; das Verb steht am Ende.
Zwischen Hauptsatz und Nebensatz steht ein Komma.

Wohngemeinschaften sind bei jungen Menschen heute nicht mehr so beliebt ,				
	weil	*WG für viele nur Streit um die Hausarbeiten*	***bedeutet.***	
Immer mehr junge Leute bleiben im Elternhaus ,				
	obwohl	*sie schon lange*	***arbeiten.***	
	Wenn	*ich keine Zeit zum Kochen*	***habe ,***	*gibt es nur Würstchen.*
Haben Sie gewusst ,	***dass***	*der dickste Mensch der Welt 404 Kilo wiegt?*		

▶ Nebensätze können nach oder vor dem Hauptsatz stehen.

*Viele junge Leute wohnen bei ihren Eltern, **weil sie nichts für die Miete bezahlen müssen.***
***Weil sie nichts für die Miete bezahlen müssen,** wohnen viele junge Leute bei ihren Eltern.*

Die Satzteile

Neben Subjekt und Verb haben die meisten Sätze weitere Satzteile: Ergänzungen und Angaben.

a) Das Verb bestimmt die notwendigen **Ergänzungen.** → § 7

Subjekt (Nominativ-Ergänzung)	Person: Sache:	**Wer?** **Was?**	*Nikos Palikaris* kommt aus Athen. *Das Sofa* ist zu teuer.
Einordnungsergänzung:		**Wie ist sein Name?** **Was ist er von Beruf?**	Er heißt *Kawena Haufiku* . Er ist *Geschäftsmann* .
Akkusativ-Ergänzung	Person: Sache:	**Wen?** **Was?**	Andrea ruft *den Kellner* . Sie bestellt *einen Salat und ein Bier* .
Dativ-Ergänzung	Person:	**Wem?**	Gib *mir* doch mal einen Tipp. Wie gefällt *dir* mein neuer Pullover. Prima, er steht *dir* ausgezeichnet.
Direktivergänzung:		**Woher?** **Wohin?**	Nikos kommt *aus Athen* . Heute gehen wir *ins Kino* .
Situativergänzung	lokal: temporal:	**Wo?** **Wann?** **Wie lange?**	Vera arbeitet *bei TransFair* . Die Möbelabteilung ist *im vierten Stock* . Der Film beginnt *um 20 Uhr* . Die Ausbildung dauert *fünf Jahre* .
Qualitativergänzung:		**Wie?**	Die Wohnung ist *wirklich hübsch* . Das Sofa finde ich *sehr bequem* .
Präpositionalergänzung:		**Mit wem?** **An wen?**	Frau Jansen spricht *mit den Kindern* . Carla schreibt *an International Penfriends* .

b) Neben Ergänzungen gibt es zusätzliche Informationen durch „freie" Angaben.   → § 20

*Wohnst du **schon lange** hier?*   **Nein, erst zwei Monate.**
*Gehst **du oft** ins Kino?*   **Nein, nur manchmal.**
*Gehst du **heute Abend** mit mir ins Kino?*   **Heute** muss ich **lange** arbeiten.

*Haben Sie **hier** noch andere Sofas?*   **Da hinten** haben wir ein paar Sonderangebote.
*Wir möchten **mehr** Deutsch sprechen.*   Macht einen Kurs **bei der Volkshochschule!**

*Haben Sie **noch** andere Sofas?*   Nein, **leider** nicht.
*Trinken Sie **auch** Wein?*   Ja, **gern.**

Verben und ihre Ergänzungen → § 6

Im Satz stehen Verben immer mit einem Subjekt zusammen. Die meisten Verben haben aber noch andere feste Ergänzungen (vgl. Wortliste).
Hier einige Beispiele:

a) Verben mit Einordnungsergänzung
sein + EIN   Vera ist *Brasilianerin* .
            Herr Haufiku ist *Geschäftsmann* von Beruf.
werden + EIN   Patrick möchte *Schauspieler* werden.
heißen + EIN   Ich heiße *Jablońska* .

b) Verben mit Akkusativ-Ergänzung
kaufen + AKK   Ich kaufe doch *kein Sofa* für 2500 Mark!
haben + AKK   Haben Sie *Kinder* ?
möchten + AKK   Ich möchte *einen Apfelsaft* .

c) Verben mit Dativ-Ergänzung

helfen + DAT	*Kann ich* Ihnen *helfen?*
geben + DAT + AKK	*Du gibst* ihm *jetzt sofort das Feuerzeug!*
kaufen + DAT + AKK	*Kaufst du* uns *ein Eis?*

d) Verben mit Direktivergänzung

kommen + DIR	*Vera kommt* aus Brasilien .
gehen + DIR	*Gehen wir morgen* zur Fotobörse ?
	Gehst du mit mir in die Disko ?
fliegen + DIR	*Sie fliegt am liebsten* nach Asien .

e) Verben mit Situativergänzung

wohnen + SIT	*Vera wohnt* in Köln .
arbeiten + SIT	*Sie arbeitet* bei TransFair .
stehen + SIT	*Meine Tochter Tanja steht* vor den Süßigkeiten .
	„Infinitiv": Diese Verbform steht im Wörterbuch .
beginnen + SIT	*In Deutschland beginnt das neue Jahr* im Januar .
dauern + SIT	*Die Flughafen-Tour dauert* 45 Minuten .

f) Die Qualitativergänzung

sein + QUA	*Der Tisch hier, der ist doch* toll .
finden + AKK + QUA	*Den Tisch finde ich* toll .

g) Verben mit Präpositionalergänzung

Viele Verben können neben den direkten Ergänzungen auch weitere Ergänzungen mit Präpositionen haben. Diese Kombinationen zwischen Verben und Präpositionen sind fest, die Deklination der Ergänzung richtet sich nach der Präposition. Hier einige Beispiele:

schreiben + an + AKK	*Carla schreibt einen Brief* an ihre Brieffreundin *in Frankreich.*
berichten + über + AKK	*Sie berichtet* über ihre Hobbys *und* ihre Familie .
erzählen + von + DAT	*Sie erzählt auch* von der Schule .
gratulieren + zu + DAT	*Wir gratulieren ihr* zum Geburtstag .
sprechen + mit + DAT + über + AKK	*Wir sprechen* mit der Lehrerin über Familienfeste .

Die Wortarten

Die Konjugation

Im Wörterbuch stehen die Verben im Infinitiv: *kommen, trinken, wohnen, besuchen, kennen, studieren, ...* Im Satz ist das Verb konjugiert. Die **Verb-Endung** orientiert sich am Subjekt – das Subjekt bestimmt die Verb-Endung.

a) Präsens

Ich	**komme**	*aus Mexiko.*
Wie lange	**wohnst**	*du schon hier?*
Vera	**wohnt**	*in Köln.*
Nikos	**studiert**	*Informatik.*
Es	**klingelt**	*an der Wohnungstür.*
Wie	**schreibt**	*man das?*
Wir	**bezahlen**	*mit Scheck.*
Heute	**bekommt**	*ihr keine Süßigkeiten.*
Andrea und Petra	**arbeiten**	*auch bei TransFair.*
Woher	**kommen**	*Sie?*

Singular:		Verb-Endung
1. Person	*ich*	...-e
2. Person	*du*	...-st *)
3. Person	*sie*	
	er	...-t
	es	
	man	

Plural:		
1. Person	*wir*	...-en
2. Person	*ihr*	...-t *)
3. Person	*sie*	...-en

Höflichkeitsform
(Sing. + Plural) *Sie* ...-en *)

Bei einigen Verben braucht man ein „e" vor der Verb-Endung, zum Beispiel bei:

du	arbei **t**	**e**	st
die/der/das	kos **t**	**e**	t
ihr	fin **d**	**e**	t

Bei einigen Verben braucht man kein „s" in der 2. Person Singular, zum Beispiel bei:

du	tan z	̸s t
du	hei ß	̸s t
du	i ss	̸s t

*) *Sie*
Normalerweise benutzt man die Höflichkeitsform *Sie*.

du oder *ihr*
– Erwachsene zu Kindern und Jugendlichen (bis etwa 16 Jahren)
– Studenten und junge Leute untereinander
– in der Familie
– gute Freunde
– manchmal auch Arbeitskollegen

b) Die Konjugation in Imperativ-Sätzen → **§ 3**
Den Imperativ (Bitten, Tipps oder Ratschläge) benutzt man in der 2. Person und in der Höflichkeitsform.

		Singular:	Plural:
per du:	geben	**Gib** *mir einen Tipp!*	**Gebt** *mir doch mal einen Tipp!*
	fragen	**Frag** *doch den Verkäufer!*	**Fragt** *doch die Lehrerin!*
	kaufen	**Kauf** *ihr doch Blumen!*	**Kauft** *ihr doch Blumen!*
Höflichkeitsform:		**Geben Sie** *mir doch mal einen Tipp!*	**Fragen Sie** *doch den Verkäufer.*

c) Trennbare Verben
Die meisten Verben gibt es auch in Kombination mit Vorsilbe: z.B. *schlafen – einschlafen, stehen – aufstehen, holen – abholen.* Die Bedeutung der Verben ändert sich je nach Vorsilbe. Die Vorsilbe wird betont: <u>ein</u>schlafen, <u>auf</u>stehen, <u>ab</u>holen. Sie ist trennbar: Im Hauptsatz steht die Vorsilbe am Satz-Ende. → **§ 4 b**
Sarah schläft zwischendurch **ein.**
Frau Jansen steht um halb sieben **auf.**
Frau Jansen holt Hanna von der Vorschule **ab.**

d) Nicht-trennbare Verben
Einige Vorsilben kann man nicht vom Verb trennen: *beraten, erzählen, gehören, verlassen.*
Der Akzent liegt auf dem Verbstamm: *ber<u>a</u>ten, erz<u>ä</u>hlen, geh<u>ö</u>ren, verl<u>a</u>ssen.*
Wir **beraten** *Sie gern.*
Das Wochenende **gehört** *Ihnen.*
Thomas **verlässt** *um 7.45 Uhr das Haus.*
Beim Mittagessen **erzählen** *die Kinder von der Schule.*

e) Perfekt

Das Perfekt benutzt man im Deutschen, wenn man über Vergangenes berichtet (mündlich und im Brief). Das Perfekt bildet man mit der konjugierten Form von *haben* oder *sein* und dem Partizip Perfekt.

▶ Bei den Verben *haben, sein, werden* und den Modalverben benutzt man statt Perfekt meistens das Präteritum. → § 9

*Unsere Weltreise **hat** gut **begonnen**.*
*In Frankfurt **sind** wir mit Verspätung **abgeflogen**.*

Partizip Perfekt: Formen

regelmäßige Verben		unregelmäßige Verben	
	-t		**-en**
machen	**ge**mach**t**	fliegen	(ist) **ge**flogen
suchen	**ge**such**t**	schlafen	**ge**schlafen
warten	**ge**warte**t**	bleiben	(ist) **ge**blieben

Bei den trennbaren Verben steht „-ge" nach der Vorsilbe.

abholen	ab**ge**holt	einladen	ein**ge**laden
einkaufen	ein**ge**kauft	aufstehen	(ist) auf**ge**standen
aufwachen	auf**ge**wacht	kaputtgehen	(ist) kaputt**ge**gangen

Die nicht trennbaren Verben haben kein -„ge".

besuchen	**be**sucht	beginnen	**be**gonnen
erzählen	**er**zählt	erscheinen	**er**schienen
verpassen	**ver**passt	vergessen	**ver**gessen

Die Verben auf *-ieren* haben kein „-ge".

telefonieren	telefon**iert**
reparieren	repar**iert**
passieren	(ist) pass**iert**

Haben oder *sein*?

Die meisten Verben bilden das Perfekt mit *haben*, einige Verben bilden das Perfekt jedoch mit *sein*:

fahren, fliegen, gehen	Ort → Ort:
	*Wir **sind** von Frankfurt nach Bangkok geflogen.*

einschlafen, aufwachen	Zustand → Zustand
	*Ralph **ist** im Hotel sofort eingeschlafen und zu spät aufgewacht.*

▶ sein, bleiben   *Wir **sind** zwei Tage auf Hawaii **gewesen**.*
    *Ralph **ist** im Hotel **geblieben**.*

§ 9 Unregelmäßige Verben

a) Die Verben *haben, sein* und *werden*: Konjugation Präsens – Präteritum

	haben		sein		werden	
	Präsens	Präteritum	Präsens	Präteritum	Präsens	Präteritum
ich	*habe*	*hatte*	*bin*	*war*	*werde*	*wurde*
du	*hast*	*hattest*	*bist*	*warst*	*wirst*	*wurdest*
sie/er/es	*hat*	*hatte*	*ist*	*war*	*wird*	*wurde*
wir	*haben*	*hatten*	*sind*	*waren*	*werden*	*wurden*
ihr	*habt*	*hattet*	*seid*	*wart*	*werdet*	*wurdet*
sie	*haben*	*hatten*	*sind*	*waren*	*werden*	*wurden*
Sie	*haben*	*hatten*	*sind*	*waren*	*werden*	*wurden*
Imperativ	*hab*		*sei*		*werde*	

b) Verben mit Vokalwechsel in der 2. und 3. Person Singular.

Vokalwechsel „e" zu „i", z. B. bei:

sprechen	*du*	*sprichst*	*sehen*	*du*	*siehst*	*geben*	*du*	*gibst*	*essen*	*du*	*isst*
	sie/er/es	*spricht*		*sie/er/es*	*sieht*		*sie/er/es*	*gibt*		*sie/er/es*	*isst*
nehmen	*du*	*nimmst*	*lesen*	*du*	*liest*	*helfen*	*du*	*hilfst*			
	sie/er/es	*nimmt*		*sie/er/es*	*liest*		*sie/er/es*	*hilft*			

Vokalwechsel „a" zu „ä", z. B. bei:

schlafen	*du*	*schläfst*	*tragen*	*du*	*trägst*	*verlassen*	*du*	*verlässt*
	sie/er/es	*schläft*		*sie/er/es*	*trägt*		*sie/er/es*	*verlässt*

Perfekt von unregelmäßigen Verben   → § 8 e)

10 Die Modalverben → §4

In Sätzen mit Modalverben gibt es meistens zwei Verben: das Modalverb und das Verb im Infinitiv. Das Modalverb verändert die Bedeutung eines Satzes. Vergleichen Sie:
Ich lerne Deutsch.   (das mache ich)
Ich will Deutsch lernen.   (das ist mein Wunsch)
Ich muss Deutsch lernen.   (ich brauche Deutsch für meinen Beruf)

a) Die Bedeutung der Modalverben

1 Wunsch

wollen   ● *Willst du mit mir ins Konzert gehen?*
       ■ *Nein, lieber in die Disco. Ich will endlich mal wieder tanzen.*

möchten   ● *Ich habe zwei Karten für den Tigerpalast. Möchten Sie mitkommen?*
       ■ *Nein, danke. Am Samstag möchte ich nicht ausgehen.*

▶ *möchten* ist höflicher als *wollen*.

2 Möglichkeit

können   ● *Wann kann ich denn kommen?*
       ■ *Am 11. März um 10 Uhr 45.*
       ● *Geht es vielleicht etwas später? Um Viertel vor elf kann ich nicht.*
       ■ *Sie können auch um 11 Uhr 30 kommen.*

3 Angebot/Vorschlag

sollen   ● *Ist der Chef schon da?*
       ■ *Nein, der kommt heute erst um 10. Soll ich ihm etwas ausrichten?*

       ● *Wollen wir zusammen essen gehen?*
       ■ *Ja, gern. Soll ich dich abholen?*

4 Notwendigkeit

müssen   ● *Willst du am Samstag mit mir ins Konzert gehen?*
       ■ *Na klar. Ich muss aber erst noch meine Eltern fragen.*
         Darf ich am Samstag mit Miriam zu den „Toten Hosen" gehen?
       ▲ *Nein, du musst am Wochenende lernen.*

5 Erlaubnis und Verbot

dürfen   ● *Darf ich am Samstag mit Miriam zu den „Toten Hosen" gehen?*
       ▲ *Nein, du musst am Wochenende lernen.*
       ● *Mist, ich darf nicht mitkommen. Ich muss für die Mathearbeit lernen.*

6 Auftrag/Notwendigkeit

sollen   ● *Philipp soll um sechs Uhr zu Hause sein.*
       ■ *Ihr Traummann soll groß, humorvoll, ehrlich, kreativ und lieb sein.*

▶ Es gibt auch Sätze mit Modalverben ohne ein zweites Verb:

Am Samstag kann ich nicht.   = Am Samstag habe ich keine Zeit.
Ich möchte ein Bier.   = Ich bestelle ein Bier.

b) Die Konjugation der Modalverben im Präsens

	müssen	können	wollen	dürfen	sollen	möchten
ich	*muss*	*kann*	*will*	*darf*	*soll*	*möchte*
du	*musst*	*kannst*	*willst*	*darfst*	*sollst*	*möchtest*
sie/er/es	*muss*	*kann*	*will*	*darf*	*soll*	*möchte*
wir	*müssen*	*können*	*wollen*	*dürfen*	*sollen*	*möchten*
ihr	*müsst*	*könnt*	*wollt*	*dürft*	*sollt*	*möchtet*
sie/Sie	*müssen*	*können*	*wollen*	*dürfen*	*sollen*	*möchten*

▶ Die Verb-Endungen sind bei den Modalverben in der 1. und 3. Person Singular gleich. Im Singular gibt es oft einen Vokalwechsel.

c) Die Konjugation der Modalverben im Präteritum

	müssen	können	wollen	dürfen	sollen
ich	*musste*	*konnte*	*wollte*	*durfte*	*sollte*
du	*musstest*	*konntest*	*wolltest*	*durftest*	*solltest*
sie/er/es	*musste*	*konnte*	*wollte*	*durfte*	*sollte*
wir	*mussten*	*konnten*	*wollten*	*durften*	*sollten*
ihr	*musstet*	*konntet*	*wolltet*	*durftet*	*solltet*
Sie/Sie	*mussten*	*konnten*	*wollten*	*durften*	*sollten*

▶ Die Modalverben im Präteritum bildet man mit dem Präteritum-Signal „-t" und der Verb-Endung. Die Verb-Endungen sind in der 1. und 3. Person Singular und Plural gleich. Im Präteritum gibt es keine Umlaute (ä, ö, ü).

d) *Müssen* und *sollen* im Präteritum
Müssen und *sollen* drücken im Präteritum eine Notwendigkeit aus. Das Ergebnis ist jedoch nicht gleich:
*Philipp **musste** um sechs Uhr zu Hause sein.*   = Er war pünktlich um sechs Uhr zu Hause.
*Philipp **sollte** um sechs Uhr zu Hause sein.*   = Er war erst um sieben Uhr zu Hause.

Mit *sollt-* gibt man auch Ratschläge:
*Sie **sollten** weniger rauchen!*
*Du **solltest** mehr Sport treiben!*

Die Nomengruppe

§ 11   Artikel und Nomen

a) *Lampe, Tisch, Bett* ... sind Nomen. Nicht nur die Namen von Personen und Orten, sondern alle Nomen beginnen mit einem großen Buchstaben.
Bei einem Nomen steht fast immer ein Artikel oder ein Artikelwort.
Nomen haben ein **Genus:** *feminin, maskulin* oder *neutrum.*

Genus	feminin	maskulin	neutrum
bestimmter Artikel	*die Lampe*	*der Tisch*	*das Bett*
unbestimmter Artikel	*eine Lampe*	*ein Tisch*	*ein Bett*
negativer Artikel	*keine Lampe*	*kein Tisch*	*kein Bett*

Manchmal entspricht das Genus dem natürlichen Geschlecht:

die Frau, die Kellnerin, die Brasilianerin   *der Mann, der Kellner, der Brasilianer*

b) Genus-Regeln

Es gibt einige Regeln, aber viele Ausnahmen. Lernen Sie Nomen immer mit Artikel!

Nomen mit einem *-e* am Ende	meistens feminin	*die Lampe, die Maschine, die Küche*
Nomen mit *-heit, -ung, -keit, -tät, -ion* oder *-ie*	immer feminin	
	Die „Heitungkeit":	*die Krankheit, die Zeitung, die Schönheit*
	Die „Tätionie":	*die Aktivität, die Revolution, die Fantasie*
Nomen mit *-chen* oder *-zeug* am Ende	immer neutrum	*das Mädchen, das Gummibärchen, das Spielzeug*
Wochentage, Monate und Jahreszeiten	immer maskulin	*der Montag, der Juli, der Sommer*
alle Farben	immer neutrum	*das helle Grün, ein warmes Braun, kühles Blau*

c) Einige Nomen benutzt man meistens **ohne Artikel**:

Namen:	*Hallo,* **Nikos!**	*Sind Sie* **Frau Bauer?**
Berufe:	*Maria Jablońska ist* **Ärztin.**	*Ich bin* **Friseur** *(von Beruf).*
unbestimmte Stoffangaben:	*Nehmt ihr* **Zucker** *und* **Milch?**	*Wo finde ich* **Hefe?**
Länder und Städte:	*Kommen Sie aus* **Italien?**	*Sie wohnt in* **Rom.**

▶ Bei femininen und maskulinen Ländernamen und bei Ländernamen im Plural benutzt man den bestimmten Artikel.

	feminin	maskulin	Plural
	die Schweiz	*der Iran*	*die Vereinigten* **Staaten** *(von Amerika)/ die USA*
	die Türkei	*der Irak*	*die Niederlande*
	die **Bundesrepublik** *Deutschland*	...	
	die **Volksrepublik** *China*		
	...		
Man sagt:			
Ich komme aus ...	*der Schweiz.*	*dem Iran.*	*den Niederlanden.*
	der Türkei.	*dem Irak.*	*den Vereinigten Staaten. / den USA.*

2 Pluralformen von Nomen

-n/-en	-e/⸚e	-s	-er/⸚er	-/⸚
die Lampe, -n	*der Apparat, -e*	*das Foto, -s*	*das Ei, -er*	*der Computer, -*
die Tabelle, -n	*der Tisch, -e*	*das Büro, -s*	*das Bild, -er*	*der Fernseher, -*
die Flasche, -n	*der Teppich, ⸚e*	*das Studio, -s*	*das Kind, -er*	*der Staubsauger, -*
das Auge, -n	*das Feuerzeug, -e*	*das Kino, -s*	*das Fahrrad, ⸚er*	*der Fahrer, -*
die Regel, -n	*das Problem, -e*	*das Auto, -s*	*das Glas, ⸚er*	*das Zimmer, -*
die Nummer, -n	*das Stück, -e*	*das Sofa, -s*	*das Haus, ⸚er*	*das Theater, -*
die Energie, -n	*der Stuhl, ⸚e*	*der Gummi, -s*	*das Land, ⸚er*	*der Vater, ⸚*
die Wohnung, -en	*der Topf, ⸚e*	*der Lolli, -s*	*das Buch, ⸚er*	*der Sessel, -*
die Lektion, -en	*der Ton, ⸚e*	*der Lerntipp, -s*	*das Wort, ⸚er*	*der Wohnwagen, -*
die Süßigkeit, -en	*die Hand, ⸚e*	*der Luftballon, -s*	*der Mann, ⸚er*	*der Flughafen, ⸚*
das Bett, -en	...	...	...	...
die Gewohnheit, -en				
die Aktivität, -en				
...				

Aus *a, o, u* wird im Plural oft *ä, ö, ü: der Mann, ⸚er* (= die Männer).

▶ Von einigen Nomen gibt es keine Singular-Form (zum Beispiel: *die Leute*) oder keine Plural-Form (zum Beispiel: *der Zucker, der Reis*).

Die Deklination von Artikel und Nomen

a) Der bestimmte, unbestimmte und negative Artikel

	Nominativ		Akkusativ
feminin			
die	**Die Tiefkühlkost** ist da hinten.	die	**Die Lampe** finde ich nicht so schön.
eine	Das ist **eine gute Idee.**	eine	Frau Jünger nimmt **eine Tüte** Gummibärchen.
keine	Das ist **keine gute Idee.**	keine	Am Samstag habe ich **keine Zeit.**
maskulin			
der	**Der Tisch** ist toll.	den	Wie findest du **den Teppich** hier?.
ein	Das ist **ein guter Tipp.**	einen	Ich möchte **einen Apfelsaft.**
kein	Das ist **kein guter Tipp.**	keinen	Wir haben **keinen Apfelsaft.**
neutrum			
das	Wie viel kostet **das Sofa?**	das	Wie findest du **das Sofa?**
ein	Das ist **ein Bild.**	ein	Ich möchte **ein Schinkenbrot.**
kein	Das ist **kein Formular.**	kein	Wir haben **kein Schinkenbrot** mehr.
Plural			
die	**Die Teppiche** sind gleich hier vorne.	die	Wie findest du **die Stühle?**
–	**Computer** sind im dritten Stock.	–	Wo gibt es **Computer?**
keine	Das sind **keine Sonderangebote.**	keine	Haben Sie hier **keine Sonderangebote?**

	Dativ
feminin	
der	Die Stewardess ist auf **der Toilette.**
einer	Inka und Ralph Berger sind auf **einer Weltreise.**
maskulin	
dem	Das Klopapier liegt auf **dem Fußboden.**
einem	Inka und Ralph Berger faulenzen an **einem Strand** in Hawaii.
neutrum	
dem	Die Großmutter war noch nicht auf **dem Dach.**
einem	Ralph Berger verliert viel Geld in **einem Spielkasino** in Las Vegas.
Plural	
den	Das Feuerzeug liegt unter **den Sitzen.**
–*	Inka Berger liegt mit **Kopfschmerzen** im Hotelzimmer.

Der negative Artikel *kein-* wird dekliniert wie der unbestimmte Artikel.
* Ausdrücke mit *kein* sind selten.

b) Der **bestimmte Frage-Artikel:** *welch-* ...
Nach Fragen mit *welch-* anwortet man meistens mit dem bestimmten Artikel:
Welche Bluse steht mir besser? – Ich finde, **die** dunkelblaue.
Welchen Blazer meinst du denn? – **Den** apricotfarbenen.
Welches T-Shirt findest du besser? – **Das** rote.
Welche Kleider ziehen Sie wo und wann an? – In der Freizeit trage ich oft Jeans.

c) Der **unbestimmte Frage-Artikel:** *was für ein-* ...
Nach Fragen mit *was für ein-* antwortet man meistens mit dem unbestimmten Artikel:
Was für eine Bluse passt dazu? – **Eine** blaue vielleicht.
Was für einen Blazer möchtest du denn? – **Einen** topmodischen.
Was für ein Kostüm hätten Sie denn gerne? – Ich möchte **eins** für einen besonderen Anlass.
Was für Bücher liest er wohl gern? – Ich glaube, er mag **englische Krimis.**

4 Die Possessiv-Artikel

Der Possessiv-Artikel steht vor einem Nomen und ersetzt andere Artikel.
Man dekliniert die Possessiv-Artikel genauso wie die **negativen Artikel**.   → §13

Beispiele: *Ich heiße Yoshimoto.*   ***Mein*** *Name ist Yoshimoto.*
              Du hast ein Feuerzeug.   *Kann ich mal* ***dein*** *Feuerzeug haben?*
              Sie haben eine neue Wohnung. *Ich finde* ***ihre*** *Wohnung sehr schön.*

a)   Nominativ und Akkusativ

	feminin: *-e*	maskulin: (Nom): -	(Akk): *-en*	neutrum: -	Plural: *-e*
ich	*meine Wohnung*	*mein Kurs*	*meinen Kurs*	*mein Haus*	*meine Bücher*
du	*deine Wohnung*	*dein Kurs*	*deinen Kurs*	*dein Haus*	*deine Bücher*
sie	*ihre Wohnung*	*ihr Kurs*	*ihren Kurs*	*ihr Haus*	*ihre Bücher*
er	*seine Wohnung*	*sein Kurs*	*seinen Kurs*	*sein Haus*	*seine Bücher*
es	*seine Wohnung*	*sein Kurs*	*seinen Kurs*	*sein Haus*	*seine Bücher*
wir	*unsere Wohnung*	*unser Kurs*	*unseren Kurs*	*unser Haus*	*unsere Bücher*
ihr	***eure** Wohnung*	*euer Kurs*	***euren** Kurs*	*euer Haus*	***eure** Bücher*
sie	*ihre Wohnung*	*ihr Kurs*	*ihren Kurs*	*ihr Haus*	*ihre Bücher*
Sie	*Ihre Wohnung*	*Ihr Kurs*	*Ihren Kurs*	*Ihr Haus*	*Ihre Bücher*

b)   Dativ

	feminin: *-er*	maskulin / neutrum: em-		Plural: *-en*
ich	*bei meiner Tante*	*in meinem Verein*	*vor meinem Bett*	*mit meinen Kindern*
du	*bei deiner Tante*	*in deinem Verein*	*vor deinem Bett*	*mit deinen Kindern*
sie	*bei ihrer Tante*	*in ihrem Verein*	*vor ihrem Bett*	*mit ihren Kindern*
er	*bei seiner Tante*	*in seinem Verein*	*vor seinem Bett*	*mit seinen Kindern*
es	*bei seiner Tante*	*in seinem Verein*	*vor seinem Bett*	*mit seinen Kindern*
wir	*bei unserer Tante*	*in unserem Verein*	*vor unserem Bett*	*mit unseren Kindern*
ihr	*bei eurer Tante*	*in eurem Verein*	*vor eurem Bett*	*mit euren Kindern*
sie	*bei ihrer Tante*	*in ihrem Verein*	*vor ihrem Bett*	*mit ihren Kindern*
Sie	*bei Ihrer Tante*	*in Ihrem Verein*	*vor Ihrem Bett*	*mit Ihren Kindern*

5 Die Artikelwörter

▶ Das Artikelwort ersetzt andere Artikel. Man dekliniert die Artikelwörter genauso wie die **bestimmten Artikel**.   → §13

a)   Bestimmte Artikelwörter
***Dieser** Teppich hier ist sehr günstig.*   ***Dieses** Sofa finde ich nicht so schön.*
*Sie müssen **dieses** Formular ausfüllen.*   *„Teppich", „Sofa", „Formular" – **diese** Wörter sind Nomen.*

b)   Unbestimmte Artikelwörter
***Jede** Teilnehmerin hat eine Karte.*   ***Jeder** Teilnehmer hat eine Karte.*
*Vera geht **jede** Woche zum Deutschkurs.*   *Daniel spielt **jeden** Samstag Fußball.*
***Alle** Leute schauen zu Tanja.*   *Wiederholen Sie noch einmal **alle** Lektionen.*

▶ Der Plural von *jede-* ist *alle*.

§ 16 Die Pronomen

Pronomen ersetzen bekannte Namen oder Nomen.

Maria Jablońska kommt aus Polen.   *Sie lebt schon seit 1987 in Deutschland.*

Wie findest du den Teppich?   *Den finde ich langweilig.*

Tanja weint ein bisschen lauter.   *Kaufe ich ihr jetzt Gummibärchen oder kaufe ich ihr keine?*

a) Die Personal-Pronomen ersetzen Namen und Personen.

	Singular					Plural			Höflichkeitsform
Nominativ	ich	du	sie	er	es	wir	ihr	sie	Sie
Akkusativ	mich	dich	sie	ihn	es	uns	euch	sie	Sie
Dativ	mir	dir	ihr	ihm	ihm	uns	euch	ihnen	Ihnen

b) Die bestimmten und unbestimmten Pronomen ersetzen Artikel und Nomen. Man dekliniert sie genauso wie die Artikel. → §13

Der Tisch ist doch toll.   *Den finde ich nicht so schön.*
Wie findest du das Sofa?   *Das ist zu teuer.*
Schau mal, die Stühle!   *Ja, die sind nicht schlecht.*
Wir brauchen noch eine Stehlampe.   *Wie findest du denn die da vorne?*

Wo finde ich Erdnussbutter?   *Tut mir Leid, wir haben keine mehr. Die kommt erst morgen wieder rein.*
Hast du einen Wohnwagen?   *Ja, ich habe einen.*
Hat Tom ein Fahrrad?   *Ich glaube, er hat eins.*
   Nein, er hat keins.

▶ Neutrum (NOM + AKK): *ein Fahrrad* → Pronomen: *eins* oder *keins*

§ 17 Die Adjektive → §6

Adjektive sind Qualitativergänzungen oder zusätzliche Informationen vor Nomen. Man fragt nach Adjektiven mit dem Fragewort „Wie ...?".

a) Adjektive als Qualitativergänzung dekliniert man nicht.
Die Stühle sind bequem.   *Den Teppich finde ich langweilig.*
Ich finde die Film-Tipps interessant.   *Als Lokführer muss man flexibel sein.*

b) Adjektive vor Nomen werden dekliniert.
Adjektive haben vor Nomen mindestens eine e-Endung. Die Genus-Signale sind im Nominativ und Akkusativ gleich wie beim bestimmten Artikel: feminin: -e, maskulin (Nom): -r, maskulin (Akk): -n, und neutrum: -s, Plural: -e. Im Dativ sind die Genus-Signale: feminin: -r, maskulin und neutrum: -m, Plural: -n. Die Genus-Signale stehen am Artikel-Ende oder am Adjektiv, aber immer links vom Nomen: *das Gelb, ein grelles Gelb, das grelle Gelb, grelles Gelb*

Adjektiv-Endungen mit bestimmtem Artikel: *die, der, das*, unbestimmtem Artikel: *ein, kein, mein* und Null-Artikel

	feminin	maskulin	neutrum	Plural
Nominativ	*die klassische Eleganz* *eine klassische Eleganz* *klassische Eleganz*	*der individuelle Stil* *ein individueller Stil* *individueller Stil*	*das warme Rot* *ein warmes Rot* *warmes Rot*	*die schwarzen Jeans* *keine schwarzen Jeans* *schwarze Jeans*
Akkusativ	*die klassische Eleganz* *eine klassische Eleganz* *klassische Eleganz*	*den individuellen Stil* *einen individuellen Stil* *individuellen Stil*	*das warme Rot* *ein warmes Rot* *warmes Rot*	*die schwarzen Jeans* *keine schwarzen Jeans* *schwarze Jeans*
Dativ z.B. nach: aus, mit, von, zu ...	*der klassischen Eleganz* *einer klassischen Eleganz* *klassischer Eleganz*	*dem individuellen Stil* *einem individuellen Stil* *individuellem Stil*	*dem warmen Rot* *einem warmen Rot* *warmem Rot*	*den schwarzen Jeans* *meinen schwarzen Jeans** *schwarzen Jeans*

*Dativ Plural mit *kein* wird selten verwendet.

▶ Nominativ und Akkusativ sind gleich bei *f, n* und *Plural.* Bei *m* steht im Akkusativ bei Artikel und Adjektiv ein *-n.* Im Dativ ist die Endung bei den Adjektiven nach Artikel immer *-n.*

c) Adjektive kann man steigern: Komparativ und Superlativ

Man bildet den Komparativ meistens mit der Endung *-er.* Die Vokale *a, o, u* werden zu *ä,ö,ü.* Vergleicht man Personen oder Gegenstände benutzt man den Komparativ + *als.*

schnell   *Männer nehmen schnell**er** ab **als** Frauen.*
alt   *Die Menschen in Japan leben läng**er als** in anderen Ländern.*
viel   *Light-Produkte haben nicht unbedingt wenig**er** Kalorien als normale Lebensmittel.*

Es gibt zwei Superlativ-Formen: Artikel + Adjektiv + *(e)ste* mit Nomen und *am* + Adjektiv + *(e)sten* ohne Nomen

alt   **Die** *äl**testen** Menschen leben in Japan.*
       *In Japan sind die Menschen **am** äl**testen**.*

unregelmäßige Formen:

viel	*mehr*	*am meisten, der/die/das meiste*
gern	*lieber*	*am liebsten, die/der/das liebste*
teuer	*teurer*	*am teuersten, die/der/das teuerste*
hoch	*höher*	*am höchsten, die /der/das höchste*

8   Die Zahlwörter

Einfache Zahlen und Zahl-Adjektive stehen vor Nomen.

a) Einfache Zahlen zur Angabe von Menge, Preis, Uhrzeit usw. dekliniert man nicht.
*Kommen Sie bitte um **neun** Uhr.*
*Ich hätte gern **250** Gramm Butterkäse.*
*Unser Angebot der Woche: MirDir-Pils – der Kasten mit **zwanzig** Flaschen für **18** Mark **95**.*
*Das Sofa kostet **zweitausendfünfhundert** Mark.*
*Bei Möbel-Fun gibt es einen Tisch mit **vier** Stühlen für **1089** Mark.*
*In Deutschland haben **98** Prozent der Haushalte ein Telefon.*

b) Zahl-Adjektive werden dekliniert. Die Ordinalzahlen: ➜ **§ 17b, c**

1.	2.	3.	4.	5.	...	19.	20.	21.	...	
der **erste**	*zweite*	**dritte**	*vierte*	*fünfte*	...	*neunzehnte*	*zwanzigste*	*einundzwanzigste*	...	*Stock*

*Heute ist der **erste** Januar .*   **Am ersten** *Januar beginnt in Deutschland das neue Jahr.*
*Heute ist der **zwanzigste** März.*   *Sie hat **am zwanzigsten** März Geburtstag.*
*Sie ist **vom vierundzwanzigsten bis (zum) einunddreißigsten** August in Graz.*

Verzeihung, ich suche Olivenöl.   *Öl finden Sie **im zweiten** Gang rechts oben.*
Wo finde ich Computer?   *Die Elektronikabteilung ist **im dritten** Stock.*

c) Die Zahlwörter *viel* und *wenig* dekliniert man meistens nur im Plural.
*Der Pilot hat **wenig** Zeit für seine Familie.*   **Viel** *Design für **wenig** Geld.*
*In Deutschland trinkt man **viel** Bier.*   *In meiner Freizeit mache ich **viel** Sport.*

*Als Fotograf lernt man **viele** Menschen kennen.*
*In Deutschland besitzen nur **wenige** Menschen einen Wohnwagen.*

§ 19 Die Präpositionen → §6 + §7

Präpositionen verbinden Wörter oder Wortgruppen und beschreiben die Relationen zwischen ihnen. Sie stehen links vom Nomen oder Pronomen und bestimmen den Kasus (z.B. Dativ oder Akkusativ).

*Willst du **am** Samstag mit mir **in die** Disko gehen? – Tut mir Leid, da gehe ich **ins** Kino.*
*Wann ist der Termin **beim** ZDF? – **Am** 11. August **um** 10 Uhr.*
***Am** Wochenende gehe ich oft **zur** Fotobörse, **zum** Flohmarkt oder **in den** Zoo.*
*Vera Barbosa kommt **aus** Brasilien. Sie wohnt **in** Köln und arbeitet **bei** TransFair.*

Oft werden die Präposition und der bestimmte Artikel im Singular zu einem Wort.

an das → **ans**	*in das* → **ins**	*zu der* → **zur**	*bei dem* → **beim**
an dem → **am**	*in dem* → **im**	*zu dem* → **zum**	

a) Präpositionen: Ort oder Richtung

Woher: →|	Wo: ●|	Wohin: →|
*Herr Fuentes kommt **aus** Spanien.*	*Er arbeitet **beim** Airport-Friseur.*	*Er geht gerne **in** die Disko.*
*Frau Schmittinger kommt **aus** Deutschland.*	*Sie wohnt **in** Frankfurt und arbeitet **bei** der Lufthansa.*	*Sie fliegt oft **nach** Asien.*
*Herr Haufiku kommt **aus** Windhuk.*	*Er lebt **in** München.*	*Heute fliegt er **nach** München.*
*Herr Simsir kommt **aus** der Türkei.*	*Er lebt **in** Deutschland und arbeitet **im** Büro **bei** Siemens.*	*Am Wochenende geht er gerne **zum** Flohmarkt und **ins** Kino.*
	*Warst du schon **auf dem** Dach?*	*Kann man auch **aufs** Dach gehen?*
	***Über dem** Fenster hängt das Bild.*	*Ich hänge das Bild **über das** Bett.*
	*Irgendwo **unter den** Sitzen liegt ein Feuerzeug.*	*Schau auch **unter die** Sitze!*
	*Das Ei liegt dort **hinter den** Äpfeln.*	*Leg das Ei **hinter die** Äpfel!*
	***Vor dem** Klavier liegt ein Teppich.*	*Die Klavierlehrerin stellt sich **vor das** Klavier.*
	*Die Schlüssel liegen **zwischen den** Büchern.*	*Ich lege die Schlüssel **zwischen die** Bücher.*
	*Der Führerschein liegt **neben der** Mikrowelle.*	*Leg das Feuerzeug **neben die** Schachtel?*
	*Die Plastiktüte hängt **an der** Tür.*	*Häng die Plastiktüte **an die** Tür.*

aus	+ DAT	*bei* *zu* *nach*	+ DAT +	*auf* *über* *hinter* *vor* *zwischen* *neben* *unter* *an* *in*	+ AKK

▶ Einige Präpositionen können Dativ (Wo?) und Akkusativ (Wohin?) haben. Diese Präpositionen nennt man **Wechselpräpositionen** oder auch „Kopfpräpositionen": *Sie drehen sich alle um den Kopf herum.*

b) Präpositionen zur Zeitangabe

*Was möchtest du **am** Samstag machen?*	•	*am* + Tag
*Vera kommt **am** 12. Februar.*	•	*am* + Datum
*Der Film beginnt **um** 20 Uhr.*	•	*um* + Uhrzeit
*Julia hat **im Juli** Urlaub.*	←→	*im* + Monat
*Sie ist **ab** 24. August in Graz.*	•→	*ab* + Datum
*Sie ist **bis (zum)** 31. August in Graz.*	→•	*bis (zum)* + Datum
*Sie ist **vom** 24. bis 31. August in Graz.*	•←→•	*vom... bis (zum)...* + Daten
*Sie hat **von Montag bis Mittwoch** Proben.*	•←→•	*von...bis* + Tage
*Wir haben **von 9 bis 13.30 Uhr** Unterricht.*	•←→•	*von...bis* + Uhrzeiten
*Ich lebe **seit 3 Jahren** in Österreich.*	⊢→	*seit* + Zeitangabe

c) Präpositionen: andere Informationen

für + AKK   *Moderne Möbel **für** junge Leute*
              *Ich kaufe doch kein Sofa **für** 2 500 Mark!*
              *Ich habe **für** Samstag zwei Karten **für** den Tigerpalast.*

mit + DAT   *Salat **mit** Ei*
              *Ich fahre immer **mit** dem Bus in die Stadt.*
              *Gehst du heute **mit** mir tanzen?*

von + DAT   *Ich bin Karin Beckmann, **von** „Globe-Tours".*
              *Wie ist die Telefonnummer **von** Herrn Palikaris?*

Die Adverbien

Adverbien geben zusätzliche Informationen, z.B. zu Ort oder Zeit. Sie ergänzen den Satz oder einzelne Satzteile. Adverbien dekliniert man nicht.   → §6

a) Ortsangaben

Wo finde ich denn Kaffee?	*Im nächsten Gang **rechts oben**.*
Haben Sie Tomaten?	*Gemüse finden Sie **gleich hier vorne links**.*
Ich suche einen Teppich.	*Teppiche finden Sie **ganz da hinten**.*
*Wo gibt es denn **hier** Computer?*	*Im dritten Stock. Fragen Sie bitte **dort** einen Verkäufer.*
Soll ich dich abholen?	*Ja. Du kannst ja **unten** klingeln.*

b) Zeitangaben

***Wie lange** wohnst du schon hier?*	*Nicht **lange**, erst zwei Monate.*
*Haben Sie **jetzt** Zeit?*	*Ja, aber kommen Sie **gleich**.*
*Hast du **heute** Zeit?*	*Nein, aber **morgen**.*
*Was hast du **früher** gemacht?*	*Ich hatte **damals** eine interessante Arbeit, nette Kollegen, alles war einfach super.*
*Was hast du **gestern** gemacht?*	***Zuerst** war ich in der Stadt, und **dann** bin ich noch zum Sport gegangen.*

c) Häufigkeitsangaben

*Samstags gehe ich **immer** ins Kino.*	
*Gehst du auch **oft** ins Kino?*	*Nein, nur **manchmal**.*

nie	*selten*	*manchmal*	*oft*	*meistens*	*immer*

d) Andere Angaben

Gehst du mit mir in die Disko?	*Ja, **gerne**. Und wann?*
*Haben Sie **auch** Jasmintee?*	*Nein, leider nicht.*
Ich spreche ein bisschen Englisch.	*Ich **auch**.*
Wo ist denn hier die Leergut-Annahme?	*Tut mir Leid, das weiß ich **auch** nicht.*
Wo finde ich hier Fisch?	***Vielleicht** bei der Tiefkühlkost.*
Ist Yoko zu Hause?	*Ich weiß nicht. **Vielleicht**.*

Die Modalpartikeln

Modalpartikeln setzen subjektive Akzente. Sie modifizieren den Satz oder einzelne Satzteile. Modalpartikeln dekliniert man nicht. Vergleichen Sie:

Die Wohnung ist **sehr** *schön!*	+++
Die Wohnung ist schön.	++
Die Wohnung ist **ganz** *schön.*	+
Der Kühlschrank ist günstig. Oh, der ist **aber** *günstig.*	zeigt Überraschung

Beispiele mit Modalpartikeln	**subjektiver Akzent**
Wie alt sind **denn** *Ihre Kinder?*	zeigt Interesse
Hast du **vielleicht** *auch Tee?*	machen Fragen freundlich
Gebt ihr mir **mal** *eine Schachtel Zigaretten?*	
Helft mir **doch mal***!*	machen Aufforderungen freundlich
Kommen Sie **bitte** *mit.*	
Schau mal, das Sofa ist **doch** *toll.*	„Findest du nicht auch?"
Das ist **doch** *altmodisch.*	„Nein, ich finde es nicht toll."
Ich finde das Sofa nicht **so** *schön.*	höflich für „nicht schön"
Das ist **zu** *teuer.*	„So viel Geld möchte ich nicht bezahlen."
Sie ist **schon** *8 Monate in Deutschland.*	„Ich finde, das ist eine lange Zeit."
Sie ist **erst** *8 Monate in Deutschland.*	„Ich finde, das ist nicht lange."
Ich spreche **etwas** *Deutsch.*	≈ nicht viel, ein bisschen
Kann ich auch **etwas** *später kommen?*	
Roman möchte **noch** *ein Cola.*	≈ das zweite, dritte, … Cola
Lesen Sie den Text **noch** *einmal.*	≈ das zweite, dritte, … Mal
In Deutschland haben …	„Ich weiß es nicht ganz genau."
… **fast** *alle Haushalte eine Waschmaschine.*	< 100% (≈ 95–99%)
… **über** *die Hälfte der Haushalte einen Videorekorder.*	> 50% (≈51–55%)
… **etwa** *die Hälfte der Haushalte eine Mikrowelle.*	<> 50% (≈45–55%)
Ich komme **so** *um zehn.*	<> 10 Uhr (9.45–10.15 Uhr)
Haben Sie auch andere Teppiche? **So** *für 500 Mark?*	<> 500 DM (450–550 DM)
Die Vorstellung war **ganz** *fantastisch.******	macht die Aussage „fantastisch" stärker
Wir haben gleich **sehr** *nette Leute kennen gelernt.*	macht die Aussage „nett" stärker
Die Tempel waren **wirklich** *schön.*	
Ich war **wirklich** *sauer auf Ralf.*	betont „schön" und „sauer"
Der Flug war **ganz** *schön lang.*	
Die Snacks waren **ziemlich** *teuer.*	macht die Aussagen „lang" und „teuer" etwas stärker
Der lange Flug war **etwas** *langweilig.*	
Ich war auch **ein bisschen** *müde.*	macht die Aussagen „langweilig" und „müde" schwächer

▶ Die Partikeln *sehr, ganz schön, ein bisschen, ziemlich, etwas* kann man nicht mit den positiven Attributen *fantastisch* und *super* kombinieren.

* Die (betonte) Partikel *ganz* kann man nicht mit den negativen Adjektiven *teuer* und *anstrengend* kombinieren.

2 Die Konjunktionen → §5

Konjunktionen verbinden Sätze oder Satzteile.

Ich habe keine Kinder.	***Aber** ich.*	= Kontrast
Achim hat eine große Wohnung,	***aber** keine Küche.*	
Journalisten arbeiten bei der Zeitung	***oder** beim Fernsehen.*	= Alternative
Kaufe ich ihr jetzt Gummibärchen	***oder** kaufe ich ihr keine?*	
Ich heiße Beckmann.	***Und** wie ist Ihr Name?*	= Addition
Ich spreche Italienisch, Spanisch	***und** etwas Deutsch.*	
frühstücke erst in der Schule,	***wenn** Pause ist.*	= Zeit/Bedingung
Wenn ich in London bin,	***dann** schreibe ich dir gleich eine Karte.*	
Viele ziehen nicht von zu Hause aus,	***weil** sie Probleme mit dem Alleinsein haben.*	= Grund
Ich musste zu Hause ausziehen,	***weil** ich jetzt in Münster studiere.*	
Immer mehr junge Leute bleiben im Elternhaus,	***obwohl** sie schon lange arbeiten und Geld verdienen.*	= Gegengrund
Herr Kleinschmidt ist Taxifahrer,	***obwohl** er nicht gut Auto fahren kann.*	

In der gesprochenen Umgangssprache hört man manchmal nach *weil* oder *obwohl* auch die Hauptsatz-Form mit einer kleinen Sprechpause nach *weil* und *obwohl*.

Ich muss zu Hause bleiben und lernen, weil: Wir schreiben am Montag ein Diktat.
Ich muss mit meiner kleinen Schwester in die Disko gehen, obwohl: Ich hab dazu überhaupt keine Lust.

So darf man sprechen, aber nicht schreiben!

Haben Sie gewusst*,	***dass** der älteste Mensch 120 Jahre alt wurde?*
Ich glaube*,	***dass** Nikos im Kurs ist.*

*„Dass"-Sätze stehen oft nach Verben wie *sagen, wissen, glauben, meinen, vermuten.*

Die Wortbildung

§23 Komposita

Nomen + Nomen	Adjektiv + Nomen	Verb + Nomen
die Kleider (Pl) + der Schrank ↳ **der Kleiderschrank**	hoch + das Bett ↳ **das Hochbett**	schreiben + der Tisch ↳ **der Schreibtisch**
die Wolle + der Teppich ↳ **der Wollteppich**	spät + die Vorstellung ↳ **die Spätvorstellung**	stehen + die Lampe ↳ **die Stehlampe**

▶ Das Grundwort steht am Ende und bestimmt den Artikel. Das Bestimmungswort (am Anfang) hat den Wortakzent.

§24 Vorsilben und Nachsilben

a) Die Wortbildung mit Nachsilben

-isch für Sprachen:
England – Englisch, Indonesien – Indonesisch, Japan – Japanisch, Portugal – Portugiesisch

-in für weibliche Berufe und Nationalitäten:
*der Arzt – **die Ärztin**, der Pilot – **die Pilotin**, der Kunde – **die Kundin** ...*
*der Spanier – **die Spanierin**, der Japaner – **die Japanerin**, der Portugiese – **die Portugiesin** ...*

Andere Berufsbezeichnungen:
Geschäftsfrau – Geschäftsmann, Hausfrau – Hausmann, Kamerafrau – Kameramann,
Bankkauffrau – Bankkaufmann ...

-lich/-ig für Adjektive:
ängstlich, jugendlich, richtig, farbig

-heit, -ung, -keit, -tät, -ion, -ie für Nomen:
die Dummheit, die Wahrheit; die Lösung, die Beratung; die Freundlichkeit, die Müdigkeit;
die Aktivität, die Nervosität; die Demonstration, die Revolution; die Energie, die Fantasie

b) Die Wortbildung mit Vorsilben

un- als Negation bei Adjektiven:
*praktisch – **un**praktisch*	*≈ nicht praktisch*
*bequem – **un**bequem*	*≈ nicht bequem*
*pünktlich – **un**pünktlich*	*≈ nicht pünktlich*

▶ Viele Adjektive negiert man mit *nicht*, z.B. *nicht teuer, nicht billig, nicht viel ...*

Textgrammatische Strukturen

§25 Die Negation

a) Mit *nicht* oder *kein* negiert man Sätze oder Satzteile. → §13

Kommst du am Samstag mit ins Konzert?	*Ich darf **nicht** mitkommen, ich muss lernen.* *Da habe ich **keine** Zeit. Ich muss arbeiten.*
Wo finde ich hier frischen Fisch?	*Tut mir Leid, das weiß ich auch **nicht**.* *Wir haben **keinen** frischen Fisch.*
Familienstand?	*Ich bin **nicht** verheiratet und habe **keine** Kinder.*
Kannst du uns beim Umzug helfen?	*Ende August bin ich **nicht** in Frankfurt, da bin ich in Graz.*

b) Eine positive Frage beantwortet man mit *ja* oder *nein*, eine negative Frage mit *doch* oder *nein*.

Ist Frau Fröhlich verheiratet?	**Ja.**	(= Frau Fröhlich ist verheiratet)
Ist Vera verheiratet?	**Nein.**	(= Vera ist nicht verheiratet)
*Ist Frau Fröhlich **nicht** verheiratet?*	**Doch.**	(= Frau Fröhlich ist verheiratet)
*Ist Vera **nicht** verheiratet?*	**Nein.**	(= Vera ist nicht verheiratet)

c) Zwischen *ja* und *nein*.

Warum wolltest du wieder nach Deutschland zurück?
Eigentlich wollte ich **ja** in Amerika bleiben, **aber** mit Simon konnte ich ja nicht mehr arbeiten.

*Ihr wolltet **doch** nach Berlin fliegen?*
Eigentlich schon, aber wir konnten keine Tickets mehr bekommen.

Musst du nicht am Wochenende arbeiten?
Doch, aber nur bis sechs.

d) Weitere Negationswörter:

*Gehst du **nie** in die Disko?*
Nein, ich tanze nicht gerne.

6 Referenzwörter

a) **Personalpronomen** stehen für Namen und Personen. → § 16

*Maria Jabłońska kommt aus Polen. **Sie** lebt schon seit 1987 in Deutschland.*

Rainer Schnell ist seit drei Jahren Pilot einer Boeing 747 der Lufthansa.
***Er** ist viel unterwegs und hat wenig Zeit für seine Familie in Hamburg.*

Tanja weint ein bisschen lauter. Was mache ich nur?
*Kaufe ich **ihr** jetzt Gummibärchen, oder kaufe ich **ihr** keine?*

b) **Bestimmte Pronomen** und **unbestimmte Pronomen** stehen für Nomen. → § 16

*Wie findest du **die Küche?***	***Die** finde ich praktisch.*
***Der Teppich** hier ist doch schön.*	*Schön? **Den** finde ich langweilig.*
***Den Tisch von Helberger** finde ich toll.*	*Ich auch. Aber **der** ist zu teuer.*
*Hast du **ein Handy?***	*Ja, ich habe **eins.***
*Die Kinder möchten **Süßigkeiten**, aber der Vater kauft ihnen **keine**.*	

c) **D-Wörter** stehen für Satzteile und Sätze.

*Kannst du **um acht Uhr?***	*Nein, **da** habe ich keine Zeit.*
*Wie ist das **in Frankreich?** Wie viele Leute haben **dort** ein Telefon?*	
*Sag mal, Vera, lernst du **so** Deutsch?*	*Ah, die Zettel. **Das** ist eine gute Methode.*

d) Der **bestimmte Artikel** steht bei schon bekannten Nomen (und der unbestimmte Artikel bei neuen Nomen). → § 13

*Das ist keine Tabelle. Das ist **eine Liste**.*	*Genau. Das ist **die Liste** auf S. 25.*
*Sie verkaufen **einen Kühlschrank**. Funktioniert der auch?*	*Ja, natürlich. **Der Kühlschrank** ist erst ein Jahr alt.*

7 Kurze Sätze → § 2

In Dialogen gibt es oft kurze Sätze ohne Verb oder Subjekt (kurze Antworten und Rückfragen).

Was sind Sie von Beruf?	*Ärztin.*
Woher kommen Sie?	*Aus Polen. Und Sie?*
Haben Sie Kinder?	*Ja, zwei. Und Sie?*
Wie heißt du?	*Tobias. Und du?*
Wie geht's?	*Danke, gut. Und dir?*
Entschuldigung, wie spät ist es bitte?	*Zehn vor acht.*
Was möchten Sie trinken?	*Einen Apfelsaft, bitte.*
Haben Sie hier keine Computer?	*Doch, natürlich. Da hinten rechts.*

Liste mit Arbeitsanweisungen

Antworten Sie.

Arbeiten Sie in Gruppen.

Beantworten Sie die Fragen.

Berichten Sie.

Beschreiben Sie.

Bilden Sie Sätze.

Diskutieren Sie.

Ergänzen Sie.

Ersetzen Sie die Bilder durch die passenden Wörter.

Finden Sie weitere Fragen.

Fragen Sie Ihren Nachbarn.

Hören Sie … (bitte) noch einmal.

Interviewen Sie die anderen Kursteilnehmer / Ihre Nachbarn.

Korrigieren Sie die Fehler.

Lesen Sie (den Text).

Lesen Sie weiter.

Lesen Sie vor.

Lösen Sie das Rätsel.

Machen Sie aus Adjektiven Nomen.

Markieren Sie.

Notieren Sie (die Antworten).

Ordnen Sie.

Ordnen Sie zu.

Raten Sie.

Sagen Sie die Wörter laut.

Schauen Sie das Bild an.

Schreiben Sie (eigene Dialoge).

Singen Sie gemeinsam.

Singen Sie mit.

Sortieren Sie (die Sätze).

Spielen Sie dann Ihren Dialog vor.

Sprechen Sie mit Ihren Nachbarn.

Sprechen Sie nach.

Sprechen Sie über die Bilder.

Suchen Sie die Adjektive im Text.

Tauschen Sie die Rätsel im Kurs.

Üben Sie.

Überlegen Sie: Wie heißen …?

Unterstreichen Sie (die Adjektive).

Vergleichen Sie.

Wählen Sie ein Gedicht.

Was bedeuten die Wörter?

Was denken Sie?

Was ist richtig: a, b oder c?

Was meinen Sie?

Was passt (wo)?

Was passt zu welchem Dialog?

Was passt zusammen?

Welche Regeln gelten für welche Gruppen?

Welches Bild kommt zuerst?

Wer gehört zu wem?

Wie finden Sie …?

zweit / zu dritt / zu viert.

Arbeitsbuch
Lektion 7–12

Familie und Haushalt

Familienverhältnisse

Wer gehört zu wem? Raten Sie und diskutieren Sie zu viert.

Dschawaharlal

Sigrun

Veronika

Hans

sich ähnlich sehen
Sie sieht **ihm sehr** ähnlich.
Er sieht **ihr ein bisschen** ähnlich.
Beide sehen **sich überhaupt nicht** ähnlich.

Ähnlichkeit haben
Sie haben **große** Ähnlichkeit.
Beide haben **eine gewisse** Ähnlichkeit.
Sie haben **überhaupt keine** Ähnlichkeit.

Kurt

Christian

Angelika

Indira

Ich glaube, → Sigrun ist die Schwester von Christian. ↘

Das glaube ich nicht. ↘ Der sieht ihr doch überhaupt nicht ähnlich. ↘

Doch, → ein bisschen Ähnlichkeit haben die beiden. ↘ Aber schaut doch mal hier. ↘

…

2 Suchen Sie die Wörter und ergänzen Sie die fehlenden Buchstaben und die Plurale.

```
E  R  O  N  K  E  L  G  E  T  L  Z  W
N  I  C  H  T  E  T  E  R  E  G  S  F
K  H  T  S  S  A  L  N  C  R  R  C  B
E  J  O  C  C  N  E  F  F  E  O  H  R
L  E  C  H  H  E  S  D  Ü  W  ß  W  U
S  C  H  W  E  S  T  E  R  O  V  Ä  D
O  Y  T  A  N  T  E  ß  M  A  A  G  E
H  C  G  R  O  ß  M  U  T  T  E  R
N  N  R  E  E  M  U  C  H  K  E  R  N
F  E  R  R  R  H  W  Ö  L  M  R  I  F
L  R  E  G  T  E  R  V  B  C  H  N  E
```

	die ♀	der ♂
Großeltern	Gr*o*ßm*u*tt*e*r, ⸚	Gr*o*ßv*ate*r,
Eltern	M*u*tt*e*r, ⸚	V_t_r
Geschwister	Schw_st_r	Br_d_r
Kinder	T_cht_r	S_hn
Enkelkinder	_nk_lt_cht_r	_nk_ls_hn
andere	T_nt	_nk_l
	Schw_g_r_n	Schw_g_r
	N_cht	N_ff

Wer ist das? Ergänzen Sie.

1 Mein Bruder ist mit ihr verheiratet.   Sie ist   *meine*
2 Mein Vater hat eine Schwester.   Sie ist
3 Meine Geschwister:
4 Meine Nichte hat einen Bruder.   Das ist
5 Meine Kinder:
6 Mein Sohn hat eine Tochter.   Das ist
7 Meine Tochter ist mit ihm verheiratet.   Er ist   *mein Schwiegersohn.*
8 Die Eltern von meiner Frau oder von meinem Mann:
9 Meine Tochter hat einen Sohn.   Er ist
10 Meine Mutter hat einen Bruder.   Er ist

KU

Lösen Sie die Rätsel.

Familien-Rätsel

1 Ein Mädchen sagt: Ich habe doppelt so viele Brüder wie Schwestern. Und ihr Bruder ergänzt: Ich habe genau so viele Brüder wie Schwestern.

   Wie viele Jungen und Mädchen gibt es in der Familie?

2 Ein Junge sagt: Ich bin doppelt so alt wie mein kleiner Bruder und halb so alt wie meine große Schwester. Meine Mutter wird bald vierzig. Dann ist sie genau doppelt so alt wie meine große Schwester.

   Wie alt sind die Kinder?

3 Ein Kind sagt: Ich habe drei Tanten und fünf Onkel. Meine Mutter hat genau so viele Brüder wie Schwestern. Mein Vater hat halb so viele Schwestern wie meine Mutter.

   Wie viele Schwestern und wie viele Brüder hat meine Mutter?

Jetzt machen Sie ein Familien-Rätsel zu Ihrer Familie.

=	*genau so ... wie*
2 x	*doppelt so ... wie*
$^{1}/_{2}$ x	*halb so ... wie*

B

B   Brieffreunde – weltweit

Lesen Sie die Anzeigen und beantworten Sie die Fragen.

1 Was sind Brieffreundschaften?
2 Was bedeutet weltweit?
3 Haben Sie Brieffreunde? Berichten Sie.
4 Sie suchen Brieffreunde. Was können Sie machen?

Interesse an netten Brieffreundschaften weltweit? Info: Max Dirnhofer, Blumenstraße 44, 70182 Stuttgart

Weltweite Briefkontakte! Infos: International Penfriends, postlagernd, 89073 Ulm

Lesen Sie den Brief und markieren Sie.

richtig   falsch

1   Carla sucht Brieffreunde.
2   Sie schreibt an Max Dirnhofer.
3   Carla ist Schülerin.
4   Sie kann nur auf Deutsch schreiben.
5   Sie hat viele Hobbys.
6   Die „International Penfriends" sind in Ulm.
7   Carla wohnt in der Schweiz.

1

2

7. Juli 1998

Carla Martin
Ricarda-Huch-Str. 7
79114 Freiburg
Tel. (07 61) 58 03 96

3

An die
International Penfriends
Postlagernd

89073 Ulm

mögen

ich mag
du magst
sie/er mag
wir mögen
…

4   Informationen über Briefkontakte

5   Sehr geehrte Damen und Herren,

ich habe Ihre Anzeige in der „Brigitte" gelesen und bin sehr interessiert an
internationalen Brieffreundschaften. Wie funktioniert Ihr System eigentlich? Ist die
Vermittlung kostenlos? Wann bekomme ich die ersten Adressen?
Sie sehen, ich habe viele Fragen. Vielleicht brauchen Sie gleich ein paar Daten von
mir? Ich bin 18 Jahre alt, gehe aufs Gymnasium und mache nächstes Jahr mein
Abitur. Ich habe einen Bruder (15) und eine Schwester (12). Am Wochenende fahre

6   ich mit meiner Familie oft in die Schweiz oder nach Frankreich - das ist ja von
Freiburg nicht weit. Meine Hobbys sind Reiten, Lesen und Kino.
Ich sehe am liebsten lustige Filme, und ich mag Robert de Niro - ich habe fast alle
seine Filme gesehen. Ich lese auch gern Bücher auf Englisch oder Französisch,
meistens Krimis. Meine Lieblingsfächer in der Schule sind alle Sprachen, außerdem
Sport und Geschichte.
Bitte schicken Sie mir weitere Informationen oder am besten gleich Adressen - ich
kann auch auf Englisch oder Französisch schreiben. Vielen Dank für Ihre
Bemühungen.

7   Mit freundlichen Grüßen

8   Carla Martin

Was steht wo? Schauen Sie sich den Brief noch einmal an und ergänzen Sie.

2 Absender   Anrede   Datum   Unterschrift   Empfänger   Gruß   Text   Betreff

Lesen Sie den Brief und machen Sie Notizen.

Name _____   Familie _____

Alter _____   Hobbys _____

Wohnort _____   Lieblingsfächer _____

Zukunftspläne _____   andere Informationen _____

1998 – 08 – 01

Hallo Carla,

ich habe deine Adresse von „International Penfriends" bekommen. Ich heiße Virginie Dubost und bin 17 Jahre alt. Im Dezember werde ich 18. Ich interessiere mich sehr für andere Länder und Sprachen. Ich wohne in Montpellier und gehe noch zur Schule. Meine Lieblingsfächer sind Englisch, Deutsch und Musik. Später will ich vielleicht mal Sprachen studieren und dann Dolmetscherin werden! Vielleicht kann ich ja auch ein paar Semester im Ausland studieren. Was ist dein Traumberuf?

Mein Deutsch ist noch nicht so gut, aber meine Lehrerin ist sehr nett und hilft mir. Sie hat diesen Brief gelesen und korrigiert! Überhaupt haben wir (fast) nur nette Lehrer in unserer Schule. Wie findest du deine Lehrer? Und wie sind deine Mitschülerinnen (und Mitschüler!)?

Im Sommer fahren wir alle ans Meer. In unserem Ferienhaus ist Platz für viele Leute. Wir haben oft Besuch von unseren Verwandten und Freunden. Meistens sind wir alle zusammen am Strand, aber manchmal nehme ich auch mein Fahrrad und fahre allein los – irgendwohin, einfach so. Wo verbringt ihr eure Ferien? Vielleicht kannst du uns ja mal besuchen, dann zeige ich dir alles.

Mein Bruder heißt Philippe und ist 25. Er ist Lehrer von Beruf. Er wohnt noch bei uns, aber er will bald heiraten. Seine Freundin heißt Simone, ich mag sie sehr. Manchmal machen wir sonntags zusammen einen Ausflug. Dann fahren wir mit ihrem Auto (einem Porsche!) – das macht immer viel Spaß! Übrigens – bald mache ich meinen Führerschein, vielleicht gibt sie mir dann ja mal ihr Auto.

Mit meinen Eltern verstehe ich mich ganz gut, aber sie sind ein bisschen streng. Sie wollen nicht, dass ich ins Ausland gehe, aber ich möchte unbedingt in Deutschland studieren. Na ja, wir werden sehen.

Ich lese auch sehr gern – vor allem Krimis, genau wie du. Kannst du mir ein paar deutsche Krimis empfehlen, die nicht so schwer sind? Ich spiele regelmäßig Tennis und reite auch ganz gern – aber am liebsten tanze ich: Tanzen ist mein Leben! Bei unserem Verein habe ich mit meinem Tanzpartner sogar schon Turniere gemacht. Manchmal denke ich: Vielleicht werde ich ja doch nicht Dolmetscherin, sondern mache eine eigene Tanzschule auf. Na ja, ich habe ja noch etwas Zeit.

Ich schicke dir ein Foto. Da siehst du Philippe, seine Freundin, unseren Hund Jacques – und mich natürlich. Schick mir doch auch ein Foto von deiner Familie …

So jetzt weißt du schon eine Menge von mir. Bitte schreib mir bald!

Viele Grüße

deine Virginie

Meine Adresse:
Virginie Dubost
42 Grand'rue Jean Moulin
34000 Montpellier
Frankreich

Ergänzen Sie die Tabelle.

Possessiv-Artikel	mein-	dein-	ihr-	sein-	sein-	unser-	euer-	ihr-	Ihr-
Personalpronomen	_____	_____	_____	_____	*es/man*	_____	*ihr*	_____	_____

Präpositionen mit Dativ

ein Foto	**von**	deiner Familie
er wohnt	**bei**	uns
wir fahren	**mit**	ihrem Auto
ich gehe noch	**zur**	(= **zu der**) Schule

Unterstreichen Sie alle Nomen mit Possessiv-Artikeln und ergänzen Sie die Tabelle.

	f		m		n		Pl	
Nom heißen, sein, ...		*Lehrerin* *Freundin*	*dein*	*Traumberuf* *Bruder*		*Deutsch* *Leben*	*meine*	*Lieblingsfächer* *Mitschülerinnen*
Endung		- *e*		- —		-		- *e*
Akk bekommen finden, ...	*deine*	*Adresse* *Freundin*		*Führerschein* *Hund*		*Fahrrad* *Auto*		*Lehrer* *Ferien*
Endung		-		-		-		- *e*
Dat	*in* *von*	*Schule* *Familie*	*bei* *mit*	*Verein* *Tanzpartner*	*in* *mit*	*Ferienhaus* *Auto*	*mit* *von*	*Eltern* *Verwandten*
Endung		-		-		-		-

Possessiv-Artikel

1 Possessiv-Artikel haben die gleichen Endungen wie negative Artikel (kein-).
2 Die Endungen im Nominativ und Akkusativ sind gleich bei _____ .
3 Die Endungen im Dativ sind gleich bei _____ .

Schreiben Sie einen Brief.

Sie sind Carla und schreiben einen Antwortbrief an Virginie Dubost.

So kann man anfangen

Liebe ♀ , Lieber ♂ ,

Hallo ... ,

vielen Dank für deinen Brief ...

(gestern) ist dein Brief gekommen ...

ich habe mich sehr (über deinen Brief) gefreut

...

So kann man aufhören

So, jetzt muss ich aber Schluss machen, ...

Bitte schreib mir bald.

Ich freue mich schon auf deine Antwort.

Ich hoffe, wir können uns bald einmal sehen.

Viele Grüße / Liebe Grüße / Herzliche Grüße

deine ♀ / dein ♂ ,

...

Heinzelmännchen-Service

Arbeiten Sie in Gruppen.

Gruppe 1   Sie möchten eine Geburtstagsparty machen.

Gruppe 2   Sie müssen heute die ganze Haushaltsarbeit allein machen.

Gruppe 3   Sie müssen einen Kranken in der Familie versorgen.

Gruppe 4   Sie möchten alle Kollegen (25!) zum Kaffeetrinken einladen.

Diskutieren Sie.

Was brauchen wir? Was müssen wir alles machen?
Machen Sie eine Liste mit Aufgaben.
Verteilen Sie die Aufgaben. Wer kann was machen? Wer macht was?

Tee machen / Kaffee kochen ◆ einen Geburtstagskuchen backen ◆ einkaufen ◆ das Essen kochen ◆
Medikamente besorgen ◆ Torte(n) kaufen ◆ Freunde und Bekannte einladen ◆ Geschirr abwaschen ◆
Wäsche waschen ◆ das Bett machen ◆ Getränke besorgen ◆ die Wohnung aufräumen ◆
Kinder abholen ◆ staubsaugen ◆ Sekt kalt stellen ◆ Tisch decken ◆ Einladungen schreiben ◆
Nachbarn Bescheid sagen ◆ Nachbarn einladen ◆ Kinder anziehen ◆ ...

Gruppe 1
Getränke
besorgen
Sekt kalt
stellen

Gruppe 2
staubsaugen

Gruppe 3
Tee machen

Gruppe 4
die Wohnung
aufräumen

Spielen Sie Ihre „Aufgaben" pantomimisch vor. Die anderen raten.

Lesen Sie den Text: Was kann „Heinzelmännchen-Service" für Ihre Gruppe tun?

Wir waschen und bügeln für Sie.
Wäscherei

Stehen Sie am Wochenende manchmal vor einem Wäscheberg und haben keine Zeit und keine Lust, stundenlang zu waschen und zu bügeln? Dann <u>rufen</u> Sie uns <u>an</u>. Wir <u>holen</u> Ihre Wäsche freitags <u>ab</u> und <u>bringen</u> sie Ihnen montags fix und fertig <u>zurück</u> – das Wochenende ge<u>hört</u> Ihnen. Natürlich können wir Ihre Wäsche auch an jedem anderen Tag unter der Woche abholen.

Diesen Service bieten wir
Firmen und Restaurants
im preiswerten
Abo an.

Neu in Berlin
Wir kochen für Sie.
Party-Service

Ob Paella, Pakora, Calamares oder Sashimi – bei uns finden Sie (fast) alles: Unsere Köche und Köchinnen bereiten täglich köstliche Mittagessen zu – nach Rezepten aus aller Welt (inkl. Lieferung ins Haus). Möchten Sie Ihre Gäste mit einem schönen Buffet verwöhnen? Mit unserem Party-Service gelingt jede Feier. Wir stellen Ihnen ein komplettes Buffet zusammen (inkl. Tischdecken und Geschirr bis 50 Personen) – ganz nach Ihren Wünschen! Rufen Sie uns an, wir beraten Sie gern auch telefonisch.

Heinzelmännchen-Sevice
Himbeersteig 22
14129 Berlin
Telefon 030 / 39 04 88 39
Fax 030 / 39 04 88 38

Wir putzen für Sie.
Familiendienst

Manchmal geht alles drunter und drüber: Vater ist krank, Oma hat keine Zeit, Mutter hat viele Termine, die Tochter muss sich auf eine wichtige Prüfung vorbereiten, und alles bleibt liegen: Die Wohnung sieht furchtbar aus. Wer wünscht sich da nicht ein paar Heinzelmännchen, die schnell mal Ordnung machen? Wir sind für Sie da und erledigen alle Arbeiten im Haushalt:

Wir kochen und waschen für Sie, wir kaufen für Sie ein und räumen die Wohnung auf. Und natürlich betreuen wir auch Ihre Kleinen.

Gruppe 1: Die Wäscherei kann unsere Tischdecken waschen und bügeln.
Gruppe 2: Der Familiendienst kann für uns staubsaugen und putzen. …

Lesen Sie den Text noch einmal und markieren Sie alle Verben mit Vorsilben.

Ergänzen Sie passende Sätze aus C 2.

	Verb 1		Verb 2 Vorsilbe
1	*Dann*	*rufen*	*Sie uns*	*an.*
2				
3				
4				
5				
6				
7				
8				
9				

Ergänzen Sie die Regel.

Trennbare Verben

1 Im Deutschen gibt es viele _____ mit Vorsilben. Die meisten Vorsilben sind trennbar,
z.B. *anrufen, abholen,* _____
Im Satz steht das _____ auf Position 2 (bei Ja/Nein-Fragen und Imperativ auf
Position 1) und die trennbare _____ am Satz-Ende.

2 **Vergleichen Sie:**
Wir **holen** Ihre Wäsche gleich am Freitag **ab**.
Natürlich **können** wir Ihre Wäsche auch an jedem anderen Tag unter der Woche **abholen**.

In Sätzen mit Modalverben steht das Modalverb auf Position _____ und das Verb im Infinitiv
am _____ .

3 Einige Vorsilben (er-, be-, ge-, ver- ...) kann man nicht vom Verb trennen, z.B. *gehören,* _____
_____

C 4

Sortieren Sie die Verben.

~~kochen~~ ◆ ~~abholen~~ ◆ waschen ◆ erzählen ◆ zubereiten ◆ geben ◆ ergänzen ◆ bügeln ◆
einkaufen ◆ gelingen ◆ anbieten ◆ verbrauchen ◆ aufhängen ◆ verstehen ◆ raten ◆
besuchen ◆ aufstehen ◆ aufräumen ◆ besorgen ◆ kaufen

normale Verben	*trennbare Verben*	*nicht-trennbare Verben*
kochen	*abholen*	

Hören und vergleichen Sie.
1/1

C 5
1/2

Trennbar oder nicht? Hören und markieren Sie.

Wortakzent
trennbare Verben   ●●●   Wortakzent auf der Vorsilbe: „einkaufen"
nicht-trennbare Verben   ●●●   Wortakzent auf dem Verb-Stamm: „verkaufen"

		trennbar	nicht-trennbar			trennbar	nicht-trennbar
1	zuschneiden			9	bekommen		
2	aufstehen			10	einkaufen		
3	verstehen			11	aufbleiben		
4	betrachten			12	verstecken		
5	gefallen			13	beginnen		
6	bezahlen			14	verschwinden		
7	vorbereiten			15	bedanken		
8	verkaufen			16	anziehen		

Ergänzen Sie die Verben aus C 5.

DIE HEINZELMÄNNCHEN

nach den Gebrüdern Grimm

Ein Schuster ist ohne Schuld so arm geworden, dass er nur noch Leder für ein einziges Paar Schuhe hat.

Am Abend _schneidet_ er das letzte Leder ____zu____ und geht zu Bett. Am nächsten Morgen _____ er _____ und geht in seine Werkstatt. Da steht das Paar Schuhe ganz fertig auf seinem Tisch. Er _____ gar nichts. Er nimmt die Schuhe in die Hand und _____ sie: Sie sind wunderbar – ein Meisterwerk! Kurz danach kommt auch schon ein Kunde und möchte die Schuhe kaufen. Und weil ihm die Schuhe so gut _____, _____ er den doppelten Preis. Der Schuster nimmt das Geld und kauft sofort Leder für zwei Paar Schuhe. Am Abend _____ er wieder die Arbeit für den nächsten Tag _____. Als er am nächsten Morgen in seine Werkstatt kommt, sind die Schuhe schon fertig. Und wieder _____ er die Schuhe schnell und _____ so viel Geld, dass er jetzt Leder für vier Paar Schuhe _____ kann. Am nächsten Morgen sind auch diese vier Paar fertig. So geht das Tag für Tag und er wird bald ein wohlhabender Mann. Eines Abends sagt der Mann zu seiner Frau: „Was meinst du? Wollen wir heute Nacht einmal _____? Ich möchte zu gern wissen, wer die Schuhe für uns näht." Also _____ sich beide in der Werkstatt und warten. Um Mitternacht kommen zwei kleine niedliche nackte Männlein. Sie setzen sich an den Tisch des Schusters,

nehmen die zugeschnittenen Teile und _____ mit der Arbeit. Sie arbeiten so schnell, dass der Schuster nicht glauben kann, was er da sieht. Und im Nu sind sie fertig und _____ so schnell wie sie gekommen waren.

Am anderen Morgen sagt die Frau: „Die Heinzelmännchen haben uns reich gemacht. Doch sie selbst sind so arm, sie haben nicht einmal etwas zum Anziehen. Ich möchte für sie Kleidung nähen. Mach du jedem ein Paar Schühlein dazu. So können wir uns doch bei Ihnen _____." Der Mann findet ihre Idee gut, und beide machen sich an die Arbeit. Am Abend legen sie die Geschenke auf den Tisch, wo sonst das Leder liegt. Um Mitternacht sind die Heinzelmännchen wieder da. Zuerst suchen sie nach dem zugeschnittenen Leder, dann sehen sie die Kleider und Schuhe. Sie _____ alles schnell _____, tanzen durch die Werkstatt und singen vor Freude:

„Sind wir nicht Männlein glatt und fein?
Wir wollen nicht länger Schuster sein!"

Von nun an kamen die Heinzelmännchen nie wieder, der Schuster und seine Frau aber lebten glücklich und zufrieden bis an ihr Lebensende.

Jetzt hören und vergleichen Sie.

Hören und sprechen Sie.

Ihr Bekannter ist seit kurzer Zeit Hausmann. Er beklagt sich über seine Arbeit, aber Sie verstehen das nicht: Für Sie sind Hausarbeiten kein Problem. Sie sagen: „Na und? …"

Beispiel: *Also Hausmann sein – das ist wirklich anstrengend. Ich muss jeden Tag früh aufstehen.*
Na und? ↗ *Ich stehe **gern** früh auf.* ↘
Dann muss ich die Wohnung aufräumen.
…

Schreiben Sie über Ihren Tag.

Der Ton macht die Musik

Hören und vergleichen Sie.

Diese Konsonanten klingen ähnlich.

hart (stimmlos)	weich (stimmhaft)
[p] packen	[b] backen
Oper	Ober
[t] Tick	[d] dick
Winter	Kinder
[k] Karten	[g] Garten
Vokal	Regal

Üben Sie.

stimmhaftes „b" = [b]
Sagen Sie „aaaaaaaaa"
dann schließen und
öffnen Sie dabei die
Lippen:
„aaaaaaaaa" wird zu
„aabaabaabaa".

stimmloses „p" = [p]
Halten Sie eine Kerze vor
den Mund, atmen Sie ein
und schließen Sie die
Lippen. Sie wollen
ausatmen, aber es geht
nicht: Die Lippen sind
geschlossen.

Öffnen Sie plötzlich
die Lippen:
Sie hören „p" – die
Kerze ist aus.

Nehmen Sie ein Blatt
Papier und üben Sie.
Sagen Sie:
ein Blatt Papier,
ein Paket Butter,
ein paar Bier,
Bei den Wörtern mit
„p" muss sich das Blatt
bewegen!

Üben Sie auch [d]–[t] und [g]–[k] mit einem Blatt Papier. Halten Sie das Blatt ganz nah an den Mund: Bei „t" und „k" muss sich das Blatt ein bisschen bewegen (nicht so stark wie bei „p").

Sagen Sie: ein toller Tipp, deine Tante, drei Tassen Tee, den Tisch decken,
gute Kunden, ganz klar, kein Geld, Kaugummi, Kilogramm,
Gäste zum Kaffeetrinken, ein paar Gläser Bier, Pack die Koffer!

Hart oder weich? Hören Sie, sprechen Sie nach und markieren Sie.

	[p]	[b]		[t]	[d]		[k]	[g]
Bier		X	Dose		X	Kästen	X	
Rap	X		Tasse	X		Gäste		X
halb	X		abends	X		be-ginnt		X
paar			mo-dern			Tag		
liebt			Lied			fragt		
Novem-ber			Lie-der			Fra-ge		
Schreib-tisch			Li-ter			schick		
Urlaub			Süd-amerika			Stü-cke		

Ergänzen Sie die Regeln und Beispielwörter.

Am Wort- und Silbenende spricht man
„b" immer als [p] _halb, schreibtisch_
„d" immer als [ ] _____
„g" immer als [ ] _____
„ck" spricht man als [ ] _____
Die Silbenmarkierungen finden Sie im Wörterbuch.

Schreib·tisch _der_; -e-e Art Tisch (oft mit Schubla-
den), an dem man sitzt, wenn man schreibt, rechnet
usw K -: **Schreibtisch** , -lampe, -sessel, -stuhl

No·vem·ber [-v-] _der_; -s, -; _mst Sg_; der elfte Monat
des Jahres; _Abk_ Nov. ⟨im N.; Anfang, Mitte, Ende
N.; am 1., 2., 3. N.; ein nebliger, kalter, stürmischer

richtig, wenig, günstig, traurig, dreißig ...
Am Wortende spricht man „-ig" oft wie „-ich".

Lerntipp:

Erinnern Sie sich noch?
Nomen lernt man am
besten mit Artikel und
Plural, also z.B. **das**
Verb, Verb**en**. Achten
Sie bei Nomen mit „b",
„d" und „g" am Ende
auch immer auf die
unterschiedliche Aus-
sprache von Singular
und Plural:

[p]	[b]
das Ver**b**	Ver**b**en
[t]	[d]
das Lie**d**	Lie**d**er
[k]	[g]
der Ta**g**	Ta**g**e

4   Wo spricht man „b", „d" und „g" als [p], [t] und [k]? Markieren Sie.

Guten Tag ◆ habt ihr Zeit? ◆ ab und zu ◆ mor-gen A-bend ◆ tut mir Leid ◆ lei-der nicht ◆
Sonntag zum Mittag-essen ◆ es gibt ◆ Obst und Gemüse ◆ besorgst du die Getränke? ◆
sie-ben Ta-ge Urlaub ◆ bald geht's los ◆ wohin fliegt ihr? ◆ am lieb-sten ◆ nach Deutschland ◆
das Flug-ticket ◆ nicht billig ◆ wirklich günstig ◆ ein Son-der-an-ge-bot

Hören Sie, sprechen Sie nach und vergleichen Sie. Machen Sie kleine Dialoge.

5   Wählen Sie ein Gedicht und üben Sie. Dann lesen Sie vor.

Arbeitsteilung

Wer räumt auf?
Wer wäscht ab?
Wer kauft ein?
Wer putzt und saugt?
Wer macht die Betten?
Wer deckt den Tisch?
Wer wäscht und bügelt?
Wer backt und kocht?
Wer besorgt die Getränke?
Wer leert den Müll aus?
Wer räumt den Tisch ab?
Natürlich ich.
Wer sagt nie „danke"?
Wer fragt nie „Wie geht's?"
Wer hört nur halb zu?
Natürlich du!

Durst

Morgens drei Tassen
Kaffee oder Tee
mittags ein Cola
nachmittags Saft
unterwegs ein Likör
abends dann Rotwein
oder ein paar Gläser Bier

Problem

Die Tante liebt den Onkel,
der Onkel liebt die Tanten.
Ab und zu gibt's deshalb Streit –
so sind halt die Verwandten.

Einkauf im Supermarkt

3 Kilo Kartoffeln
Obst & Gemüse
1 Bauernbrot
2 Klopapier
1 Paket Butter
3 Dosen Tomaten
100 g Schinken
6 Kästen Bier
3 Tiefkühl-Pizzen
Käse (geschnitten)
1 kg Zucker
Schokolade
Pralinen & Bonbons
Kaugummis

Keine Gummibärchen?
Schade!

KURSBUCH E 1-E 3

A   B

E 1 — Lesen Sie den Text. Welches Bild passt zum Text? Warum?

Die Klavierlehrerin

Ich sehe alles noch ganz deutlich <u>vor meinen Augen</u>.
Ich bin zehn Jahre alt und steige ängstlich die Treppen
in den fünften Stock hinauf. Es ist dunkel im Flur und
es riecht nach Essen. Die Tür ist offen, ich gehe in die
5 Wohnung. Es stinkt nach Zigaretten. Das Klavierzimmer
ist das letzte Zimmer hinten im Gang rechts. Peter sitzt
noch am Flügel und spielt – er ist immer vor mir an der
Reihe. Er hat es gut. Seine Stunde ist gleich zu Ende.
Meine beginnt erst. Ich sage leise: „Guten Tag!", setze
10 mich in den Sessel und stelle meine Tasche auf den
Boden neben den Sessel. Der Sessel steht in einer
dunklen Ecke, direkt neben dem Regal mit den Büchern
und Noten. Über dem Sessel hängen Fotos von ihren
Konzerten. Dazu Zeitungsausschnitte. Meine Klavier-
15 lehrerin ist eine begnadete Pianistin. Ihr Platz ist in
einem Orchester, aber ihre Bewerbungen hatten alle
keinen Erfolg. So muss sie weiter kleinen unmusika-
lischen Kindern wie mir Unterricht geben. Sie steht
neben dem Klavier. Ihr Hund liegt – wie immer – auf
20 seinem Teppich hinter dem Klavier. Ich mag ihn nicht,
er stinkt.

Es ist soweit. Ich bin dran. Ich setze mich an den
Flügel. Ich packe die Noten aus und stelle sie auf den
Notenständer, dann stelle ich meine Tasche unter den
25 Stuhl. Der Hund bellt. Auf dem Klavier zwischen der
Vase und der Lampe steht die weiße Beethoven-Büste.
Beethoven schaut ernst wie immer. Aber heute steht

noch ein Teller neben der Vase. Es ist Dezember, Weih-
nachtszeit. Auf dem Teller sind Lebkuchenherzen. Frau
Schabowsky bietet mir eins an. Ich mag keine Lebku- 30
chenherzen, aber ich nehme eins. So gewinne ich Zeit.
Sie stellt den Teller wieder neben die Vase. Ich beginne
eine Etüde. Sie unterbricht mich: „Nein, so geht das
nicht, noch einmal von vorn. Der Rhythmus stimmt
nicht." Sie stellt sich hinter meinen Stuhl und schlägt 35
den Takt auf meinen Rücken. Der Hund bellt, meine
Hände werden nass. Ich spiele wie in Trance. Ihre
Kommentare höre ich kaum noch. Der Hund steht auf,
läuft dicht an mir vorbei und legt sich vor das Regal.
Meine Finger wollen nicht mehr über die Tasten laufen. 40
Ich bleibe hängen, rutsche ab, Katastrophe. Ich spüre
den Boden unter meinen Füßen nicht mehr ...

Endlich: Es klingelt. Der nächste Schüler kommt. Frau
Schabowsky macht keine Pausen zwischen den
Schülern. Sie schreibt mir noch schnell ins Heft, dass ich 45
nicht geübt habe, dass meine Mutter mitkommen soll,
und dass es so nicht weitergeht. Ich lege das Heft in
meine Tasche zwischen die Noten, stehe auf und
verabschiede mich. Als ich vor die Tür gehe, laufen mir
schon die ersten Tränen über das Gesicht. Die Sonne 50
scheint, über mir lacht ein blauer Himmel. Es ist ein
schöner Tag – eigentlich. Ich habe Angst, nach Hause zu
gehen, Angst vor meiner Mutter.

Nach 18 Monaten geht es wirklich nicht mehr so
weiter. Wir haben großes Glück: Meine Klavierlehrerin 55
geht ans Konservatorium nach Wien. Unsere Qual hat
ein Ende.

Lesen Sie den Text noch einmal und markieren Sie alle Ausdrücke mit Präpositionen.

2

Sortieren Sie die Ausdrücke mit Präpositionen aus E1 und unterstreichen Sie die Artikel.

	● Wo? (Präposition mit Dativ)	→ Wohin? (Präposition mit Akkusativ)
an		
auf		
hinter in		
neben		
über		
unter vor	*vor meinen Augen*	
zwischen		

Ergänzen Sie die Regeln.

1 Die Präpositionen „auf, über, unter, vor, hinten, zwischen, neben, an, in" sind Wechselpräpositionen: Sie stehen mit _____ (Frage: Wo?) oder _____ (Frage: Wohin?).

2 Die Artikel im Dativ sind feminin: *der, einer,* _____ ,
maskulin und neutrum: _____ ,Plural: *den, – , meinen* _____ .

3 Nomen _____ haben immer die Endung _*-n*___ (Ausnahme: Plural mit „-s").

E 4-E 5

Sortieren Sie die Verben.

~~gehen~~ ◆ ~~hinaufsteigen~~ ◆ sehen ◆ laufen ◆ (sich) legen ◆ ~~liegen~~ ◆ kommen ◆ sein ◆ (sich) setzen ◆ sitzen ◆ stehen ◆ stellen ◆ ...

keine Bewegung

liegen, _____

Bewegung von A nach B

gehen, hinaufsteigen, _____

Finden Sie zehn Unterschiede in E. Schreiben Sie Sätze mit diesen Verben.

F 1-F 2

Zwischen den Zeilen

Lesen Sie die Texte und unterstreichen Sie die Verben und Präpositionen.

1 Carla Martin sucht internationale Briefkontakte. Sie schreibt einen Brief an „International Penfriends". Sie erzählt von ihrer Familie und berichtet über ihre Hobbys. (Sie bittet „International Penfriends" um weitere Informationen und um Adressen.)

2 Virginie Dubost schreibt an Carla. Sie schreibt über ihre Hobbys, erzählt über ihre Zukunftspläne und berichtet von Ihrer Familie und von den Ferien am Meer. Sie lädt Carla zu einem Besuch ein (und bittet Carla um ein Foto von ihrer Familie).

3 Ein ganz normaler Tag im Leben von Helga Jansen:
13.15 Das Mittagessen ist fertig. Die Kinder erzählen von der Schule, Helga hört nur halb zu: Sie denkt schon an den Nachmittag.
20.00 Helga Jansen spricht mit den Kindern über den Tag und über die Farbe Blau.
22.00 Frau Jansen trinkt ein Glas Wein und spricht mit ihrem Mann über den Tag.

4 Heute ist ein besonderer Tag. Unsere Lehrerin wird 30. Wir gratulieren ihr zum Geburtstag, schreiben ihr eine Geburtstagskarte und singen „Zum Geburtstag viel Glück!". In der Pause lädt sie uns alle zum Kaffeetrinken ein. Wir sprechen über Geburtstage und diskutieren mit ihr über Familienfeste in Deutschland und in anderen Ländern.

Ergänzen Sie die passenden Verben und Beispielsätze.

Lerntipp:

Viele Verben können weitere Ergänzungen mit Präpositionen (Präpositionalergänzungen) haben. Nicht alle Verben und alle Präpositionen passen zusammen – es gibt feste Kombinationen. Lernen Sie Verben immer zusammen mit den passenden Präpositionen und schreiben Sie Beispielsätze mit Präpositionalergänzungen auf die Wortkarten.

Beispiel:
sprechen + mit DAT + über AKK
Abends spreche ich mit den Kindern über den Tag.

Präposition	Verb + Ergänzung
+ an AKK	*schreiben an International Penfriends*
+ mit DAT	
+ über AKK	*berichten über die Hobbys*
+ von DAT	*erzählen von der Familie*
+ zu DAT	
+ um AKK	

Ergänzen Sie die Sätze. Schreiben oder sprechen Sie.

Manchmal schreibe ich …
Ich denke oft …
… spricht gerne …
Ich möchte gerne einmal … diskutieren.
… erzählt gerne …

Wir müssen immer … berichten.
Soll ich … einladen?
Wollen wir … gratulieren?
Du kannst doch … bitten.

KU

Herzlichen Glückwunsch zum Geburtstag

Diskutieren Sie zu dritt oder viert.

Eine deutsche Freundin, ein deutscher Arbeitskollege, ein … hat Geburtstag:

a) Was kann man schenken oder mitbringen?

b) Wie lange bleibt man? Muss man pünktlich sein?

c) Dürfen Sie noch eine Person mitbringen?

d) Was sagen Sie zum „Geburtstagskind"?

Wo finden Sie Informationen zu den Fragen? Lesen und markieren Sie.

1. **Frau/Herr … hat Geburtstag:** Feiert er oder sie? Wünschen Sie dem Geburtstagskind auf jeden Fall „Alles Gute zum Geburtstag!" oder sagen Sie: „Herzlichen Glückwunsch zum Geburtstag!" – notfalls telefonisch. _d,_

2. **Eine Arbeitskollegin hat Geburtstag:** In vielen deutschen Firmen sammeln die Kollegen Geld für ein gemeinsames Geschenk. Am besten fragen Sie Ihre deutschen Kollegen! _____

3. **Sie sind „zum Kaffeetrinken" eingeladen:** Das dauert meistens nicht so lange, vielleicht ein oder zwei Stunden. Sie können aber auch nur „kurz vorbeischauen", eine Tasse Kaffee trinken und nach einer halben Stunde wieder gehen. Bringen Sie auf alle Fälle ein kleines Geschenk mit! _____

4. **Sie sind „zum Abendessen" eingeladen:** Zum Abendessen kommen selten mehr als acht Personen – Sie gehören also zum „engeren Freundeskreis". Bringen Sie keine weiteren Gäste mit! Ist Ihnen diese Freundschaft wichtig? Dann machen Sie sich rechtzeitig Gedanken über ein passendes Geschenk! Kommen Sie nicht zu früh und nicht zu spät: In Deutschland kommt man zum Abendessen pünktlich bis höchstens zehn Minuten zu spät.

Sieben GEBURTSTAGS REGELN

5. **Sie sind zu einer Geburtstagsparty eingeladen:** Zu einer Geburtstagsparty muss man nicht pünktlich kommen – da ist sowieso noch keiner da. Normalerweise können Sie auch Ihre Partnerin oder einen Freund mitbringen. Aber fragen Sie lieber vorher! Manchmal soll man zu solchen „Feten" auch etwas zum Essen (z.B. einen Salat oder ein Dessert) mitbringen: Eine Spezialität aus Ihrem Land freut sicher nicht nur Ihre Gastgeber, sondern auch die anderen Gäste. Dann haben Sie auch gleich ein erstes Gesprächsthema zum Kennenlernen. _____

6. **Sie suchen ein Geschenk:** Die besten Geschenke sind „persönlich". Aber Vorsicht: Das Geburtstagskind packt seine Geschenke in Deutschland oft sofort aus, und alle schauen zu – ein zu persönliches Geschenk kann peinlich sein! Denken Sie sich etwas Originelles aus! Etwas Typisches aus Ihrem Land ist immer gut.

7. **Sie müssen eine Rede halten:** Der alte Brauch, eine Rede auf das Geburtstagskind zu halten oder ihm ein Lied zu singen, wird heute nur noch bei besonderen Geburtstagen (z.B. beim 50. oder 60. Geburtstag) praktiziert. Sie müssen doch eine Rede halten? Singen Sie ein Geburtstagslied aus Ihrem Land oder halten Sie einfach eine kurze Rede in Ihrer Muttersprache! Das ist ein voller Erfolg, auch wenn Sie niemand versteht. _____

Welche „Regeln" gibt es in Ihrem Land für eine Geburtstagsfeier? Berichten oder schreiben Sie.

Kurz & bündig

Wortschatzarbeit

Was passt zu „Verwandtschaft", zu „Brieffreunde", zu „Haushaltsarbeit"?
Finden Sie ein Wort zu jedem Buchstaben.

H   F

a   a

u   m

s   i

h   l

a   i

büge l *n*   e

t

Sie sind den ersten Tag im Deutschkurs. Sie treffen viele nette Leute zum ersten Mal. Was fragen Sie?

Wie antworten **Sie** auf diese Fragen?

Verben

trennbare Verben

aufstehen,

nicht-trennbare Verben

besprechen,

Was machen Sie wann? Beschreiben Sie einen typischen Tagesablauf.

Um   Uhr stehe ich

Wechselpräpositionen

Sie räumen Ihre Wohnung nach einer Party auf. Was stellen Sie wohin?

Interessante Ausdrücke

Junge Leute von heute

Wie junge Leute wohnen.

Lesen Sie die Statistik und ergänzen Sie.

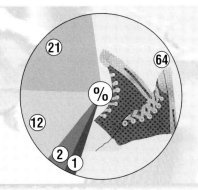

Umfrage bei 18–25-Jährigen:
Wo wohnen Sie zur Zeit?

64% – bei meinen Eltern
21% – mit meinem Lebenspartner zusammen
12% – allein
2% – in einer Wohngemeinschaft
1% – im Wohnheim

1 Fast zwei Drittel der jungen Leute in Deutschland wohnen *bei den Eltern* .
2 Fast jeder fünfte junge Erwachsene wohnt _____ .
3 Über zehn Prozent aller jungen Erwachsenen wohnen _____ .
4 _____ wohnen zwei Prozent aller jungen Leute.
5 Einer von 100 jungen Erwachsenen wohnt _____ .

> Ein Drittel wohnt
> Jeder fünfte wohnt
> Die Hälfte wohnt
>
> Zwei Drittel wohnen
> 20% wohnen

Sprechen Sie über die Statistik.

Mehr als die Hälfte der jungen Leute in Deutschland wohnt bei den Eltern.
> *Bei uns ist das ganz anders …*
> > *Das finde ich …*

Was passt zusammen? Markieren Sie.

1	das Studentenwohnheim		sie oder er macht eine Lehre
2	die Wohngemeinschaft		die Zeit an der Universität
3	die Lehre		„Ja!" – „Nein!" – „Ja!" – „Nein!" – „Ja!" – „Nein!" – „Doch!" …
4	die Unabhängigkeit	2	Leute wohnen zusammen, sie sind aber keine Familie.
5	die Miete		morgen, nächstes Jahr, in fünf Jahren …
6	der Streit		allein leben können, niemand fragen müssen, frei sein
7	das Chaos		was man im Monat für eine Wohnung bezahlen muss
8	die Zukunft		die Unordnung, das Durcheinander
9	arbeitslos	1	hier wohnen Studenten
10	die Alternative		man lernt einen Beruf (meistens 3 Jahre)
11	das Studium		ohne Arbeit
12	der Lehrling		eine andere Möglichkeit

Wortakzent: Welche Wörter passen?

● *Lehre,* _____

Hören und vergleichen Sie.

A 3-A 5

A 3   **Wer sagt was? Markieren Sie.**

Ich wohne in einem Studentenwohnheim ...
Gründe: _1,_____

Das Leben in der Wohngemeinschaft
macht mir Spaß ...
Gründe: _1,_____

Ich wohne mit meiner Freundin
zusammen ...
Gründe: _____

Ich wohne noch bei meinen Eltern ...
Gründe: _____

Ich kenne Dörte schon lange.   Ich kenne Tina schon lange.

sich kennen	Wir kennen uns schon lange.
sich sehen	Wir sehen uns fast jeden Tag.
sich verstehen	Wir verstehen uns gut.

Seit einem Jahr habe ich eine eigene
Wohnung ...
Gründe: _____

„weil" (= Grund)

1 ..., weil ich gerne mit vielen Leuten zusammen bin.
2 ..., weil ich nicht gerne allein bin.
3 ..., weil ich keine eigene Wohnung bezahlen kann.
4 ..., weil ich studiere und noch kein Geld
   verdiene.
5 ..., weil ich da nicht ständig aufräumen muss.
6 ..., weil wir uns gut verstehen.
7 ..., weil ich hier in Köln studiere.
8 ..., weil ich hier viele andere Studenten
   kennen lernen kann.

9 ..., weil ich meine Ruhe haben will.
10 ..., weil da immer was los ist.
11 ..., weil wir uns dann jeden Tag sehen
   können.
12 ..., weil ich nicht gerne Hausarbeiten mache.
13 ..., weil ich gerne unabhängig bin.
14 ..., weil ich ganz anders als meine Eltern
   leben will.
15 ..., weil ich da keine Rücksicht auf andere
   nehmen muss.

**Diese Leute sind unzufrieden mit ihrer Wohnsituation.
Was sagen sie? Ergänzen Sie Sätze mit „obwohl".**

↔ „obwohl" (= Gegengrund)

Volker Bode:
„Ich habe eine eigene Wohnung ..."

obwohl ich nicht viel Geld verdiene.

Antje Bittner:
„Ich wohne mit meinem Freund zusammen ..."

obwohl ich gerne unabhängig bin.

Rita Fries:
„Ich wohne noch bei meinen Eltern ..."

_____

_____

Und wie wohnen Sie? Sind Sie zufrieden? Warum (nicht)?

_____

Unterstreichen Sie die Verben in A 3 und ergänzen Sie die Regel.

Komma ◆ Verb ◆ „weil" oder „obwohl" ◆ Verb im Infinitiv ◆ Nebensätze ◆
„Weil"-Sätze ◆ „obwohl"-Sätze ◆ Modalverb

1 Sätze mit „weil" oder „obwohl" sind _____. _____ nennen einen Grund, _____ nennen einen Gegengrund für die Aussage im Hauptsatz. Zwischen Hauptsatz und Nebensatz steht ein _____.

2 In Sätzen mit „weil" oder „obwohl" steht das _____ immer am Satzende. Gibt es zwei Verben (Modalverb und Verb im Infinitiv), dann steht zuerst das _____ , dann das _____.

3 Das Subjekt steht immer direkt nach _____ .

„Weil" oder „obwohl"? Schreiben Sie Sätze.

1 *Kim hat wenig Zeit, → weil sie viel arbeiten muss. ↘* _____
   Kim   wenig Zeit haben   viel arbeiten müssen

2 _____
   Dean   ein neues Auto kaufen wollen   wenig Geld haben

3 _____
   Vera   schnell Deutsch lernen   in Deutschland leben und arbeiten

4 _____
   Thorsten und ich   oft Streit haben   gute Freunde sein

5 _____
   Herr Kleinschmidt   Taxifahrer sein   nicht gut Auto fahren können

6 _____
   Angela   oft ihre Familie besuchen   in Lissabon   billig fliegen können

7 _____
   Esther Schmidt   ihren Beruf lieben   beim Theater nicht viel Geld verdienen

8 _____
   Ich   viele Fehler machen   erst vier Monate Deutsch lernen

9 _____
   Du   auch viele Fehler machen   schon lange Deutsch lernen

10 _____
   Thomas   einen gebrauchten Computer kaufen   kein Geld haben

11 _____
   Julia   perfekt ... sprechen   in ... geboren sein.

12 _____
   Susanne   abends (nie) oft ... trinken   dann (nicht) gut schlafen können

Hören Sie, vergleichen Sie und ergänzen Sie → oder ↘.

Satzmelodie bei Hauptsatz + Nebensatz: Hauptsatz ____ und Nebensatz ____ .

Fragen und antworten Sie. Üben Sie zu zweit.

lachen	sauer sein		Zwiebeln schneiden
nervös sein	weinen		das Zimmer aufräumen
rennen	Zeitungsanzeigen lesen		ein Geschenk kaufen
	…		

In der Umgangssprache sind „weil"-Sätze oft
Antworten auf Fragen mit „warum". Sie stehen
dann meistens allein (ohne einen Hauptsatz).

Warum weint der Mann?
  Weil er …
Warum lacht …
  Weil …

Sagen oder schreiben Sie Sätze mit „weil" und „obwohl".

Mein(e) Lehrer(in)/Kind(er)/…
Unser Kurs
Ich
Herr/Frau …

fragen/antworten/wissen/kennen/…
brauchen/…
lachen/weinen/…
telefonieren/schreiben/fernsehen/…
arbeiten/einkaufen/…
… essen/… trinken/… lieben/…

nicht
kein…
(fast) alles
(fast) nichts
(sehr) viel
(sehr) wenig
(sehr) oft
(sehr) selten
(fast) nie
(fast) immer

dürfen
können
müssen
wollen
sollen
möchte

Hunger/Geld/Geburtstag/Zeit/… haben
traurig/fröhlich/kaputt/… sein
nach Deutschland/… fahren
aus Italien/… kommen
in Deutschland/… leben/arbeiten/…
Deutsch/… lernen
… verkaufen

Ich esse viel, weil ich immer Hunger habe.
  Unsere Lehrerin fragt viel, obwohl sie schon alles weiß.

Wir wollten doch nur euer Bestes!

Welche Probleme gibt es hier? Markieren Sie.

Unordnung   rauchen   abends weggehen   Hausaufgaben

Welche Aussage passt zu welcher Situation?

1 „Das sollst du doch nicht. Warum musstest du überhaupt damit anfangen?"

2 „Was ist denn hier los? Wolltest du nicht deine Hausaufgaben machen?"

3 „Da seid ihr ja endlich! Ihr solltet doch schon um zehn zu Hause sein."

4 „Wie sieht es denn hier aus? Konntest du nicht wenigstens das Geschirr wegräumen?"

Lesen Sie die Texte und ergänzen Sie die passenden Verben.

durfte ◆ hatte ◆ hatten ◆ konnte ◆ musste ◆ sollte ◆ war ◆ waren ◆ wollte ◆ wurde ◆ wurden

A „Ich _konnte_ nur heimlich rauchen – auf der Straße, in der Kneipe, bei Freunden. Und ich _____ dauernd aufpassen, damit meine Mutter nichts merkte. Dabei _____ mein Vater auch Raucher!"

B „Meine Eltern _____ bei mir einen richtigen Ordnungsfimmel. Dabei _____ sie selbst gar nicht so besonders ordentlich. Jeden Tag _____ ich den Müll ausleeren. Jede Kaffeetasse _____ man gleich spülen, nichts _____ rumstehen. Und dauernd _____ ich mein Zimmer aufräumen. Wenn ich mal keine Zeit dafür _____ , _____ sie immer gleich wütend. Das _____ ziemlich nervig."

C „Mit 15 _____ ich mit der Schule aufhören und nur noch Musik machen. Ich _____ ganz gut Gitarre spielen und singen. Aber meine Eltern _____ dagegen: Ich _____ Abitur machen und einen „anständigen Beruf" lernen. Also _____ ich weiter zur Schule gehen und _____ dann Techniker in einem Musikstudio. Na ja, das _____ vielleicht auch gut so, das hatte ja auch was mit Musik zu tun."

D „Mein Vater _____ ziemlich streng. Ich _____ immer spätestens um zehn Uhr abends zu Hause sein, und am Samstag um elf – auch noch mit 16. Und abends alleine weggehen, das _____ ich überhaupt nicht. Immer _____ mein älterer Bruder mitgehen. Der _____ natürlich auch keine Lust, dauernd mit mir loszuziehen. Der _____ lieber mit seinen Freunden ausgehen."

Hören Sie jetzt die Eltern. Was passt zusammen?

Dialog	Bild
1	
2	
3	
4	

B 4

Hören Sie noch einmal und ergänzen Sie die Sätze.

1/16-19

1 Markus wollte rauchen, weil das in seiner Clique _____.

Er durfte nicht rauchen, obwohl sein Vater _____.

2 Vanessa sollte täglich _____.

Vorher durfte sie nicht _____.

3 Stefanie und ihr Bruder durften abends nur _____.

Sie mussten spätestens um elf Uhr _____.

4 Sven wollte nicht mehr zur Schule gehen und _____.

Aber er musste weiter zur Schule gehen, weil er _____.

B 5

Ergänzen Sie die Endungen in den Tabellen und die Regeln.

Präteritum

Modalverben

Singular	können	wollen	dürfen	sollen	müssen
ich	konn____	woll____	durf____	soll____	muss_te_
du	konn____	woll____	durf____	soll_test_	muss____
sie/er/es	konn____	woll____	durf____	soll____	muss____

Plural					
wir	konn____	woll____	durf____	soll_ten_	muss____
ihr	konn____	woll____	durf_tet_	soll____	muss____
sie	konn____	woll_ten_	durf____	soll____	muss____

Höflichkeitsform: Singular und Plural

Sie	konn____	woll____	durf____	soll_ten_	muss____

„haben", „sein" und „werden"

Singular	haben	sein	werden
ich	hat____	war____	wurd____
du	hat_test_	war_st_	wurd_est_
sie/er/es	hat____	war____	wurd____

Plural			
wir	hat_ten_	war____	wurd____
ihr	hat____	war____	wurd_et_
sie	hat____	war____	wurd____

Höflichkeitsform: Singular und Plural

Sie	hat____	war____	wurd_en_

1 Das Präteritum der Modalverben erkennt man am Präteritum-Signal, dem Buchstaben ____ .

2 Im Präteritum sind die Endungen gleich bei „ich" und _____ .

„wir" und _____ .

3 Bei „können", „müssen" und „dürfen" fallen die Umlaute weg: ö und ü werden zu ____ und ____ .

Für „haben", „sein" und „werden" gilt Regel Nummer _____ .

B 6

Welche Wörter passen zum Präteritum? Unterstreichen Sie.

letztes Jahr ◆ nächste Woche ◆ früher ◆ seit zwei Wochen ◆ jetzt ◆ vor zwei Jahren ◆ morgen ◆ damals ◆ in den 70er-Jahren ◆ gestern

Schreiben Sie über Ihre Kindheit und Jugend.

Erst wollte ich und konnte nicht,

dann konnte ich und sollte nicht.

Dann sollte ich und musste ich.

Ich wollte, aber durfte nicht.

Dann durfte ich und wollte –

und konnte nicht mehr.

Als Kind	(in die Disko) gehen
Ich	fernsehen
Wir	rauchen
Meine Schwester	(Schauspielerin) werden
Mein Bruder	aufräumen
Er/Sie	im Haushalt helfen
Meine Eltern	in Urlaub fahren
Mit 15	(nie) alleine
...	...

Bei uns war immer was los: ...
Als Kind wollte ich ..., weil ...
Mein Bruder durfte immer ..., obwohl ...

Wolltest du oder musstest du?

KURSBUCH C 1-C 4

Schreiben Sie die Sätze richtig.

1 _____
schon um sechs Uhr   zu Hause sein   du solltest doch

2 _____
zu Hause bleiben, weil   nicht kommen konnte   unser Babysitter   wir mussten

3 _____
du   nicht anrufen   konntest

4 _____
es ist noch   tut mir Leid, aber   nicht fertig

5 _____
bei den Hausaufgaben   ich musste Peter noch   helfen

6 _____
bekommen   keine Tickets mehr   wir konnten   eigentlich schon, aber

7 _____
Woche krank   eigentlich schon, aber   war die ganze   der Meister

8 _____
mein Auto   ich möchte   abholen

9 _____
wo wart   gestern Abend   ihr denn

10 _____
fertig sein   doch heute   aber es sollte

11 _____
heute nach   wolltet ihr nicht   Berlin fliegen

12 _____
schade   war wirklich gut   die Party

Welche Sätze aus C 1 passen zusammen? Schreiben Sie vier Dialoge.

1 ●
■
●

2 ●
■
●
■

3 ●
■

4 ●
■
●

 Hören und vergleichen Sie. Markieren Sie den Satzakzent (＿)
und die Satzmelodie (↗→↘).

KU

C 3

Fragen und antworten Sie oder schreiben Sie Dialoge.

1 *Warum warst du nicht auf Veras Geburtstagsfeier?*

früh ins Bett gehen wollen
müde sein
die Nacht davor nicht schlafen können
meine Nachbarn / laut sein
sie / Gäste haben
meine Nachbarin / Geburtstag haben

2 *Warum warst du gestern nicht im Schwimmbad?*

keine Zeit haben
lange arbeiten müssen
viele Briefe schreiben müssen
meine Kollegin / nicht da sein
sie / eine Erkältung haben
sie / am Wochenende im Schwimmbad sein

Warum warst du nicht auf Veras Geburtstagsfeier?
Weil ich früh ins Bett gehen wollte.
Warum wolltest du früh ins Bett gehen?

 Hören und vergleichen Sie.

C 4

Hören und sprechen Sie.

 Kinder fragen gerne „Warum…?", und die Antworten sind
oft schwierig.

● *Ich gehe nur mal kurz Zigaretten holen.*

■ *Muss das sein? Du wolltest doch nicht so viel rauchen.*

● *Ja, ja …*

▲ *Mama, warum geht Papa jetzt weg?*

■ *Weil er Zigaretten kaufen will.*

Sie sind die Mutter. Antworten Sie bitte.

1 Er will Zigaretten kaufen.
2 Er raucht so viel.
3 Er ist nervös.

4 Er hat viel Stress.
5 Er muss so viel arbeiten.
6 Er muss viel Geld verdienen.

7 Er braucht viel Geld.
8 Die Zigaretten sind teuer.
9 Er kann nicht aufhören.
10 … Frag doch Papa!

Zwischen den Zeilen

1

Was passt zusammen? Hören und markieren Sie.

1 Wolltet ihr nicht nach München fahren? ___
2 Sie wollten doch einen Englischkurs machen. ___
3 Musst du nicht für die Mathearbeit lernen? ___
4 Musst du nicht am Wochenende arbeiten? ___
5 Du wolltest doch ausziehen. ____
6 Das Auto sollte doch schon gestern fertig sein. ___

a) Eigentlich schon, aber wir mussten noch ein paar Ersatzteile besorgen.
b) Doch, aber ich muss unbedingt erst die neue CD von den Backstreet Boys hören.
c) Doch, aber nur bis sechs. Am Abend habe ich Zeit.
d) Ja, aber eine eigene Wohnung ist einfach zu teuer.
e) Eigentlich schon, aber Eva musste arbeiten, und ich wollte nicht allein fahren.
f) Eigentlich schon, aber ich konnte keinen passenden Kurs finden.

1/ -33 **Hören und vergleichen Sie.**

2

Lesen Sie die Dialoge von D 1 und ergänzen Sie die Regeln.

Zwischen „Ja" und „Nein"

So zeigt man Überraschung:

Negative Fragen mit Modalverben   Zustimmung   + Erklärung

   Musst du nicht für die Mathearbeit lernen?   _____ , aber …

   Wolltet ihr nicht nach München fahren?   _____ , aber …

Aussagen mit „doch"

   Du wolltest doch ausziehen.   _____ , aber …

   Das Auto sollte doch schon gestern fertig sein.   _____ , aber …

3

Spielen oder schreiben Sie Dialoge.

den neuen Film von … anschauen ◆ mit dem Bus fahren ◆ zur Party kommen ◆ nach Hause fahren ◆
ins Konzert gehen ◆ Deutsch lernen ◆ … besuchen ◆ aufräumen ◆ anrufen ◆
arbeiten ◆ einkaufen gehen ◆ pünktlich sein ◆ früh ins Bett gehen ◆ fernsehen ◆ …

Wolltest du nicht den neuen Film mit Til Schweiger anschauen?
Eigentlich schon, aber ich hatte bis jetzt noch keine Zeit.
Musst du nicht … / Müssen Sie nicht …
Du wolltest doch … / Sie wollten doch …
Du solltest doch … / Sie sollten doch …

KURSBUCH E 1-E 3

Der Ton macht die Musik

Hören und vergleichen Sie.

E 1
1/34

„N" spricht man im Deutschen [n] oder [ŋ].

[n]	[ŋ]
üben	Übung
wohnen	Wohnung
dann	Dank
ins	links

Hören Sie, sprechen Sie nach und markieren Sie [ŋ].

E 2
1/35

Anfang	Bank	bin	denn	denken	England
Enkel	entlang	finden	Franken	Frühling	Gang
ganz	Geschenk	Hunger	Inge	jung	Juni
klingeln	Kind	krank	langsam	links	ohne
Onkel	Pfund	Punkt	schenken	schwanger	sind
singen	trinken	und	wann	Werbung	Zeitung

Ergänzen Sie.

schreiben	sprechen
_____	[ŋk]
_____	[ŋ]

> **Aber:** kein [ŋ] an der Silbengrenze
> Wein|glas   An|gebot   Wohn|gemeinschaft
> Fein|kostladen   Termin|kalender

Üben Sie.

E 3
1/36

„n" = [n]
Sagen Sie „annnnnnnnn".

Sagen Sie: Gang, entlang, links

Sagen Sie: den Gang entlang, dann links

„ng" = [ŋ]
Sagen Sie weiter „nnnnnnnnn" und drücken Sie mit dem Zeigefinger fest gegen den Unterkiefer:
[n] wird zu [ŋ].
Üben Sie das [ŋ] mit und dann ohne Zeigefinger.

Hören Sie und sprechen Sie nach.

E 4
1/
37-39

Ein Krankenbesuch
Wir klingeln bei Frank,
wollen trinken und singen,
wollen tanzen und lachen –
doch Frank ist krank.
Wir sitzen an seinem Bett und denken:
Was kann man dem kranken Frank denn nur schenken?

Globalisierung
In Frankfurt nehmen die Banken alles:
Mark, Schillinge und Franken.

Schöne Geschenke
Frühling in England.
Inge ist schwanger.
Schöne Geschenke:
Kinder und Enkel.

Jetzt reicht's: Nur noch ohne unsere Eltern!

Lesen Sie die Texte und markieren Sie.

Die meisten Jugendlichen wollen …

- a) nicht mehr zu Hause wohnen.
- b) ohne Eltern in Urlaub fahren.
- c) im Urlaub mit Freunden wegfahren.
- d) im Ausland leben.

Irgendwann laufen die Urlaubswünsche von Eltern und Teenagern auseinander. Wir fragten 15- bis 17-Jährige nach ihrer Meinung.

Sina Bartfeld, 15

Wir waren so oft in Griechenland und Italien. Meine Eltern wollten immer wieder alle Sehenswürdig-keiten anschauen. Wie lang-weilig, immer dasselbe! (Ich konnte den Text des Reiseführers fast schon auswendig.) Jetzt reicht's, ich möchte mal was anderes machen. Und zwar mit meinen Freundinnen und Freunden – ohne Erwachsene! Aber ich darf halt noch nicht …

Kirsten Koch, 16

Sieben Jahre musste ich mit meinen Eltern in den Ferien nach Bayern fahren. Und immer nur wandern, vier bis fünf Stunden täglich! Jetzt reicht's! Ich muss mich endlich mal erholen.

Falko Schüssler, 17

Allein verreisen, das ist der erste Schritt in die Unabhängigkeit. Letztes Jahr durfte ich zum ersten Mal mit Freunden wegfah-ren. Wir waren am Garda-see. Das war toll, den ganzen Tag schwimmen und surfen. Und nicht mehr immer nur diese langweili-gen Kirchen und Museen! Manchmal fehlten mir die Eltern ja schon, aber es war ein gutes Gefühl, alle Probleme allein zu lösen.

Tobias Ziegler, 17

Auch wenn viele meinen, dass das in meinem Alter nicht normal ist: Ich fahre gern mit meinen Eltern weg und verstehe mich mit ihnen echt gut. Und noch ein Grund: die tollen Reiseziele. Wir waren sogar schon in Indien, Mexiko und in den USA. Aber ich würde auch in die Alpen mitfahren.

Sandra Bauer, 16

Ich würde gerne allein wegfahren, am liebsten mit meiner Freundin Monika. Aber meine Eltern sagen bei diesem Thema immer nur: „Warte, bis du achtzehn bist!" Ich bin ganz schön sauer. Das sagen sie nur, weil ich ein Mädchen bin. Mein Bruder durfte schon mit sechzehn mit Freunden wegfahren.

Yasmin Gouhari, 17

Auf den letzten gemeinsamen Reisen gab es ständig Streit. Ich wollte in die Disko und morgens lange schlafen. Aber ich sollte jeden Morgen früh aufstehen und gut gelaunt am Frühstückstisch sitzen. Dazu habe ich keine Lust mehr. Jetzt bin ich allein oder mit Freunden unterwegs und erhole mich so richtig, zum Beispiel in San Francisco.

Was machen die Jugendlichen gerne/nicht gerne?
Lesen Sie die Texte noch einmal und unterstreichen Sie.

Was stimmt für wen? Lesen Sie die Texte noch einmal und markieren Sie.

		Sina	Kirsten	Falko	Tobias	Sandra	Yasmin
1	will ohne Eltern verreisen	X					
2	darf nicht allein in Urlaub fahren	X					
3	will spät ins Bett gehen und morgens lange schlafen						
4	möchte im Urlaub nicht so viele Sehenswürdigkeiten besichtigen	X					
5	möchte im Urlaub nicht so viel laufen						
6	macht im Urlaub gern Sport						
7	fährt gern weit weg						

Warum wollen die Jugendlichen (nicht) mit ihren Eltern in Urlaub fahren? Diskutieren oder schreiben Sie.

Sina möchte ohne ihre Eltern verreisen, weil sie mit ihren Freunden und Freundinnen Urlaub machen will.
Und weil Sina nicht so viele Sehenswürdigkeiten besichtigen will.
Kirsten möchte ohne ihre Eltern verreisen, weil sie … und …

Fahren Sie gern mit Ihren Eltern/Ihren Kindern in Urlaub? Warum (nicht)?

Kurz & bündig

Wohnung

Wie wohnen Sie? Warum?

_____ ,

weil _____

und obwohl _____

Meine Regel für die „weil"- und „obwohl"-Sätze:

_____

_____

Präteritum von „müssen, können, wollen, dürfen, sollen"

Als Kind wollte ich _____

Mit 14 _____

Als _____

Mit _____

Meine Regel für das Präteritum der Modalverben:

_____

_____

Sie haben eine Verabredung und kommen zu spät. Was sagen Sie?

_____

Sie glauben, Ihr Kollege ist in Urlaub. Sie treffen ihn in der Kneipe. Was fragen Sie?

_____

Sie kommen zur Werkstatt. Das Auto ist nicht fertig. Was sagen Sie?

_____ ?

Präteritum von „haben" und „sein"

Ich **hatte** keine Zeit.	Ich **war** krank.
Hattest du _____ ?	**Warst** du _____ ?
Er, sie, es _____ .	Er, Sie, es _____ .
Wir _____ .	Wir _____ .
_____ ihr _____ ?	_____ ihr _____ ?
Sie _____ .	Sie _____ .
Hatten Sie _____ ?	**Waren** Sie _____ ?

Interessante Ausdrücke

_____

_____

Urlaub und Reisen

LEKTION
9

Was für ein Urlaubs-Typ sind Sie?

1   **Ergänzen Sie die passenden Verben.**

fahren ◆ machen ◆ Urlaub machen

in Frankreich _____   nach Paris _____

eine Kreuzfahrt in der Karibik _____   eine Weltreise _____

am Plattensee in Ungarn _____   auf Mallorca _____

eine Wanderung im Harz _____   mit der Transsib von Moskau
nach Peking _____

an den Gardasee _____   eine Radtour von Heidelberg
nach Stuttgart _____

in die Berge _____

am Meer _____   eine Bus-Rundreise durch
Österreich _____

Camping in Italien _____

einen Deutschkurs in Zürich _____   mit dem Auto nach
Tschechien _____

eine Städtereise nach Berlin _____

Und Ihr Traumurlaub? Schreiben Sie.

Ich möchte gerne einmal, _____ ,

weil. _____ .

Aber. _____ .

2   **Lesen Sie den Test und markieren Sie A oder B. Wie viele Punkte haben Sie?**

Machen Sie erst den Urlaubs-Test ...

Welches Urlaubswetter mögen Sie gerne?

A Regen. Da kann ich den ganzen Tag in meinem kleinen Appartement sitzen und aus dem Fenster sehen.   *1 Punkt*

B Ich liege lieber am Strand in der Sonne. Da werde ich schön braun und erhole mich prima.
2 Punkte

****

Möchten Sie Ihr Urlaubsland kennen lernen?

A Nein. Ich will meine Ruhe haben und essen und trinken wie zu Hause – dann geht es mir gut.   *1 Punkt*

B Natürlich. Neue Kulturen entdecken, Land und Leute kennen lernen – das ist doch interessant.   *2 Punkte*

****

Wollen Sie gerne einige Sehenswürdigkeiten besichtigen?

A Ja sicher. Ich will doch nicht jeden Tag von morgens bis abends nur am Strand liegen oder im Hotel sitzen. Ich mache gerne mal Ausflüge an interessante Orte.
2 Punkte

B Schlösser, Kirchen, Museen, Wasserfälle, Höhlen – das ist doch sowieso überall das Gleiche: teuer, langweilig, und viel zu viele Touristen.   *1 Punkt*

****

Treiben Sie im Urlaub auch gerne etwas Sport?

A Sport? Um Gottes Willen! Ich treibe zu Hause ja auch keinen Sport – die Arbeit ist anstrengend genug. Im Urlaub will ich einfach mal nichts tun.   *1 Punkt*

B Ja klar. Schwimmen, Ball spielen am Strand, Rad fahren oder laufen, das gehört doch einfach dazu. Im nächsten Urlaub will ich vielleicht mal einen Tenniskurs machen.
2 Punkte

Wie wichtig ist Ihnen ein guter Service?

A Zu Hause muss ich das ganze Jahr im Haushalt arbeiten. Im Urlaub will ich mal Zeit für Familie und Hobbys haben – da muss der Service stimmen.   *2 Punkte*

B Service? Alles Quatsch. Ich kaufe selber ein, koche, spüle und putze – dann muss ich mich nicht dauernd ärgern.   *1 Punkt*

****

Wie teuer darf Ihr Urlaub sein?

A Möglichst billig, am besten Sonderangebote. Viel Geld ausgeben kann ich auch zu Hause, dazu muss ich nicht wegfahren.   *1 Punkt*

B Das kommt darauf an. Ich habe nur einmal im Jahr Urlaub, der darf dann schon etwas kosten. Ich suche halt gute Qualität zu einem möglichst günstigen Preis.
2 Punkte

****

Auflösung:

6 Punkte
Der „Mir-ist-alles-egal"-Typ.
Gehen Sie auf Nummer sicher und bleiben Sie zu Hause! Da wissen Sie wenigstens, was Sie haben. Sie wollen aber wegfahren, weil alle anderen auch wegfahren? Na gut, dann schauen Sie doch mal bei Ihrem Reisebüro vorbei. Dort gibt es immer super-günstige Sonderangebote ohne Programm und Extras – das Urlaubsziel ist Ihnen ja sowieso nicht wichtig.

7–10 Punkte
Der „Heute-hier-morgen-dort"-Typ.
Sie haben keine festen Urlaubspläne und wollen immer ganz spontan und kurzfristig buchen. Schade, dann sind die besten Angebote oft schon nicht mehr da. Warum planen Sie nicht Ihren nächsten Urlaub schon jetzt zusammen mit Ihrem Reisebüro?

11–12 Punkte
Der „Ich-möchte-immer-Super-Urlaub"-Typ.
Urlaub ist Ihnen sehr wichtig. Da muss alles stimmen: der Urlaubsort, das Wetter, der Service, die Sportangebote, das Ausflugsprogramm usw. Deshalb planen Sie seit Jahren Ihre Urlaube frühzeitig und sind Stammkunde in Ihrem Reisebüro. Weiter so!

... dann kommen Sie zu uns! **Ihr Reisebüro**

A 3

Was passt zusammen? Lesen Sie den Text noch einmal und ergänzen Sie die passenden Verben.

am Strand in der Sonne _____ einfach mal nichts _____

Land und Leute _____ einen Tenniskurs _____

Sehenswürdigkeiten _____ im Haushalt _____

Ausflüge _____ Zeit für Familie und Hobbys _____

Sport _____ Geld _____

A 4

Hören Sie die Musik und gehen Sie auf Traumreise.

1/40

1 Wohin fahren Sie? 3 Wie sieht es dort aus? 5 Was machen Sie dort ?

2 Wie reisen Sie dorthin? 4 Wo wohnen Sie? 6 Wen lernen Sie kennen?

Jetzt beschreiben Sie Ihre Traumreise.

B

In 12 Tagen um die Welt – Nordroute

B 1

Lesen Sie den Text und markieren Sie die Route auf der Weltkarte.

Weltstädte und Waikikistrand

Heute haben viele Geschäftsleute wenig Zeit und können nicht viel länger als eine Woche verreisen. Ist auch Ihre Zeit knapp? Auf unserer „kurzen Nordroute" reisen Sie in 12 Tagen einmal um die ganze Welt.

Die erste Station ist Bangkok (mit Stadtrundfahrt und Besichtigung der Tempel, Zeit zum Stadtbummel und „Dinner Cruise" auf dem Chao Phaya). Weiter führt Sie die Reise nach Tokio (Stadtrundfahrt in Tokio, Tagesfahrt zum Hakone See). Das nächste Ziel ist Hawaii – genießen Sie den Waikiki-Strand von Honolulu (mit Inselrundfahrt und Gelegenheit zum Besuch einer „Polynesischen Show" inkl. Abendessen). Weiter geht es nach San Francisco (mit Stadtrundfahrt über die Golden Gate-Brücke und Gelegenheit zum

Einkaufen). Letzte Station ist das Spielerparadies Las Vegas (mit Rundfahrt „Las Vegas bei Nacht" oder Besuch einer Show). Am letzten Tag Freizeit in Las Vegas oder Gelegenheit zum Besuch des Grand Canyon (Flug nicht im Reisepreis enthalten). Abends Rückflug nach Frankfurt (mit Flugzeugwechsel in Detroit).

Am Freitagnachmittag reisen Sie ab, eine gute Woche später sind Sie bereits wieder zurück. Sie fliegen mit Linienmaschinen und wohnen in First Class Hotels. Alle Fahrten, Besichtigungen und Vorführungen sowie die Flughafengebühren und der Transfer zu den Hotels sind im Reisepreis enthalten.

Diese Reise ist eine unserer beliebtesten Reisen: Wir starten zweimal pro Monat. Wann möchten Sie starten?

Was passt zusammen? Markieren Sie.

4	Stadtrundfahrt	1	mit einer großen Fluglinie fliegen
7	Besichtigung	2	vom Flughafen ins Hotel fahren
	Zeit zum Stadtbummel	3	in ein anderes Flugzeug umsteigen
	„Dinner Cruise" auf dem Chao Phaya	4	mit dem Bus durch die Stadt fahren
	Tagesfahrt	5	Abendessen auf einem Schiff
	Gelegenheit zum …	6	sehr gute Hotels
	nicht im Reisepreis enthalten	7	Sehenswürdigkeiten anschauen
	Flugzeugwechsel	8	eine kulturelle Veranstaltung
	Linienmaschine	9	die Stadt ansehen und einkaufen
	First Class Hotels	10	man muss dafür extra bezahlen
	Vorführung	11	den ganzen Tag unterwegs sein
	Transfer zum Hotel	12	gehört nicht zum Programm, macht man alleine (ohne die Reisegruppe)

KURSBUCH
B 1–B 5

Schreiben Sie die Sätze richtig.

	Verb 1			Verb 2
Wir	**sind**		mit dem Auto nach Italien	**gefahren.**
Dort	**haben**	wir	Camping am Mittelmeer	**gemacht.**
Wir	**hatten**		Pech:	
Viele Campingplätze	**waren**		voll.	
Wir	**mussten**		lange einen freien Platz	**suchen.**
Nach zwei Tagen	**sind**	wir	auf dem Campingplatz	**angekommen.**

1 _____

meistens   am Strand in der Sonne   haben   gelegen   wir

2 _____

manchmal   haben   Tischtennis und Volleyball   wir   gespielt

3 _____

wollten   auch viele Ausflüge   wir   machen

4 _____

aber   kaputtgegangen   ist   unser Auto

5 _____

wir   einmal   gemacht   einen Tagesausflug mit dem Bus nach Florenz   haben

6 _____

dort   eine Stadtrundfahrt   gemacht   haben   wir

7 _____

besichtigt   viele Sehenswürdigkeiten   wir   haben

8 _____

dann   gemacht   wir   einen Stadtbummel   haben

9 _____

haben   Souvenirs   gekauft   wir

10 _____

dort   wir   gut gegessen   haben   getrunken   und viel Wein

11 _____

um Mitternacht   wir   dann zum Campingplatz   zurückgefahren   sind

12 _____

schon geschlossen   der   aber   war

13 _____

keinen Schlüssel   wir   hatten

14 _____

im Freien   mussten   und   schlafen

15 _____

unseren Nachbarn von unserem Ausflug   erzählt   haben   wir   am nächsten Tag

Sie haben sehr gelacht.

Ergänzen Sie die Regeln.

| gestern oder letztes Jahr ◆ Präteritum ◆ Position 2 ◆ am Ende ◆ Perfekt |

Die Zeitform in diesen Sätzen nennt man Perfekt.

Im Perfekt spricht man über _____ .

Das Perfekt bildet man mit „sein" oder „haben" und dem Partizip Perfekt.

„Haben" oder „sein" stehen auf _____ , das Partizip Perfekt steht _____ .

Bei „haben" und „sein" und bei den Modalverben (können, müssen, dürfen, wollen, sollen) benutzt man

nicht das _____ , sondern das _____ .

B 4

Schreiben Sie jetzt drei bis fünf Sätze über Ihren letzten Urlaub, über einen Ausflug oder über einen Besuch.

nach … gefahren ◆ eine Städtereise/Weltreise/Radtour/… gemacht ◆ in … Urlaub gemacht ◆
… gespielt ◆ einen …kurs/Tagesausflug nach … gemacht ◆ … besichtigt ◆ … besucht ◆
… gegangen ◆ … eingekauft ◆ … gegessen ◆ … getrunken ◆ … zurückgefahren

B 5

Ergänzen Sie das Partizip Perfekt.

Das Partizip Perfekt bildet man bei den regelmäßigen Verben mit der Vorsilbe „**ge-**"
und der Endung „**-t**" oder „**-et**". Beispiel: „kaufen" – „**ge**kauf**t**" oder „warten" – „**ge**wart**et**".
Der Wortakzent ist immer auf dem Verbstamm: k<u>au</u>fen – gek<u>au</u>ft.

suchen _____   spielen _____   arbeiten _____

machen _____   lernen _____   packen _____

Bei trennbaren Verben steht „**ge-**" nach der trennbaren Vorsilbe: Beispiel: „auf-räumen" – „auf**ge**räumt".
Der Wortakzent ist immer auf der trennbaren Vorsilbe: <u>auf</u>räumen – <u>auf</u>geräumt.

abspülen _____   abholen _____   einkaufen _____

aufwachen _____   mitmachen _____   anschauen _____

Nicht-trennbare Verben mit einer Vorsilbe (Beispiel: be-, er-, ver-, …) bilden das Partizip Perfekt ohne „ge-".
Beispiel: „**be**sichtigen" – „**be**sichtigt".
Der Wortakzent ist immer auf der zweiten Silbe: be<u>si</u>chtigen – be<u>si</u>chtigt.

besuchen _____   erzählen _____   verpassen _____

bestellen _____   ergänzen _____   verkaufen _____

Hören Sie, vergleichen Sie und sprechen Sie nach.

Was passt zusammen? Ergänzen Sie.

Das Partizip Perfekt von „unregelmäßigen Verben" endet auf „-en", z.B. „fahren" – „gefahr**en**". Oft ändert sich auch der Verbstamm, z.B. „fl**ie**gen" – „gefl**o**gen".

~~geblieben~~	geschlafen	gelesen	gefunden	gefahren	gezogen
genommen	gegessen	getroffen	gesehen	gesessen	getrunken
abgeflogen	angekommen	eingeladen	eingeschlafen	losgegangen	mitgefahren
umgezogen	begonnen	bekommen	erschienen	vergessen	verloren

abfliegen	_____	finden	_____	umziehen	_____
ankommen	_____	lesen	_____	vergessen	_____
beginnen	_____	losgehen	_____	verlieren	_____
bekommen	_____	mitfahren	_____	ziehen	_____
bleiben	*geblieben*	nehmen	_____		
einladen	_____	schlafen	_____		
einschlafen	_____	sehen	_____		
erscheinen	_____	sitzen	_____		
essen	_____	treffen	_____		
fahren	_____	trinken	_____		

Lerntipp:

Lernen Sie diese unregelmäßigen Verben immer mit dem Partizip Perfekt, also
schlafen – **geschlafen**
nehmen – **genommen**
usw.

Markieren Sie den Wortakzent. Dann hören Sie, sprechen Sie nach und vergleichen Sie.

42

Was passt zu welchen Verben? Ergänzen Sie.

Die meisten Verben bilden das Perfekt mit „haben". Einige Verben bilden das Perfekt mit „sein", z.B.

~~fahren~~ ◆ ~~aufwachen~~ ◆ erscheinen ◆ fallen ◆ fliegen ◆ aufstehen ◆ gehen ◆ losgehen ◆
einschlafen ◆ kommen ◆ umsteigen ◆ umziehen

Veränderung / Wechsel

1 Ort → Ort   *fahren,* _____
  (z.B. Frankfurt → Bangkok) _____

2 Zustand → Zustand *aufwachen,* _____
  (z.B. schlafen → wach sein) _____

Lerntipp:

Lernen Sie diese Verben so:
aufwachen – **ist** aufgewacht
fahren – **ist** gefahren
usw.

Das Perfekt mit „sein" steht auch bei: sein – ich bin gewesen",
„bleiben – ich bin geblieben".

Ergänzen Sie die richtigen Verbformen.

Kein Geld zurück bei Pannen-Urlaub

Urlaub ist die schönste Zeit des Jahres.
Aber nicht immer. Mancher Urlaub wird schnell zum Pannen-Urlaub.
Oft fängt der Ärger schon am Flughafen an.

Uta S. aus Gießen wollte für drei Wochen nach Australien fliegen. Sie war schon im Flugzeug, da mussten alle wieder aussteigen: Maschinenschaden! „Wir _____ 13 Stunden am Flughafen

warten
abfliegen _____ , erst dann _____ wir _____ .
verpassen In Bangkok _____ wir den Anschlussflug _____
ankommen und _____ einen Tag zu spät in Sydney _____ .
Ich war fix und fertig.“

Manchmal ist das Hotel eine Baustelle. Ehepaar W. aus Trier: „Die Handwerker _____ von morgens bis abends

arbeiten _____ . Der Lärm war unerträglich. Wir _____ dann
zurückfliegen nach einer Woche wieder _____ und
machen _____ zu Hause Urlaub _____ .“

Oder man hat ungebetene Gäste: „Überall im Bungalow waren Ameisen“, sagt Gerda P. aus Neustadt. „Und nachts _____ die

fallen Kakerlaken von der Decke auf mein Bett _____ . Es war
schlafen furchtbar. Ich _____ zwei Nächte nicht _____ ,
ausziehen dann _____ ich _____ .“

Oft stimmen die Angaben im Katalog nicht. Thorsten F. aus Bad Homburg: „Das ‚Fünf-Sterne-Hotel‘ war eine Bruchbude, da wollte ich nicht bleiben. Zum Glück _____ ich schnell ein neues Hotel

finden _____ und _____ gleich am nächsten Tag
umziehen _____ .“

Auch Rudolf B. aus Darmstadt hatte Pech: Das „Hotel mit Schwimmbad“ hatte gar kein Schwimmbad, zum Strand waren es zehn Kilometer, und der war rappelvoll. „Ich _____ zweimal oder

fahren dreimal zum Strand _____ . Die meiste Zeit _____
sitzen ich im Hotel _____ oder _____ ins einzige Café am
gehen Ort _____ – ein toller Badeurlaub!“

Zum Ärger im Urlaub kommt dann noch der Ärger mit dem Reiseveranstalter: Meistens bekommt man kein oder nur wenig Geld zurück.

Deshalb: Achten Sie auf das ‚Kleingedruckte‘ und bitten Sie ihr Reisebüro, alle wichtigen Angaben zum Urlaub schriftlich zu bestätigen – damit's kein Pannen-Urlaub wird!

Zwischen den Zeilen

1 **Was passt zusammen? Markieren Sie und ergänzen Sie die Artikel.**

Erinnern Sie sich noch? Bei zusammengesetzten Wörtern (Komposita: Nomen + Nomen) bestimmt das zweite Wort den Artikel.

_3_ _die_ _____ Busreise	1 organisiert Reisen
_____ Reiseziel	2 hier bucht man Reisen
_____ Reisebüro	3 Reise mit dem Bus
_____ Reisebericht	4 so war die Reise
_____ Reisebeschreibung	5 Reise in einer Gruppe
_____ Reiseprospekt	6 Bus für Reisen
_____ Geschäftsreise	7 hier findet man Angebote
_____ Reiseveranstalter	8 kein Urlaub, sondern Arbeit
_____ Gruppenreise	9 so steht die Reise im Prospekt
_____ Reisegruppe	10 dort fährt man hin
_____ Reisebus	11 sie reisen zusammen

Komposita = **1. Wort (Spezialwort)** + **2. Wort (Grundwort)**
(besondere Bedeutung)   (allgemeine Bedeutung; Artikel!)

die Busreise = **Bus** + **Reise**

heißt: *Reise* ⟵ *mit dem* *Bus*

der Reisebus = **Reise** + **Bus**

heißt: *Bus* ⟵ *für* *Reisen*

> Komposita: Manchmal ergänzt man noch Buchstaben zwischen den Nomen, z.B.: Gruppenreise, Geschäftsreise.

2 **Bilden Sie die passenden Wörter mit „-reise" oder „Reise-".**

1 das Gepäck für eine Reise   *das Reisegepäck* _____
2 eine Reise durch Europa   _____
3 der Preis einer Reise   _____
4 der Leiter/die Leiterin einer Reise   _____
5 eine Reise um die Welt   _____
6 die Versicherung für das Reisegepäck   _____
7 die Pläne für eine Reise   _____

3 **Was bedeuten die Wörter? Markieren Sie.**

1 Reisefieber
  a) nervös vor einer Reise
  b) krank auf einer Reise

2 Reiseführer
  a) Reiseleiter
  b) Buch über ein Land / eine Stadt

3 Reiseapotheke
  a) Medikamente für die Reise
  b) Apotheke in Touristenzentren

4 Hochzeitsreise
  a) Reise zu einer Hochzeitsfeier
  b) Reise direkt nach der Hochzeit

KURSBUCH C 3

D 1 **Lesen Sie die Texte und ergänzen Sie die Namen auf der Karte.**

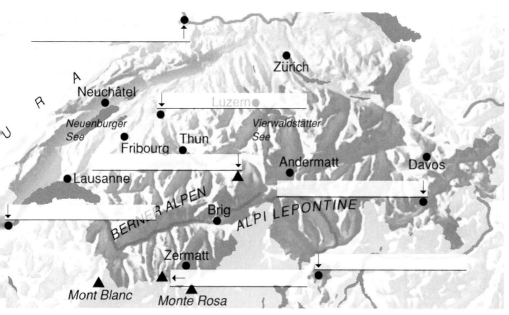

Die Schweiz ist ein Bundesstaat im Alpengebiet. Nachbarländer sind die Bundesrepublik Deutschland, Frankreich, Italien, Österreich und Liechtenstein. In der Schweiz spricht man vier Sprachen: Deutsch, Französisch, Italienisch und Rätoromanisch. Die Schweiz besteht aus 25 Kantonen und ist ein Industrieland (Maschinenbau, Uhren, Lebensmittel, Chemie) und internationales Finanzzentrum. Ein wichtiger Wirtschaftszweig ist der Tourismus. Die Hauptstadt Bern liegt zentral zwischen Lausanne und Zürich, weitere Großstädte sind Basel (im Nordwesten, an der Grenze zu Deutschland und Frankreich) und Genf (im Südwesten, an der Grenze zu Frankreich). Die höchsten Berge sind der Monte Rosa (4634 m), das Matterhorn (4478 m, bei Zermatt) und das Finsteraarhorn (4274 m, zwischen Brig und Ander-matt). Touristische Attraktionen sind auch die Seen: der Genfersee, der Zürichsee, der Vierwaldstätter See (zentral gelegen bei Luzern), der Thuner See und der Neuenburger See (im Westen der Schweiz). International bekannte Urlaubsorte sind z.B. Davos und St. Moritz im Osten der Schweiz und Lugano im Süden (an der italienischen Grenze).

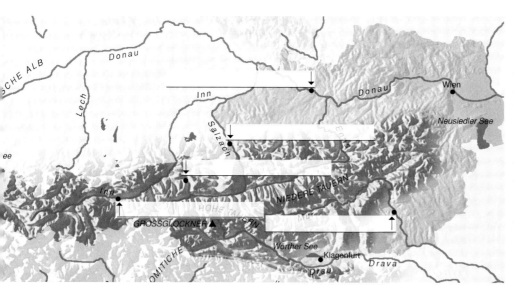

Auch die Republik Österreich ist ein Bundesstaat im Alpengebiet. Die neun Bundesländer sind (von Westen nach Osten) Vorarlberg und Tirol, Salzburg und Oberösterreich im Norden und Kärnten und die Steiermark im Süden, Niederösterreich, das Burgenland im Osten und die Hauptstadt Wien im Nordosten. Nachbarländer sind die Schweiz und Liechtenstein im Westen, Italien und Slowenien im Süden, Ungarn im Osten, die Tschechische Republik im Nordosten und die Bundesrepublik Deutschland im Norden. Höchster Berg ist der Großglockner (3797 m). Am größten ist die Bevölkerungsdichte in Ober- und Niederösterreich. In der Hauptstadt Wien leben über 20% der Gesamtbevölkerung. Weitere Großstädte sind Innsbruck (in Tirol), Salzburg (an der deutschen Grenze), Linz (an der Donau, etwa 100 Kilometer nordöstlich von Salzburg) und Graz (in der Steiermark). Wichtigster Wirtschaftszweig ist der Tourismus: Österreich steht auf Platz 6 der beliebtesten Reiseländer. Weltbekannte Urlaubsziele sind Wintersportzentren wie Kitzbühel (in Tirol, zwischen Innsbruck und Salzburg), die Seenlandschaft des Salzkammerguts (zwischen Salzburg und Linz), der Wörthersee in Kärnten (bei Klagenfurt) und natürlich die „Mozartstadt" Salzburg sowie die traditionsreiche Hauptstadt Wien. Auch für die Bundesdeutschen ist Österreich das beliebteste Ferienziel. Kein Wunder: Hier spricht man Deutsch.

Arbeiten Sie zu zweit und vergleichen Sie Ihre Eintragungen.

2 **Dies ist die Lösung des Kreuzworträtsels. Ergänzen Sie die passenden Fragen.**

Welche
Welcher   ...
Welches

| Stadt ◆ Berg ◆ See ◆ Bundesland ◆ Industrie ◆ Wirtschaftszweig |

 Waagerecht

3 *Welcher Wirtschaftszweig*   ist für die Schweiz und Österrreich besonders wichtig?
7 *Welch*   ist 4478 m hoch?
9 _____ ist die Hauptstadt der Schweiz?
10 _____ an der Donau liegt etwa 100 km von Salzburg entfernt?
12 _____ liegt zwischen Thun und Interlaken?
16 _____ liegt im Westen von Österreich?
17 _____ liegt an der deutschen Grenze südöstlich von München?
18 _____ ist in der Schweiz wichtig?

 Senkrecht

1 _____ liegt im Süden von Österreich?
2 _____ ist die Hauptstadt Österreichs?
3 _____ liegt neben Vorarlberg?
4 _____ liegt neben Kärnten?
5 _____ liegt im Nordwesten der Schweiz?
6 _____ ist der höchste in der Schweiz?
8 _____ liegt im Südwesten der Schweiz?
11 _____ liegt in Tirol?
13 _____ liegt beim Matterhorn?
14 _____ liegt in der Steiermark?
15 _____ liegt bei den Berner Alpen?

Machen Sie ein ähnliches Rätsel mit sechs bis zehn Fragen zu Ihrem Land. Tauschen Sie die Rätsel im Kurs und lösen Sie das Rätsel.

KURSBUCH
D 6

Eine Italienerin in Wien

Lesen Sie den Brief und korrigieren Sie die Fehler.

Wien, den 14. Juli 1998

Liebe Tante Ute,

(angekommen)   (gelernt)

ich bin ~~gekommen~~ gut in Wien \ und habe ~~gelernen~~ schon viel Deutsch | .

(schreiben)

Ich kann ~~schreiben~~ sogar schon Briefe auf Deutsch | !

Ich wohne hier bei Familie Broschek. Sie sind sehr nett, aber sie sprechen kein Italienisch. Ich muss sprechen den ganzen Tag Deutsch, das ist ganz schön anstrengend! Die Tochter von Broscheks heißt Franziska. Sie ist 17 Jahre alt, genau wie ich. Sie lernt Italienisch in der Schule, aber sie kann sprechen noch nicht sehr gut. Wir gehen jeden Tag zusammen zur Schule. Gestern in der Italienischstunde ich war die Lehrerin. Die anderen Schülerinnen haben gefragt, und ich habe erzählen über das Leben in Italien.

Nachmittags ich und Franziska machen zusammen Hausaufgaben oder wir besuchen die Freundinnen von Franziska. Ein Mädchen, Mela, hat eingeladet mich für nächsten Sonntag: Wir wollen fahren zum Neusiedler See. Gestern Franziska hat gemacht mit mir einen Stadtbummel und gezeigt mir den Stephansdom und das Hundertwasser-Haus. Dann wir sind gegangen in das berühmte Café Central – Cappuccino heißt hier Melange. Am Samstag wir haben begesucht alle das Schloß Belvedere und haben gemacht einen Spaziergang im Schloßpark. Am Sonntag wir waren im Prater (Wiener Tivoli) und haben gefahrt mit dem Riesenrad. Abends sind wir meistens zu Hause. Wir spielen Karten („Schnapsen"), hören Musik oder lesen. Nächste Woche wir wollen besuchen das Musical „Tanz der Vampire".

Ich bleibe noch 2 Wochen hier in Wien, bitte schreibt mir mal!
Bussi (so sagt man hier „un bacione"), deine
Simona

Liebe Franziska,
dies ist ein Brief an meine Tante Ute in Freiburg. Du weißt, ich habe Probleme mit dem Perfekt und mit den Sätzen. Bitte korrigiere die Fehler (aber nur die Grammatik, nicht den Inhalt!) Bis heute Abend. Bussi, Simona

Arbeiten Sie zu zweit und vergleichen Sie Ihre Korrekturen.

Hören Sie das Telefongespräch und markieren Sie.

1/43

1 Wer ruft an?

    a) Franziska bei Simona

    b) Simona bei Franziska

2 Wo ist Franziska?

    a) im Wienerwald

    b) zu Hause

3 Wo ist Simona?

    a) im Wienerwald

    b) in der Disko

4 Warum ist Franziska sauer?

    a) Weil Simona immer mit Tobias weggeht.

    b) Weil Simona im Brief viele Fehler gemacht hat.

Was ist wirklich passiert? Ergänzen Sie die richtigen Formen der Verben.

gehen ◆ sein ◆ warten ◆ anrufen ◆ korrigieren ◆ fahren ◆ machen ◆ haben ◆ finden

1 Franziska _____ heute den ganzen Nachmittag auf Simona _____ .

2 Simona _____ mit Tobias im Wienerwald. Sie hat erst spät bei Franziska _____ .

3 Am Samstag _____ Simona und Tobias nach Grinzing _____ ,
   und am Sonntag _____ Simona mit Tobias im Prater.

4 Gestern _____ Simona nicht in der Schule. Sie _____ mit Tobias einen Stadtbummel _____ .

5 Am nächsten Sonntag wollen Simona und Tobias zum Neusiedler See _____ .

6 Nächste Woche wollen Simona und Tobias zu einem Rockkonzert _____ .

7 Franziska _____ sauer, weil Simona nie Zeit _____ und immer mit Tobias weggeht.

8 Franziska _____ den Brief von Simona _____ und viele Fehler _____ .

Was passt zusammen? Hören Sie noch einmal das Telefongespräch und ergänzen Sie.

~~sauer~~ ◆ doof ◆ peinlich ◆ interessant ◆ lustig ◆ verliebt ◆ viele (Fehler) ◆ gut ◆ anstrengend

echt   *sauer,* _____

total _____

irre   _____

> Neben „sehr", „wirklich" oder „ganz" gibt es noch viele andere „Verstärker", vor allem in der Umgangssprache. Das sind oft Modewörter: heute „in", morgen schon wieder „out".

Franziska erzählt ihrer Freundin Lena von Simona und Tobias.

Sie sind Franziska. Schreiben Sie einen Brief an Lena.

Wien, den 15. Juli 1998

Liebe Lena,

ich habe zur Zeit Besuch, bei uns wohnt eine italienische Austauschschülerin. Sie heißt Simona und ist 17 Jahre alt, genau wie ich. Sie spricht schon sehr gut Deutsch und sie ist sehr nett. Leider hat sie hier einen Jungen aus meiner Schule kennen gelernt und ist total verliebt. Immer geht sie mit ihm weg, nie hat sie Zeit für mich. Gestern ...

Der Ton macht die Musik

F 1

1/44

Hören und vergleichen Sie.

„S" spricht man im
Deutschen [s] oder [z].

[s] hart (stimmlos)	[z] weich (stimmhaft)
Kurs	Kurse
es ist	Sommer
wir essen	Gemüse
eine große	Dose

F 2

1/45

[s] oder [z]? Hören Sie, sprechen Sie nach und markieren Sie.

	[s]	[z]		[s]	[z]		[s]	[z]
Sonntag		X	Dis-ko			dreißig		
ist	X		Mu-sik			Pässe		
außerdem	X		Glas			heißen		
alles			Saft			rei-sen		
sehr			Tasse			Bus		
gün-stig			Suppe			bis		
super			etwas			sofort		
Preis			Kä-se			Schluss		

Ergänzen Sie die Regeln.

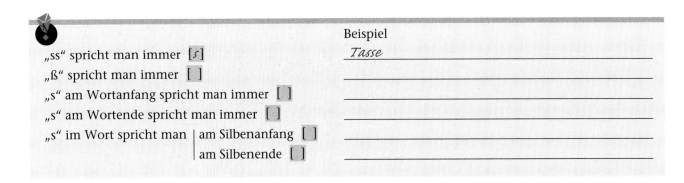

	Beispiel
„ss" spricht man immer [s]	_Tasse_
„ß" spricht man immer [ ]	
„s" am Wortanfang spricht man immer [ ]	
„s" am Wortende spricht man immer [ ]	
„s" im Wort spricht man am Silbenanfang [ ]	
am Silbenende [ ]	

F 3

Wo spricht man [z]? Markieren Sie.

Haus	Häuser	sauer	als	al-so	fließen
sicher	sechs	hast	Sachen	be-suchen	begrüßen
sehen	Süden	Os-ten	Kur-se	Kasse	Glä-ser
Sams-tag	selten	Flüsse	lei-se	le-sen	Sonne
Reis	Re-ise	süß	Pau-se	interessant	Sofa

1/46   **Hören Sie, sprechen Sie nach und vergleichen Sie.**

Hören Sie, sprechen Sie nach und markieren Sie [ʃ].

Schule	Mensch	Flasche	zwischen	schenken	falsch
Sport	spät	spielen	spannend	sprechen	Spanisch
Bei-spiel	Ge-spräch	Haus-par-ty	Aus-spra-che	Pros-pekt	Ver-spä-tung
Streit	Stunde	still	Stock	stark	Stück
ver-steht	flüs-tern	be-stimmt	Fest	lus-tig	an-stren-gend
Sprech-stun-de	Herbst-spa-zier-gang	Gast-spiel	Schau-spie-ler	Geburtstagsparty	

Ergänzen Sie die Regeln.

_____ spricht man immer	[ʃ]	**Beispiel**
_____ am Wort- oder Silben**anfang** spricht man fast immer	[ʃp]	*Schule, Deutsch*
_____ am Wort- oder Silben**anfang** spricht man fast immer	[ʃt]	

Die Silbenmarkierungen finden Sie im Wörterbuch.

Ge·burts·tags·kind *das*; *hum*; j-d, der gerade Geburtstag hat: *Das G. lebe hoch!*

Sprech·stun·de *die*; e-e bestimmte Zeit, in der man z. B. zu e-m Arzt, zu e-m Lehrer o. Ä. gehen kann, um sich e n R at zu holen od. um Fragen zu stellen

Üben Sie.

stimmloses „s" = [s]
Sagen Sie „Passs".

„sch" = [ʃ]
Sagen Sie weiter „sssssssss" und machen Sie die Lippen rund (wie bei „o"):
[s] wird zu [ʃ]
Sagen Sie „schschschschsch" – „schschsch" – „sch" – „sch"…

Sagen Sie: schon, schön, spät, still
Sagen Sie: Es ist schon spät – es ist schön still …

Hören und sprechen Sie.

Flüster-Gespräch

Es ist so still.
Pssst!
Was ist los?
Sei still!
Wieso?
Psst!
Was soll das?
Mist!
Was ist Mist?
Musst du ständig sprechen?
  Sei jetzt still!

Wieso soll ich nicht
  sprechen?
Psst!
Sag' sofort wieso!
Schade.
Was ist schade?
Es war so schön still hier, bis
  du …
Bis ich was?
Bis du das gesagt hast.
Bis ich was gesagt habe?
Bis du gesagt hast: Es ist so still.

Anstrengende Gastspiele

Gestern Stuttgart, heute Münster,
morgen Bus bis Düsseldorf.
Reisen – spielen – spielen – reisen,
Samstag, Sonntag Spätvorstellung.
Starke Stücke, schlechte Stücke,
zwischen Stücken süße Stücke.
Sehr selten sind Pausen,
die Stimme schon leise,
aber die Kasse stimmt.

G 1-G 3

Rund um den Urlaub

Wie Herr Sebastian Gsangl zum ersten Mal richtig Urlaub gemacht hat.

(nach einer Geschichte von Reiner Zimnik)

G 1 **Lesen Sie die Überschrift. Was für ein Mensch ist „Herr Sebastian Gsangl"? Was meinen Sie?**

Geburtsort ◆ Wohnort ◆ Alter ◆ ledig/verheiratet ◆ Beruf ◆ Hobbys ◆
Was mag er (nicht)? ◆ Was kann er (nicht)? ◆ Was wollte er schon immer einmal?

G 2 **Lesen Sie den Anfang der Geschichte.**

Alle wollen immer nur das tun, was alle anderen auch tun. Aber Gottseidank gibt es noch ein paar Leute, die das tun, was sie selbst tun wollen.
Zum Beispiel Herr Sebastian Gsangl aus München. Er liebt seine Heimat, geht jede Woche zum Stammtisch in die Kneipe um die Ecke, trifft dort seine „Spezeln", trinkt Bier, spielt Karten und redet über Gott und die Welt. Nur im Sommer sitzt er oft alleine in der Kneipe und trinkt sein Bier – seine Spezeln sind dann weit weg, in Urlaub. Sebastian Gsangl wollte nie in Urlaub fahren und ist sein ganzes Leben lang gerne in München geblieben. Hier war er rundum glücklich und zufrieden …

Was passt zusammen? Markieren Sie.

1	„… das tun, was alle anderen auch tun."		alles ist in Ordnung, es gibt keine Probleme
2	„… das tun, was sie selbst wollen."	*1*	„Alle Leute fahren in Urlaub, da fahre ich natürlich auch in Urlaub."
3	„… redet über Gott und die Welt."		fester Termin mit Freunden in der Kneipe
4	„… Stammtisch in der Kneipe um die Ecke"		Individualisten
5	„… rundum glücklich und zufrieden."		spricht über alle Themen

G 3 **Lesen Sie weiter.**

… Im Herbst sind seine Spezeln dann alle wieder da, mit braungebrannten Gesichtern, und erzählen vom Urlaub. „Warum fährst du denn nie in Urlaub?", sagen sie. „Fahr doch mal in den Süden, da hast du von morgens bis abends Sonne." „Du musst einfach mal was für deine Gesundheit tun." „Andere Länder kennen lernen – das ist doch interessant." „Jeder Mensch braucht mal Abwechslung." Jedes Jahr hat Sebastian Gsangl die guten Ratschläge seiner Freunde ignoriert. Aber schließlich haben sie ihn doch überredet.

Was für einen Urlaub wird Sebastian Gsangl wohl machen? Ergänzen Sie.

Urlaubsart: _____   Verkehrsmittel: _____

Urlaubsland: _____   Aktivitäten: _____

Sebastian Gsangl bereitet seine Reise vor. Was macht er alles? Lesen Sie weiter.

… Und so ist Sebastian Gsangl dann zum ersten Mal in seinem Leben in ein Reisebüro gegangen und hat einen Flug in den Süden gebucht – eine vierzehntägige Reise nach Sizilien für 1400 Mark. Das war zwar etwas teuer, aber dafür auch „alles inklusive, mit allem Komfort".

Sebastian Gsangl ist ein gründlicher Mensch. Er hat sofort mit den Reisevorbereitungen angefangen. Zuerst ist er in die Buchhandlung gegangen und hat groß eingekauft: einen Italienführer, ein Buch über die Pflanzen- und Tierwelt Siziliens, ein Sprachbuch „Italienisch für Touristen" und eine Landkarte von Süditalien. Und zu Hause hat er dann gelesen. „Um Gottes Willen", sagte er zu sich selbst, „überall Schlangen und Skorpione, das Wasser darf man nicht trinken, und die Hitze kann man kaum aushalten." Gleich am nächsten Tag ist er in die Apotheke gegangen: Schmerztabletten, Halspastillen, Magentropfen, Fieberzäpfchen, Hautsalben und Sonnencreme – eine ganze Tüte voll.

Alle Bekannten haben ihm gratuliert: „Sie haben's gut. Sie können in den Süden fahren und müssen nicht hierbleiben, in diesem schrecklichen Regenwetter." Aber Sebastian Gsangl hatte keine Probleme mit dem Regen – er hatte einen Regenschirm.

Dann hat er Abschied genommen. Jeden Tag ist er durch die Straßen gegangen, hat alle Sehenswürdigkeiten besucht und sogar Fahrradausflüge in die Umgebung gemacht. „Was für ein schönes Land", sagte er dann traurig, „und ich muss es bald verlassen!"

Ohne Begeisterung hat er schließlich die Koffer gepackt und sich zum letzten Mal in sein bequemes Bett gelegt. In dieser Nacht ist er lange nicht eingeschlafen und hat viel nachgedacht – über Sizilien, über München, über seine Spezln und vor allem über sich selbst.

Was hat Sebastian Gsangl alles gemacht? Markieren Sie.

eine Reise gebucht	Medikamente gekauft	sich von München verabschiedet
den Pass verlängert	Geld gewechselt	die Koffer gepackt
Bücher gekauft	einen Regenschirm gekauft	seine Mutter besucht

Arbeiten Sie zu zweit und schreiben Sie die Geschichte zu Ende.

Vergleichen Sie Ihre Geschichten. Dann lesen Sie das Original. Welcher Schluss gefällt Ihnen am besten?

Der Jet nach Sizilien ist pünktlich abgeflogen, am nächsten Morgen um 9.40 Uhr. Die Maschine war ziemlich voll – aber nicht ganz voll. Es gab einen leeren Platz. Sebastian Gsangl war zufrieden. Er durfte jetzt für 1400 Mark zu Hause Urlaub machen. Er ist spät aufgestanden, hat dann Frühstück gemacht und ist dann mit dem Fahrrad an die Isar gefahren. Der Himmel war blau, es war angenehm: nicht zu heiß und nicht zu kalt. Sebastian Gsangl hat an der Isar im Gras gelegen – ganz ohne Schlangen – und eine Virginia geraucht. „Was für ein schönes Land", sagte er zu sich selbst, „was für ein schöner Urlaub!"

Hören und antworten Sie.

Sie fahren in Urlaub. Ihre Freundin gibt Ihnen Ratschläge, aber Sie haben alles schon gemacht.

Beispiele:

● *Drei Wochen Urlaub – du hast es gut! Da hast du ja jetzt viel zu tun: Du musst alles vorbereiten.*

■ *Ich **hab' schon** alles vorbereitet.*

● *Du hast schon alles vorbereitet? Wirklich? Hast du denn schon deinen Chef gefragt? Du musst rechtzeitig Urlaub nehmen.*

■ *Ich **hab' schon** Urlaub genommen.*

● *Du hast schon Urlaub genommen. Gut. Und was ist mit deinem neuen Pass? Musst du den nicht noch abholen?*

■ *Den **hab'** ich **schon** abgeholt.*

● *Den hast du schon abgeholt. Aha. Vergiss nicht zur Bank zu gehen: Du musst Peseten holen.*

■ *…*

alles vorbereiten	(Medikamente) kaufen	einen (Reiseführer)	die (Nachbarn) fragen
Urlaub nehmen	das (Auto) reparieren	besorgen	Mutter besuchen
den (Pass) abholen	einen Spanischkurs	den (Reiseführer) lesen	die (Koffer) packen
Peseten holen	machen	die (Karte) anschauen	

Kurz & bündig

Urlaub – die schönste Zeit des Jahres

Wo und wie möchten Sie gerne einmal Urlaub machen?

Das Perfekt

Wann benutzt man das Perfekt?

Wo stehen die Verben?

Perfekt mit „sein"
ist gekommen,

Das Partizip Perfekt
regelmäßige Verben
gewartet,

trennbare Verben
eingekauft, aufgestanden,

nicht-trennbare Verben
besucht, vergessen,

Verben auf „-ieren"
telefoniert,

wichtige unregelmäßige Verben
gegangen,

Wortakzent: Welche Partizipien passen hier?

● ●●   ● ●●●   ●●   ●●●

Was haben Sie an Ihrem letzten Geburtstag / in Ihrem letzten Urlaub gemacht?

Mein Heimatland

Wo? Geografie? Hauptattraktionen? Spezialitäten? …

Interessante Ausdrücke

„Gesundheit!" – „Danke."

Der Körper

A

1 **Malen Sie die Bilder zu Ende. Überlegen Sie: Wie heißen die Körperteile auf Deutsch? Sagen Sie die Wörter laut.**

2 **Suchen Sie die Körperteile und schreiben Sie die Namen zu den passenden Bildern.**

```
T  B  A  U  C  H  H  S  T  A
U  R  Ü  C  K  E  N  C  R  R
A  U  G  E  N  F  N  H  D  M
B  S  L  A  I  D  M  U  N  D
U  Z  H  R  E  N  N  Y  F  H
S  K  J  L  L  G  E  T  U  A
E  H  L  B  Ü  E  P  E  ß  X
N  A  S  E  O  R  W  R  L  R
T  N  A  I  K  O  P  F  A  E
K  D  A  N  D  V  O  H  R  W
```

1 _____

2 _____

3 _Bein_____

4 _Bauch_____

5 _____

6 _____

7 _____

8 _____

9 _____

10 _____

11 _____

12 _____

13 _____

Schreiben Sie Wortkarten zu den neuen Wörtern und üben Sie zu zweit.

A 4

Lesen Sie den Anfang des Textes und markieren Sie.

Ein Hypochonder

a) ... geht nie zum Arzt.

b) ... ist ein Mensch, der alle Krankheiten kennt, obwohl er kein Arzt ist.

c) ... ist eigentlich gesund, aber er meint immer, dass er krank ist.

d) ... wird nicht alt, weil er immer krank ist.

e) ... ist ein Mensch, der immer Angst hat, dass er krank ist.

Mein Freund Martin

Hypochonder sind Menschen, die sich pausenlos um ihre Gesundheit sorgen. Zweimal täglich haben sie eine neue Krankheit. Sie wissen alles über Medizin und kennen jedes Symptom mit seinem lateinischen Namen. Martin, mein Freund, ist so ein Mensch. Er ist gut informiert: Unter seinem Bett liegt „Knaurs Großes Gesundheitslexikon. Ein Ratgeber für Gesunde und Kranke". Er sieht alle Fernsehsendungen zum Thema Krankheiten. Und eins ist sicher: Am Tag nach einer Sendung sitzt er beim Arzt, weil er glaubt, dass er diese Krankheit hat.

 Lesen Sie den Text weiter und markieren Sie die Krankheiten und Körperteile.

Lerntipp:

Üben Sie „Wörter suchen" mit unbekannten Texten: Lesen Sie die Überschrift und die ersten Sätze. Jetzt kennen Sie das Thema und können raten: Welche Wörter sind vielleicht noch im Text? Machen Sie eine Liste mit 5–10 Wörtern. Lesen Sie schnell weiter und suchen Sie „Ihre Wörter" im Text. Wenn Sie ein Wort im Text finden, unterstreichen Sie das Wort. Wie viele Wörter haben Sie gefunden? Sind Sie ein(e) gute(r) Hellseher(in)?

Stündlich misst er seinen Blutdruck, und wenn er ein bisschen Husten hat, ist seine Diagnose: Tuberkulose oder Lungenkrebs. Ich achte nicht so sehr auf meine Gesundheit. Wenn ich huste, dann habe ich Husten. Und wenn die Nase läuft, fällt mir nur Schnupfen ein. Vor zwei Wochen hatte Martin Bauchschmerzen. „Ich habe bestimmt ein Magengeschwür." Wir hatten den Abend vorher gefeiert und zu viel gegessen, kein Wunder also ... Das habe ich Martin gesagt, aber er war trotzdem beim Arzt. Der Arzt konnte keine Krankheit feststellen. Vor einer Woche hatte Roland Herzschmerzen. „Das sind die ersten Zeichen für einen Herzinfarkt.", sagte er. Aber auch diesmal konnte der Arzt nur sagen: „Sie sind kerngesund!" Ich glaube, er hatte Liebeskummer: Seine Freundin hatte ihn verlassen, da tut das Herz eben weh. Einmal in sechs Jahren war Martin wirklich krank, eine schlimme Grippe mit Fieber, Husten und Kopfschmerzen. Martin ist diesmal nicht zum Arzt gegangen. „Das hat keinen Sinn mehr. Es ist nicht nur eine Erkältung", sagte er. Seine Diagnose: Endstadium einer Krankheit, von der ich noch nie gehört habe. Gute Freunde können manchmal ganz schön schwierig sein!

Sortieren Sie.

„normale" Krankheiten	„schwere" Krankheiten
Husten	Tuberkulose

Was passt?

haben ◆ sein ◆ (ein)nehmen ◆ werden

1 müde   *sein / werden*
2 krank
3 gesund
4 Kopfschmerzen
5 Tabletten
6 Bauchschmerzen
7 Rückenschmerzen
8 Tropfen
9 Medikamente

10 zu dick
11 hohen Blutdruck
12 eine Erkältung
13 Übergewicht

Er ist krank.

Sie wird krank.

Geben Sie gute Ratschläge. Spielen oder schreiben Sie kleine Dialoge.

ein paar Probleme	ein paar Ratschläge
immer müde	weniger rauchen, nicht so lange fernsehen, …
zu dick	mehr Sport treiben, Gymnastik machen, …
nervös	ein Glas Sekt trinken, keinen Alkohol trinken, …
immer zu spät	keine Süßigkeiten essen, viel Obst essen, …
Termine vergessen	alles aufschreiben, …
…schmerzen	einen lauten Wecker kaufen, einen Kalender kaufen, …
Fieber haben	eine Tablette nehmen, im Bett bleiben, …
nicht einschlafen können	zum Arzt gehen, Medikamente nehmen, …
zu wenig schlafen	nicht so viel arbeiten, mal Urlaub machen, …
Angst vorm Fliegen haben	mehr schlafen, früher aufstehen, früher ins Bett gehen, …
…	…

Ich habe oft furchtbare Kopfschmerzen! ↘ *Was soll ich nur tun?* ↘
     Du solltest weniger rauchen, → *keinen Alkohol trinken* → *und nicht so lange fernsehen.* ↘
          …

Hören und antworten Sie.

So, liebe Hörerinnen und Hörer, und jetzt die neue Runde unseres Spiels „Kurze Frage – kurze Antwort – guter Grund." Und hier ist schon unser erster Kandidat am Telefon. Guten Tag, Sie kennen die Spielregeln? Fangen wir gleich an. Erste Frage:

> *Wo möchten Sie wohnen: in der Stadt oder auf dem Land?*
>   *In der Stadt – das ist interessanter.*   oder   *Auf dem Land – das ist ruhiger.*
> *Und wie möchten Sie da wohnen? In einer Wohnung oder in einem Haus?*

in der Stadt (interessant)	auf dem Land (ruhig)
in einer Wohnung (billig)	in einem Haus (groß)
mit Bus und Bahn (schnell)	mit dem Auto (praktisch)
telefonieren (einfach)	schreiben (schön)
selbst kochen (gesund)	Fertiggerichte kaufen (praktisch)
im Feinkostladen (gut)	im Supermarkt (billig)
ins Restaurant (gut)	in die Kneipe (gemütlich)
fernsehen (interessant)	Radio hören (informativ)
Volleyball (lustig)	Fußball (interessant)
Urlaub am Meer (schön)	Urlaub in den Bergen (schön)
auf dem Campingplatz (billig)	im Hotel (bequem)
300 DM (viel)	100 000 Lire (viel)

Sortieren Sie die Antworten.

Seit zwei, drei Wochen. ◆ Danke. ◆ Hier unten. Aua! ◆
Nein. Ich weiß nicht, warum ich Rückenschmerzen habe. ◆
Ja, das stimmt. Ich arbeite am Bildschirm. ◆ Auf Wiedersehen. ◆ Ja, ich werde es versuchen. ◆
Na ja, ich möchte schon mehr Sport machen, aber viel Zeit bleibt da nicht. ◆
Guten Tag, Herr Doktor!✓◆ Sekretärin. ◆ Mein Rücken tut so weh.

Der Arzt sagt.	Die Patientin antwortet.
Guten Tag, Frau Rathke!	*Guten Tag, Herr Doktor!*
Was fehlt Ihnen denn?	
Seit wann haben Sie denn die Schmerzen?	
Haben Sie etwas Schweres gehoben?	
Wo tut es denn weh?	
Was sind Sie denn von Beruf.	
Und da sitzen Sie wahrscheinlich viel.	
Treiben Sie denn in Ihrer Freizeit Sport?	
Tja, ich verschreibe Ihnen mal Massagen.	
Und dann sollten Sie viel schwimmen und spazieren gehen …	
Gut. Kommen Sie in zwei Wochen noch mal vorbei. Dann sehen wir weiter.	
Auf Wiedersehen und gute Besserung.	

**Hören und vergleichen Sie. Markieren Sie den Satzakzent (＿)
und die Satzmelodie (↗ ↘ →).**

Schreiben und spielen Sie einen Dialog.

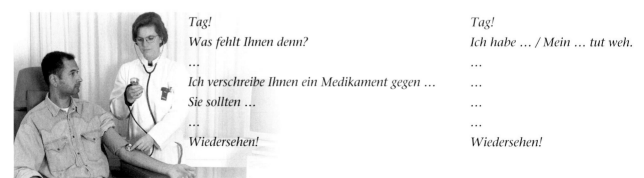

Tag!
Was fehlt Ihnen denn?
…
Ich verschreibe Ihnen ein Medikament gegen …
Sie sollten …
…
Wiedersehen!

Tag!
Ich habe … / Mein … tut weh.
…
…
…
…
Wiedersehen!

Gesunde Ernährung

1

Was essen und trinken Sie gern?

Schreiben Sie Ihr Lieblingsessen und Ihr Lieblingsgetränk auf einen Zettel.

Legen Sie die Zettel auf einen Tisch und nehmen Sie einen neuen.
Raten Sie: Wer hat den Zettel geschrieben?

Hamburger
Cola

KURSBUCH
B 1–B 6

2

Wer muss auf seine Figur und auf seine Gesundheit achten? Was meinen Sie?

Fotomodell ◆ Arzt ◆ Politiker ◆ Gesundheitsminister ◆ Schauspieler ◆ Friseur ◆
Verkäufer ◆ Journalistin ◆ Fotografin ◆ Pilot ◆ Sportler ◆ Lehrer ◆ …

Ein Fotomodell muss schlank sein, → sonst bekommt es keine Aufträge. ↘
Ein Gesundheitsminister sollte ein gutes Beispiel geben → und gesund und fit sein. ↘
Wieso? ↗ Das sind doch auch nur Menschen. ↘ Sie haben doch dieselben Probleme
wie alle Leute. ↘
…

3

Wie finden Sie Diäten?

Viele Leute machen eine Diät, weil

Bei uns in
Ich kenne   *Diät .*
Man darf nur   *essen und kein*

Ich mache   *Diät, weil*

Ich finde Diäten

Lesen Sie die Zitate. Wie finden die Prominenten Diäten?

1

Elizabeth **Taylor,** 67
Schauspielerin

„Wenn Diäten das Versprechen vom schnellen Abnehmen überhaupt einlösen, dann sind sie meistens ungesund; und am Ende wirkt man kaputt und um gut zehn Jahre älter."

2

Cindy **Crawford,** 33
Fotomodell

„Ich ernähre mich konsequent nach einem extra für mich berechneten Plan: viel Fisch, Gemüse, Salat, Obst, kaum Fett."

3

Marie-Luise **Marjan,** 58
Schauspielerin

„Früher habe ich mich zu dick gefühlt, heute bin ich mit meinem Körper im Einklang. Es ist alles da, wo es hingehört. Jede Frau muss ihren Typ finden und dazu stehen. Diäten sind jedenfalls unnormal."

4

Helmut **Kohl,** 68
Politiker

„Fasten bedeutet mehr, als nur Pfunde zu verlieren. Fasten ist für mich eine Phase der Besinnung, um Geist und Körper fit zu machen. Es bekommt mir hervorragend."

Lesen Sie das Interview und ergänzen Sie die Sätze.

Herr Dr. Kundel, was fällt Ihnen zum Thema Diät ein? ✓◆ Herr Dr. Kundel, wir danken Ihnen für das Gespräch. ◆ Was sagen Sie als Wissenschaftler zu den neuen Light-Produkten? ◆ Welche Tipps können Sie den Leuten, die abnehmen wollen, noch geben? ◆ Wieso können Diäten dick machen?

Schlanker, schöner, gesünder durch Diäten?

Jedes Jahr im Frühling sind die Frauenzeitschriften voll mit Diäten. Und immer wieder werden neue Diät-Formen entwickelt und propagiert. Hier nur einige Beispiele:

DIE HOLLYWOOD-DIÄT
7 PFUND WEG IN 5 TAGEN

Nehmen Sie leicht und schnell ab mit der Null-Diät

Tee-Saft-Fasten
Dauerhaft gesund und schlank

DIE NEUE Brigitte -Diät
Fünf Teilnehmer berichten über ihre Erfahrungen

Gesund abnehmen mit
Dr. Meiers
Fertiggerichten

Der Sommer kommt!
Machen Sie mit bei der neuen
SCHLANKHEITS-DIÄT
und Ihr Bikini passt wieder!

Das Ergebnis: Fast alle Diäten helfen nichts. Und was noch schlimmer ist: Kaum ist eine Diät auf dem Markt, gibt es die ersten Warnungen von Wissenschaftlern: „Vorsicht! Die XY-Diät macht krank." „Herzinfarkt nach Hungerkur!" …
Wer weiß da noch, was gut und was schlecht für die Gesundheit ist! Deshalb befragten wir Dr. Volker Kundel, Ernährungswissenschaftler aus Göttingen.
Die FRAU: *Herr Dr. Kundel, was fällt Ihnen zum Thema Diät ein?*
Misserfolg. Bei Kanzler Kohl ist deutlich zu sehen, dass man damit von Jahr zu Jahr dicker werden kann.

Die FRAU: _____
Ganz einfach: Wenn der Körper weniger Energie bekommt, geht er auch sparsamer mit der Energie um. Der sogenannte „Grundumsatz" wird niedriger. Wenn man zwei bis drei Wochen weniger isst und danach wieder ganz normal, nimmt man ganz schnell wieder zu. Der Körper ist noch darauf eingestellt, mit wenig Nahrung auszukommen. Er braucht länger, um sich auf die neuen Portionen einzustellen.

Die FRAU: _____
Also Light-Produkte helfen nicht, wenn man sich falsch ernährt. Außerdem glauben viele, sie können dann mehr essen, weil die Lebensmittel ja weniger Kalorien haben. Am besten kauft man erst gar keine Light-Produkte, die sind noch dazu teurer als normale Lebensmittel.

Die FRAU: _____
Am wichtigsten ist: Wer abnehmen will, muss das ganz langsam tun. Man sollte, wie schon gesagt, die Ernährung umstellen: weniger Fett und mehr Obst, Salat, Gemüse, Nudeln und Kartoffeln. Und was noch wichtig ist: Man sollte sich kein Lebensmittel total verbieten.

Die FRAU: _____

Lesen Sie den Text noch einmal und markieren Sie die Adjektiv-Formen.

6

Ergänzen Sie die passenden Formen und die Regel.

	Komparativ	Superlativ	
schlimm	schlimm**er**	**am** schlimm**sten**	**die/der/das** schlimmste
viel	**mehr**	**am** meisten	**die/der/das** meiste
wenig		**am** wenig**sten**	
dick			
gut			
wichtig			
lang			
schön			
gesund		am gesündesten	
schlank			
teuer		am teuersten	
sparsam			
niedrig			
langsam			
schnell			

Adjektive kann man steigern. Man bildet den _____ meistens mit der Endung „-er".

Vergleicht man Menschen oder Sachen, benutzt man den _____ + „als".

Es gibt zwei Superlativ-Formen:

1 _____ + Endung „-(e)sten" (ohne Nomen),

2 die/der/das + Adjektiv + Endung _____ (mit Nomen).

7

Höher, größer, schneller …? Vergleichen Sie.

Die Inlineskates sind schneller als das Fahrrad.
Ich glaube aber, sie sind gefährlicher.
…

Finden Sie weitere Vergleiche.

Finden Sie die passenden Superlative.

teuer ◆ groß ◆ jung ◆ erfolgreich ◆ bekannt ◆ viel ◆ wertvoll

1 Die Galactic Fantasy Suite im Kasino Hotel Crystal Palace Resort auf den Bahamas kostet 25 000 Dollar pro Nacht. Das ist das _____ Hotelzimmer der Welt.

2 Das MGM Grand Hotel in Las Vegas hat 5009 Zimmer. Es ist das _____ Hotel der Welt.

3 Peter Zank ist 219 cm groß. Er ist der _____ lebende Österreicher.

4 Kennen Sie „Mona Lisa"? Das Gemälde ist im Louvre in Paris. Es ist das _____ Bild der Welt.

5 Aus Österreich kommt das _____ Weihnachtslied: „Stille Nacht, heilige Nacht".

6 Robert und Carmen Becker sind das Ehepaar, das die _____ Reisen gemacht hat. Sie waren in 192 Ländern.

7 Gari Kasparow war 22 Jahre alt, als er Schachweltmeister wurde. Er war der _____ Schachweltmeister aller Zeiten.

8 Die _____ Rockgruppe waren die Beatles. Bis heute verkauften sie mehr als 1 Milliarde Platten und Cassetten.

C   Essen in Deutschland

C 1   Was sind die Leute von Beruf? Schreiben Sie die passenden Berufe unter die Fotos.

Model ◆ Gewichtheber ◆ Ärztin ◆ Jockey

C 2   Was essen und trinken die Leute oft, selten, gar nicht … ? Was meinen Sie?

Ich glaube, der Gewichtheber isst viel Fleisch.
Ja, das glaube ich auch, er braucht viel Eiweiß .
…

C 3   Was machen die Leute, wenn sie krank sind? Wer sagt was?

1 Wenn ich mich schlecht fühle, …   *2 Wenn ich krank bin, …*   *3 Wenn ich eine Erkältung habe, …*

3 … lege ich mich ins Bett.

… bekomme ich mein Lieblingsessen.

… dann darf ich nicht mit meinen Freunden spielen.

… nehme ich Tabletten und arbeite weiter.

… dann gehe ich sofort zum Arzt.

… muss ich im Bett bleiben.

… kann ich nicht zu Hause bleiben, sondern muss weiterarbeiten.

 **Hören und vergleichen Sie.**

Ergänzen Sie die Sätze aus C3. Markieren Sie dann die Verben und ergänzen Sie die Regel.

1 Wenn ich mich schlecht fühle, _____

2 Wenn ich krank bin, _____

3 Wenn ich eine Erkältung habe, _____

am Ende ◆ Nebensatz ◆ das Subjekt ◆
„weil"- und „obwohl"-Sätze

1 „Wenn"-Sätze sind Nebensätze, genau wie _____ .

2 Das Verb im „wenn"-Satz steht _____ .

3 Nach „wenn" steht _____ .

4 Zwischen Hauptsatz und _____ steht ein Komma.

Und was machen Sie, wenn Sie krank sind?

Schreiben Sie das Gedicht und ersetzen Sie die Bilder durch die passenden Wörter.

Erich Fried

Was weh tut

Wenn ich dich

verliere

was tut mir dann weh?

Nicht der _____

nicht der _____

nicht die _____

und nicht die _____

Sie sind müde

aber sie tun nicht weh

oder nicht ärger*

als das eine _____ immer weh tut

Das Atmen tut nicht weh

Es ist etwas beengt**

aber weniger

als von einer Erkältung

Der _____ tut nicht weh

auch nicht der

Die Nieren*** tun nicht weh

und auch nicht das _____

Warum

ertrage ich es

dann nicht

dich zu verlieren?

   *   schlimmer; mehr

   **   schwer atmen können

   ***

Hören und vergleichen Sie.

D

C 6   **Wählen Sie ein Thema/einen „Anfangssatz" und schreiben Sie ein ähnliches Gedicht.**

    1 Wenn ich Heimweh habe, …

    2 Wenn ich krank bin, …

    3 Wenn ich Vokabeln lernen muss, … ?

    4 Wenn ich …

Was weh tut
Wenn ich Heimweh habe,
was tut mir dann weh?
Nicht . . .

D

Zwischen den Zeilen

D 1   **Machen Sie aus den Adjektiven Nomen.**

1	schön	*die Schönheit*	5	ähnlich	
2	freundlich	*die Freundlichkeit*	6	gesund	
3	unabhängig	*die Unabhängigkeit*	7	schwierig	
4	krank		8	pünktlich	

Nach „-lich" und „-ig" steht immer die Endung _____ .

Adjektive schreibt man **klein**, Nomen schreibt man _____ .

D 2   **Machen Sie aus den Verben Nomen.**

Beispiel:

    bestellen → bestell~~en~~ + -ung → **die** Bestell**ung**

1 betonen _____

2 bezahlen _____

3 liefern _____

4 lösen _____

5 üben _____

6 wohnen _____

> Nomen mit den Endungen -
> **heit, -keit, -ung**
> sind immer feminin.
> Merkwort: **die Heitungkeit**

D 3   **Ergänzen Sie passende Nomen aus D 1 und D 2.**

1 Herr Müller ist nie unfreundlich. Er ist die _____ in Person.

2 Sven kommt fast immer zu spät: _____ ist nicht seine Stärke.

3 Anja und Oliver sind Geschwister - sie haben große _____ .

4 Fit ist „in". Immer mehr Menschen achten auf ihre _____ .

5 Die Kosmetik-Industrie macht hohe Umsätze: Die Deutschen geben immer mehr Geld für die

    _____ aus.

6 Die häufigste ansteckende _____ ist der Schnupfen.

7 Für junge Leute ist eine eigene _____ der oft erste Schritt in die

    _____ .

8 Chinesen haben oft _____ mit der Aussprache von „r" und „l".

9 „Der Wortakzent ist am Anfang" heißt: die _____ ist auf der ersten Silbe.

10 _____ der Waren innerhalb von drei Tagen nach Eingang Ihrer

    _____ , _____ bar oder mit Scheck.

11 Im Schlüssel zum Arbeitsbuch finden Sie die _____ zu allen _____ .

Der Ton macht die Musik

1

Hören und vergleichen Sie.

„Ch" spricht man im Deutschen [x] [ç] [k] oder [ʃ].	[x]	[ç]	[k]	[ʃ]
	ach	ich	Charakter	Chef
	kochen	leicht	sechs	Chance

2

[x] oder [ç]? Hören Sie, sprechen Sie nach und markieren Sie.

	[x]	[ç]		[x]	[ç]		[x]	[ç]		[x]	[ç]
machen	X		Woche			möchten			euch		
Licht		X	sprechen			Küche			Brötchen		
lachen	X		Würstchen			Kuchen			brauchen		
richtig			suchen			Bäuche			manchmal		
Koch			Gespräch			glcich			Milch		
König			Griechenland			Bauch			durch		

Ergänzen Sie die Regeln.

1 Die Buchstaben-Kombination „ch" spricht man meistens als [ ].

2 Nach den Vokalen _____ und dem Diphthong _____ spricht man „ch" als [x].

3 Das „ch" in der Endsilbe „-chen" von Nomen (= Verkleinerungsform) spricht man immer [ ].

4 Am Wortende spricht man „-ig" oft als [ ], aber in Süddeutschland, der Schweiz und Österreich als „-ig" [k].

3

Wo spricht man [x]? Markieren Sie.

München	nach	schlecht	Schachtel
Durchsage	rauchen	Würstchen	echt
traurig	Gedicht	lächeln	unterstreichen
doch	gemütlich	reich	pünktlich
Bücher	vergleichen	Mittwoch	Pfennig
sicher	Sachen	besuchen	furchtbar

Hören und vergleichen Sie.

Üben Sie.

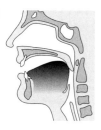

„ch" = [x]
Sagen Sie „kuk", „ku", „k". Sagen Sie „k", aber öffnen Sie die Verschlussstelle (hintere Zunge am hinteren Gaumen) nur langsam und ein bisschen: „k" [k] wird zu „ch" [x].
Sagen Sie:
der Koch macht Kuchen, auch nach Kochbuch, noch nach Wochen

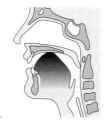

„ch" = [ç]
Sagen Sie „ja". Sagen Sie leise „ja", „jjja", „jjj". Jetzt ohne Stimmton: Holen Sie tief Luft und flüstern Sie „jjj": „jjj" [j] wird zu „chchch" [ç].

Sagen Sie:
er lacht – sie lächelt, der Koch – die Köchin, das Buch – die Bücher, auch – euch, Nacht – nicht, acht – echt

Wählen Sie ein Gedicht. Üben Sie.

Bei Gewitter
Buchen sollst du suchen.
Eichen sollst du weichen.

Nichtraucher
Wir brauchen nicht zu rauchen.
Und ihr?
Wir brauchen auch nicht zu rauchen.
Möchtest du eine?
Ich bin Nichtraucher.
Macht doch nichts.

Geburtstag
Kuchen backen
Essen kochen
mit Freunden lachen
Spiele machen
nachts noch fröhlich feiern
Gute Nacht – jetzt reicht's

F

 2/11-13 **Hören und vergleichen Sie.**

F

Typisch deutsch

Lesen Sie den Text und das Rezept. Sortieren Sie die Bilder.

Wenn die Deutschen essen gehen, dann essen sie gern international. Sie kennen Lasagne und Pitta, Kebab und Börek, Paella und … In jeder größeren deutschen Stadt gibt es griechische, spanische, chinesische, italienische … Restaurants. Gibt es keine deutsche Küche? Doch, es gibt sie. Es gibt regionale Spezialitäten und Gerichte, die man in ganz Deutschland kennt.

Wenn Sie eine typisch deutsche Speise zubereiten wollen, dann probieren Sie doch mal Kohlrouladen, auch Krautwickel genannt. Hier ist das Rezept:

Zutaten

500g Hackfleisch

1 Weißkohl

1 Ei, 1 Zwiebel

Petersilie, Salz, Pfeffer

4 Essl. Öl

1 Tasse Fleischbrühe oder Gemüsebrühe

1 Essl. Mehl

3–4 Essl. Sahne

Den Weißkohl waschen, die Blätter kurz in Salzwasser kochen. Zwiebeln und Petersilie hacken, mit dem Ei, dem Hackfleisch und den Gewürzen vermengen. Den Hackfleisch-Teig auf die Kohlblätter verteilen, zusammenwickeln und mit einem Bindfaden zusammenbinden. In heißem Öl anbraten, mit etwas Brühe übergießen, dann zudecken und bei kleiner Flamme etwa eine Stunde kochen lassen. Wenn die Krautwickel gar sind, herausnehmen. Die Brühe mit Mehl und Sahne zu einer Soße verarbeiten, dann über die Krautwickel gießen.
Dazu gibt es Salzkartoffeln oder Kartoffelpüree und Salat.

Viel Spaß beim Kochen und guten Appetit!

Esslöffel
Teelöffel

> **Infinitiv bei Anweisungen:** z.B. in Kochbüchern
> Zwiebeln **hacken.** = Hacken Sie die Zwiebeln.
> Die Krautwickel **herausnehmen.** = Nehmen Sie die Krautwickel heraus.

F

Essgewohnheiten

Welcher Name passt zu welchem Bild? Ergänzen Sie.

1 Die „Ja-Aber-Frau" ◆ 2 Der „Wie-Immer-Mann" ◆ 3 Die Mimose ◆ 4 Der Ketschup-Mann ◆
5 Die Diätspezialistin ◆ 6 Der Salzer ◆ 7 Der Sparsame

Lesen Sie die Texte. Welcher Text passt zu welchem Typ?
Ergänzen Sie die Überschriften.

A _____

Normale Esser haben ein paar Lebensmittel, die sie nicht mögen. Sie hat einige Speisen, die sie mag. Sie liest die Speisekarte keine zwei Minuten und schon kommt ihr Satz: „Knoblauch? Der bekommt mir nicht." „Von Curry kriege ich Pickel." „Ist da Schinken drin? Schinken ist zu fett für mich!" … Na, Mahlzeit!

B _____

Seine Hand wartet am Salzstreuer. Kaum ist das Essen auf dem Tisch, kommt seine typische Handbewegung: schütteln. Er salzt aus Prinzip. Er probiert das Essen vorher nicht einmal! Salz fehlt immer. Es gibt noch andere ähnliche Typen: den Ketschup-Mann und den Maggi-Mann zum Beispiel.

C _____

„Für mich bitte Wiener Schnitzel, Pommes frites und Salat." Diesen Satz werden Sie immer und immer wieder von ihm hören. Seit seinem dritten Lebensjahr isst er immer die gleichen vier Gerichte. Auch im Urlaub auf Mallorca oder sonstwo gilt: Was er nicht kennt, isst er nicht.

D _____

Das Tagesmenü besteht aus: Tomatencremesuppe, Steak und Salat, Aprikoseneis. Sie bestellt das Menü, aber sie sagt: „Statt Tomatensuppe möchte ich Gemüsesuppe, statt Steak doch lieber ein Jägerschnitzel. Aprikoseneis klingt gut! Aber es sollte doch deutlich nach Orange schmecken."

E _____

Er sagt: „Der Champagner kostet dreimal so viel wie im Supermarkt. Unglaublich! Das Menü schmeckt bestimmt sehr gut, aber fünf-und-vierzig-Mark-fünf-zich! Davon kann ich ja eine Woche lang leben." Er lädt nie Freunde in ein teures Restaurant ein. Und wenn Freunde ihn einladen, dann isst er auch nur billige Gerichte. Er ist wirklich arm dran!

Sie sind im Restaurant. Spielen Sie: die „Mimose", den „Wie-Immer-Mann" …

Wählen Sie ein Thema und schreiben Sie (aus den Stichworten) einen ähnlichen Text.

1 Die „Diätspezialistin"

ein paar Freunde ins Restaurant eingeladen – gemütliches Essen – Speisekarte kommt – alle finden schnell etwas – Brigitte nicht – Brigitte macht Diät: das Eisbein? zu fett! – das Wiener Schnitzel + die Pommes? zu viel Kalorien! Bier? ungesund! – nur Salat, Mineralwasser – die anderen essen und trinken alles, nach einer halben Stunde bestellt Brigitte: riesige Portion Mousse au chocolat – nicht mehr zuschauen können – morgen Diät!

Die Diätspezialistin
Man hat ein paar Freunde ins Restaurant eingeladen und freut sich auf ein gemütliches Essen. Die Speisekarte kommt …

2 Der „Ketschup-Mann"

3 …

Kurz & bündig

Körperteile und Krankheiten

Welche Körperteile und Krankheiten kennen Sie auf Deutsch?

Arztbesuch

Sie sind beim Arzt. Der Arzt fragt: Was fehlt Ihnen denn? Was sagen Sie?

Ratschläge geben

Ein Freund möchte abnehmen und fragt Sie um Rat. Was sagen Sie?

Komparativ und Superlativ

Meine Regel für den Komparativ:

Meine Regel für den Superlativ:

„Wenn"-Sätze

Was machen Sie, wenn Sie Heimweh haben?

Meine Regel für „wenn"-Sätze:

Essen im Restaurant

Sie sind im Restaurant und lesen auf der Speisekarte: „Schneegestöber". Sie wissen nicht, was das ist. Fragen Sie den Kellner.

?

Jemand fragt Sie nach einer typischen Speise aus Ihrem Heimatland. Was sagen Sie?

.

.

Interessante Ausdrücke

Farben und Typen

Meine Lieblingsfarbe

1

Welche Wörter sind positiv, welche negativ?

Neid ◆ Revolution ◆ Nervosität ◆ Liebe ◆ Fernweh ◆ Glaube ◆ Fantasie ◆ Aberglaube ◆ Angst ◆ Gefahr ◆ Trauer ◆ Hoffnung ◆ Ruhe ◆ Tradition ◆ Kälte ◆ Energie ◆ Wärme ◆ Treue ◆ Aktivität

+	–

Welche Wörter haben den Akzent nicht auf der ersten Silbe?

Hören und markieren Sie.

> **Nomen aus anderen Sprachen**
> Nomen mit den Endungen -tät, -ion und -ie sind immer feminin. Man betont sie auf der letzten Silbe.
> Merkwort: die **Tätionie**

KURSBUCH A 2-A 4

2

Machen Sie das Kreuzworträtsel und ergänzen Sie die passenden Wörter.

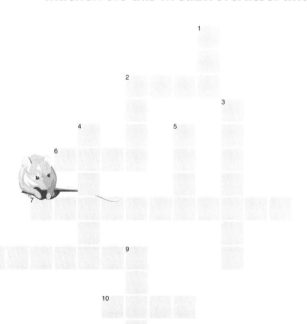

Waagerecht:

2	_____	wie ein Regenbogen
6	_____	wie eine Maus
7	_____	wie bittere Schokolade
8	_____	wie die Veilchen
10	_____	wie der Salat
11	_____	wie die Milch

Senkrecht:

1	_____	wie eine Tomate
2	_____	wie der Himmel
3	_____	wie die Nacht
4	_____	wie eine Apfelsine
5	_____	wie die Sonne
9	_____	wie das Meer

Blau steht Ihnen gut!

Was passt? Sortieren Sie die Adjektive.

hell ◆ schwarz ◆ blond ◆ rot ◆ grau ◆ graugrün ◆ glatt ◆ ~~lockig~~ ◆ braun ◆ blau ◆ blass ◆
schwarz ◆ dunkel ◆ kraus ◆ mit Sommersprossen ◆ grün

Haare   *lockig*

Augen

Haut/Teint

Beschreiben Sie nun eine Kursteilnehmerin / einen Kursteilnehmer. Die anderen raten. Machen Sie vorher Notizen.

> *Ihre Haare sind braun.*
> *Ihre Augen sind auch braun. …*
>   *Das ist …*

Ordnen Sie die Überschriften den einzelnen Abschnitten zu.

Farbtypen und Länder ◆ Farbtypen und Jahreszeiten ◆ Farben und Alter

Beim Kleiderkauf und auch beim Einrichten der Wohnung ist guter Rat oft teuer. Aus Amerika kommt jetzt die Idee der Farbberatung; von dort stammt auch der Vorschlag, die Farbtypen nach den vier Jahreszeiten zu benennen: Frühlings-, Sommer-, Herbst- und Wintertyp. Mary Spillane hatte mit ihrer „Erfindung" der Farbberatung großen Erfolg: Über 700 Beraterinnen arbeiten heute in Europa, Afrika, Asien und Australien nach ihrem System mit dem amerikanischen Namen „Color Me Beautiful".

Das beliebte Farbsystem gilt für alle Volksgruppen – aber eine ausgewogene Mischung der Jahreszeiten ist selten. In Japan beispielsweise, wo die Menschen nicht von Natur aus helle Haare oder blaue Augen haben, gibt es keine Frühlings- und Sommertypen. Auch in Indien und in Afrika sind die meisten Menschen dunkle Herbst- und Wintertypen. So ist es kein Wunder, dass ein indischer Sari meistens klare Farben oder dunkle „Gewürzfarben" enthält. In Skandinavien dagegen ist der echte Wintertyp selten, und es gibt dort mehr Frühlingstypen als in Mitteleuropa.

Persönliche Vorlieben für bestimmte Farben ändern sich mit der Zeit. Kindern gefällt ein grelles Rot oder ein kräftiges Gelb, Jugendlichen eher mattes Blau, dunkle Brauntöne oder Schwarz. Die persönliche Lieblingsfarbe von Erwachsenen kann sich immer wieder ändern, und alte Menschen haben oft eine Vorliebe für zarte Pastelltöne. Ihnen rät Mary Spillane, beim Kleiderkauf auf ihre innere Stimme zu hören: „Kaufen Sie den hellblauen Pullover, wenn er Ihnen gefällt, und einen rosafarbenen Blazer dazu!" Da siegt dann spontane Kauflust über die festen Regeln der Farbberatung …

3 **Was passt? Ergänzen Sie mit den Informationen aus dem Text.**

Land/Länder	Typ	Altersgruppen	Farbe
Indien		*Kinder*	
		Erwachsene	

4 **Suchen Sie die Adjektive im Text. Markieren Sie die Endungen und ergänzen Sie die Regel.**

	Nominativ	Akkusativ
f	*die persönliche* _____ *Lieblingsfarbe* *eine* _____ *Mischung* _____ *Kauflust*	*wie Nominativ* **!**
m	*der* _____ *Wintertyp* *ein* _____ *Sari* _____ *Rat*	*den* _____ *Pullover* *einen* _____ *Blazer* _____ *Erfolg*
n	*das* _____ *Farbsystem* *ein* _____ *Rot* _____ *Blau*	*wie Nominativ* **!**
Plural	*die* _____ *Menschen* _____ *Herbst- und Wintertypen*	*die* _____ *Regeln* _____ *Augen*

Adjektive ◆ Artikel-Ende ◆ -e ◆ ~f~ ◆ n ◆ nach Artikel ◆ *Plural* ◆ r ◆ s

1 Vor Nomen haben _____ eine Endung.
2 Das Genus-Signal ist gleich wie beim bestimmten Artikel:
   feminin: _-e_ , maskulin: _____ , neutrum: _____ .
   Das Genus-Signal steht entweder am _____ oder am Adjektiv-Ende.
3 Im Plural enden die Adjektive _____ auf „-n" .
4 Bei _f_ , _____ und _____ sind Akkusativ und Nominativ gleich.
5 Bei _____ steht im Akkusativ bei Artikel und Adjektiv ein „-n".

KURSBUCH
B 5

5 **Sie möchten sich von Mary Spillane beraten lassen.**
Beschreiben Sie sich und Ihre Lieblingsfarben.

_____

Sehr geehrte Frau Spillane,

ich habe von Ihrer Farbberatung gehört und möchte mich nun gerne beraten lassen.
Ich habe
Besonders gern trage ich

Lesen Sie die Bildbeschreibung und ergänzen Sie die Adjektiv-Endungen.

Türkisches Café

Ein rotbraun____ 1) Baumstamm *(m)* zieht sich rechts im Bild nach oben, grüngelb____ 2) Blätter *(Pl)* formen ein Dach über dem stillen Platz vor einem Café und filtern das grell____ 3) Sonnenlicht *(n)*. Ein groß____ 4) Blatt *(n)* begrenzt die link____ 5) Seite *(f)* des Bildes.

Neben dem Eingang des Cafés steht ein klein____ 6) rot____ 7) Tisch *(m)*; daran sitzt ein einsam____ 8) Gast *(m)*. Man kann nur seinen Rücken sehen. Sein grün____ 9) Burnus* *(m)* erscheint durch die Sonne in einem hellen Gelb. Er trägt einen hellrot____ 10) Turban** *(m)* als Schutz vor der Mittagshitze.

Auf dem Tisch ist nur Platz für eine klein____ 11), weiß____ 12) Teetasse *(f)* und eine kristallen____ 13) Karaffe *(f)* mit Wasser. Im Vordergrund steht ein gelb____ 14) Stuhl *(m)*. Ein zart____ 15) Rosa *(n)* hat der Künstler für die rosafarben____ 16) Markise *(f)* über dem Eingang benützt. Man kann sie hinter den Blättern kaum sehen.

Das warm____ 17) Ziegelrot *(n)* des Platzes geht in das Café hinein und erscheint in der Tür wie ein orangefarben____ 18) Feuerball *(m)*, der sein warm____ 19) Licht *(n)* wieder auf den Platz zurückwirft. Die blau____ 20) Mauern *(Pl)* des Cafés strahlen im Gegensatz dazu eine angenehm____ 21) Kühle *(f)* aus.

Die Atmosphäre in diesem Bild ist friedlich____ 22) und harmonisch____ 23). Klar____ 24) Formen *(Pl)* und Farben stellen das ruhig____ 25), einfach____ 26) Leben *(n)* einer vergangenen arabischen Welt dar.

* Mantel mit Kapuze der arabischen Beduinen
** Kopfbedeckung der Hindus und Muslime

Malen Sie das Bild mit den Farben im Text aus.

August Macke, geb. am 03. 01. 1887, gest. am 26. 09. 1914, war Mitglied der Künstlervereinigung „Der blaue Reiter" und ein Freund von Franz Marc. Das Bild „Türkisches Café" entstand 1914 nach seiner Reise in Tunesien, die er zusammen mit Paul Klee und Louis Moillet machte.

Kleiderkauf

1

Schreiben Sie Wortkarten und sortieren Sie die Kleider.

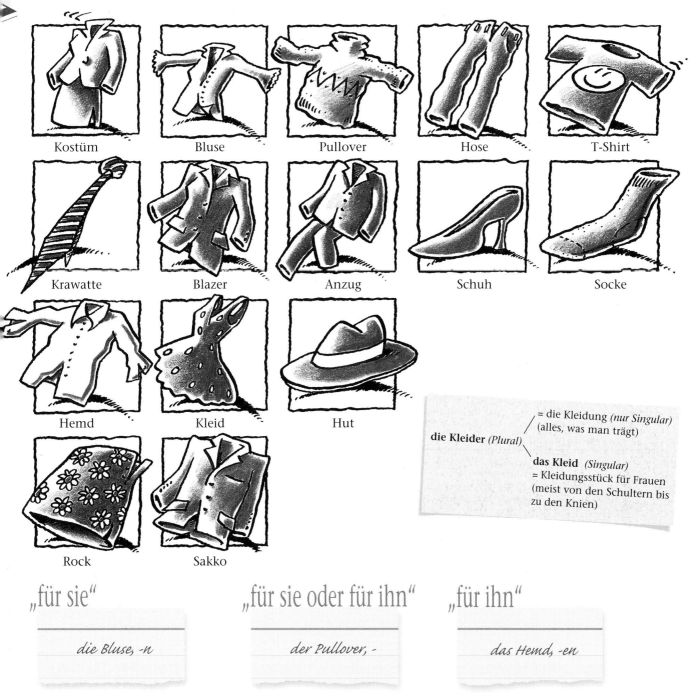

| Kostüm | Bluse | Pullover | Hose | T-Shirt |

| Krawatte | Blazer | Anzug | Schuh | Socke |

| Hemd | Kleid | Hut |

die Kleider (Plural)
= die Kleidung (nur Singular)
(alles, was man trägt)

das Kleid (Singular)
= Kleidungsstück für Frauen
(meist von den Schultern bis
zu den Knien)

| Rock | Sakko |

„für sie"   „für sie oder für ihn"   „für ihn"

die Bluse, -n   der Pullover, -   das Hemd, -en

2

Welche Kleider ziehen Sie wo oder wann an?

Machen Sie Notizen und vergleichen Sie.

In der Freizeit trage ich oft T-Shirts. Und du?

  Ich auch. Zu Hause ziehe ich am liebsten ein T-Shirt und Jeans an.
Aber zu einer Einladung …

  Und was tragen Sie bei der Arbeit? …

Freizeit:
T-Shirt, Jeans,

Arbeit:

C 3

2/
15-16

Wohin gehen die Leute? Hören und markieren Sie.

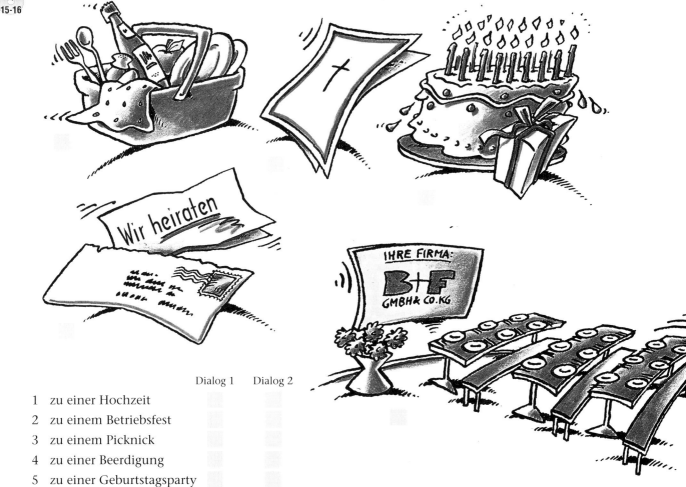

		Dialog 1	Dialog 2
1	zu einer Hochzeit		
2	zu einem Betriebsfest		
3	zu einem Picknick		
4	zu einer Beerdigung		
5	zu einer Geburtstagsparty		

C 4

Was passt zusammen? Markieren Sie.

1	Welche Hose soll ich nur anziehen?		a)	Ich dachte an den graublauen und das grüne Hemd.
2	Welchen Anzug ziehst du denn an?		b)	Eine CD von „Badesalz". Die hat er sich gewünscht.
3	Was für einen (Salat) machst du denn?	1	c)	Die schwarze Satinhose oder die braune Leinenhose?
4	Was für ein Geschenk hast du besorgt?		d)	Ich glaube, er mag englische Krimis.
5	Was für Bücher liest er wohl gern?		e)	Vielleicht einen Gurkensalat mit einer Sahnesauce.

2/
15-16
Hören Sie noch einmal und vergleichen Sie.

C 5

Ergänzen Sie die Regel.

bestimmtem ◆ ohne ◆ unbestimmtem

Regel: Nach Fragen mit ...   kommen oft Antworten mit ...

1 Welch- ...?   →   _____ Artikel.

2 Was für (ein) ...?   →   _____ Artikel.

oder _____ Artikel.

Worüber sprechen die Leute? Wo sind die Leute? Hören und markieren Sie.

	Dialog		Dialog
Kollege		indisches Gericht	
in der Wohnung		Termin	
im Kleidergeschäft		Pullover	
am Telefon		neue Wohnung	
		in der Kantine	

Was passt zusammen?

1 Wie gefällt dir die neue Wohnung? ____

2 Na, schmeckt es Ihnen? ____

3 Wie passt es dir am Samstagabend? ____

4 Wie gefällt Ihnen unser neuer Mitarbeiter? Ich finde er macht einen sehr guten Eindruck. ____

5 Wie steht mir der Pullover? ____

6 Probier den doch mal in Türkis. Ich glaube, das steht dir besser. ____

a) Am Samstagabend? Hm, am Samstag, da war doch was …

b) Türkis? Meinst du wirklich? Ich finde Türkis so kühl.

c) Der passt dir so ganz gut. Aber die Farbe …
   Also, ich finde, die Farbe passt einfach nicht zu dir.

d) Sehr gut. Sie ist schön hell und die Aussicht ist wirklich toll.

e) Hmmm, ausgezeichnet. Mir schmeckt es sehr gut.

f) Stimmt, da haben Sie Recht. Er gefällt mir auch sehr gut.

Hören Sie noch einmal und vergleichen Sie.

Unterstreichen Sie diese Verben in C 7 und ergänzen Sie die Regel.

~~passen~~ ◆ schmecken ◆ gefallen ◆ passen ◆ stehen ◆ finden

Zeit/Termin:	*passen*_____ + DAT		
Kleidung:	(Größe) _____ + DAT	(Farbe, Form …) _____ + DAT	
Personen/Gegenstände:	_____ + DAT	_____ + AKK + QUA	
Essen:	_____ + DAT		

„Passen, stehen, gefallen, schmecken" sind Verben mit _____ . Mit diesen Verben können Sie eine Person nach ihrer Meinung fragen und selbst etwas beurteilen.

Fragen und beurteilen Sie. Arbeiten Sie zu zweit. Machen Sie Notizen.

die neue CD von …

das neue Buch von …

Termin am Samstag

Lerntipp:

Es gibt nicht sehr viele Verben mit Dativ. Lernen Sie diese Verben immer mit einem Dativ-Pronomen, z. B. „ihr": „ihr gefallen", „ihr passen", „ihr stehen", „ihr helfen".
Auch Verben mit Präpositionen können Sie so leichter lernen: „zu ihr passen".

Hören und antworten Sie.

Sie wollen ausgehen. Aber was sollen Sie anziehen? Sie stehen vor Ihrem Kleiderschrank und überlegen. Ihre Freundin macht Vorschläge, aber Sie sind unsicher.

… steht mir nicht	In … sehe ich furchtbar aus.	… kann ich nicht mehr tragen. … ist …	… steht mir gut. Und was soll ich dazu anziehen?
Kostüm (blau) Blazer (schwarz)	Rock (grau) Bluse (gelb)	Kleid (grün) – zu altmodisch Pullover (dunkelgrün) – zu klein	Hose (rot) Pullover (türkisfarben)
Anzug (hellgrau) Sakko (gelb)	Hose (braun) Hemd (rot)	Anzug (hellblau) – zu altmodisch Pullover (dunkelrot) – zu eng	Hose (dunkelgrün) Pullover (violett)

Beispiele:
Zieh doch das blaue Kostüm an.
 Das blaue Kostüm steht mir nicht.
Das blaue Kostüm steht dir nicht? Na, dann nimm halt den grauen Rock.
 In dem grauen Rock sehe ich furchtbar aus.
Was? In dem grauen Rock siehst du furchtbar aus? Das finde ich nicht. Aber gut – wie wär's mit dem grünen Kleid?
 Das grüne Kleid kann ich nicht mehr tragen. Das ist zu altmodisch.
So-so, das grüne Kleid kannst du nicht mehr tragen. Das ist zu altmodisch. Und was ist mit der roten Hose?
 Die rote Hose steht mir gut. Und was soll ich dazu anziehen?

D Typen …

D 1 Wo arbeiten die Leute? Was sind sie von Beruf?

1 Konservative Branchen: Anwälte, Banken, Buchhaltung, Versicherung
2 Kreative Branchen: Werbung, Medien, Verlage, Touristik
3 Lehrberufe: Schulen, Universitäten

D 2 Was passt zu welcher Berufsbranche?

Die Farbberaterin rät:

Farben

2 Vermeiden Sie die Durchschnittsfarben und Schwarz, wenn Sie in diesem Sektor tätig sind. Setzen Sie Ihre Palette kreativ ein.

3 Seien Sie nicht zu zurückhaltend und vernünftig. Überraschen Sie Ihre Schützlinge mit interessanten Farben, die ihre Aufmerksamkeit fesseln, aber nicht ablenken.

1 Understatement ist Ihr Ziel. Tragen Sie das klassische Kostüm oder den klassischen Anzug mit einer leuchtenden Bluse bzw. mit einem einfarbigen Hemd.

Accessoires

Unterstreichen Sie die klassische Eleganz Ihrer Kleidung mit einer guten Uhr. Seien Sie vorsichtig mit auffälligem Schmuck – tragen Sie maximal zwei gediegene Ringe.

Setzen Sie Akzente mit topmodischen Accessoires, aber seien Sie zurückhaltend, wenn Sie mit konservativen Kunden arbeiten.

Zu viel lenkt die Schülerinnen und Schüler ab. Auffallende Farben und Formen kommen für Sie nicht in Frage – die nächste Klassenarbeit ist wichtiger als Ihr Schmuck!

offizielle Treffen

Auch in dieser Situation sieht man Sie noch in Ihrer Rolle als Vorbild. Seien Sie also nicht zu elegant oder modisch – zeigen Sie, dass Ihnen innere Qualiäten wichtiger sind.

Mit dem tiefen Dekolleté am Abend wirken Sie zu sexy, mit Smoking und weißem Seidenschal sind Sie „overdressed". Bleiben Sie bei der klassischen Eleganz.

Übertreiben Sie es nicht mit dem individuellen Stil Ihres Outfits, sonst ist es mit der Autorität bei den Kunden vorbei.

Arbeitsalltag

Seien Sie vorsichtig mit topmodischem Outfit, gehen Sie mit dem Trend mit, ohne übertrieben modisch zu wirken.

Hier sind die Möglichkeiten begrenzt. Mit einem modischen Anzug oder einem klassischen Kostüm liegen Sie auf jeden Fall richtig und vermitteln ein Bild von unauffälliger Eleganz. Keine dünnen Stoffe und keine Schuhe mit hohen Absätzen oder auffälligen Accessoires.

Mit modischen Kostümen sind Sie am besten gekleidet. Auch schicke Hosenanzüge sind eine Alternative.

---

3 **Ergänzen Sie die Tabelle und die Regeln.**

	bestimmter Artikel		unbestimmter Artikel		ohne Artikel	
f	bei de _____	Eleganz	mit eine _____	Uhr	von _____	Eleganz
m	mit de _____	Stil	mit eine _____	Kunden	mit _____	Schmuck
n	Mit de _____	Dekolleté	mit eine _____	Hemd	mit _____	Outfit
Pl	mit de _____	Stücken	mit _____	Farben	wie unbestimmter Artikel!	

1 Die Genus-Signale für den _____ : feminin: -r, maskulin und neutrum: -m, Plural: -n.

2 Die Endung bei den Adjektiven nach _____ ist im Dativ immer „-en". Sie stehen am Artikel-Ende oder am _____ .

3 Im _____ steht bei den meisten Nomen am Ende ein -n. (Ausnahme: Plural auf „-s".)

---

4 **Arbeiten Sie zu viert. Sprechen oder schreiben Sie über das Schaubild.**

Outfit nach Noten

Was Unternehmen in Deutschland bei ihren Angestellten gern oder ungern sehen*

	1 sehr gut
	2 gut
	3 befriedigend
	4 ausreichend
	5 mangelhaft
	6 unbefriedigend

	Daimler-Benz	Honda	Deutsche Bank	Hoechst	Microsoft	Apple	Lufthansa	Coca-Cola	Krupp Hoesch	Thyssen	Reynolds Tobacco	Roland Berger	Kienbaum & Partner	Allianz	Hamburg-Mannheimer	Lintas	Scholz und Friends
Kostüm / Anzug	1	2	2	1	1	4	2	2	1	1	2	1	1	1	2	1	1
gedeckte Farben	3	4	2	1	2	4	2	3	2	1	5	1	1	1	2	2	1
Krawatte	1	2	2	1	1	3	2	2	1	1	2	1	1	1	2	2	1
T-Shirt	5	5	5	5	4	5	5	4	6	5	3	6	4	5	5	2	4
Jeans	5	2	5	4	4	5	4	3	5	5	3	6	3	5	5	2	4
Turnschuhe	6	5	5	5	5	6	4	4	6	6	6	6	6	6	6	2	5
Shorts	6	5	6	6	5	6	5	5	6	6	6	6	6	6	6	6	5
Sandalen	4	5	5	5	5	5	4	5	6	6	6	6	6	6	6	4	6
Hawaiihemden	6	5	5	6	6	4	4	5	6	6	6	6	6	6	5	6	6
lange Haare	6	3	5	3	2	4	4	6	6	5	6	6	5	5	4	2	4
Ohrring	5	5	5	6	3	5	5	4	6	5	6	6	5	3	3	3	3

* Bewertet von den Personalchefs oder Pressestellen mit Schulnoten

Bei Daimler Benz dürfen Männer mit einem Ohrring _____

D 5

Zwischen den Zeilen

Welche Nomen und Adjektive passen zusammen? Machen Sie eine Liste.

Du traurige Person!

Deine ängstliche Vernunft!
   Meine Angst ist vernünftig.
Dein vorsichtiger Verstand!
   Meine Vorsicht ist verständlich.
Deine ruhige Natur!
   Meine Ruhe ist natürlich.
Du traurige Person!
   Meine Trauer ist persönlich.

Dieser jugendliche Übermut!

Diese jugendliche Energie!
   Die Jugend ist energisch.
Diese jugendliche Ungeduld!
   Die Jugend ist ungeduldig!
Dieser jugendliche Übermut!
   Die Jugend ist übermütig.

Nomen	Adjektiv
die Angst	ängstlich
die Vernunft	vernünftig
der Verstand	

Sprüche und Ratschläge

Es gibt vielleicht keine menschliche Vernunft, aber doch ein paar vernünftige Menschen.

Nimm dir freundliche Personen als persönliche Freunde!

Auch ein nützlicher Beruf bringt nicht nur beruflichen Nutzen.

Lieber mal ein fürchterlicher Schreck als ständig schreckliche Furcht!

Lieber ein langweiliger Tag als tägliche Langeweile.

Unterstreichen Sie die Adjektiv-Endungen und ergänzen Sie die Regeln.

Wörter mit der Endung _____ , _____ oder _-isch____ sind Adjektive. Man kann sie von Nomen ableiten. Dabei werden „a", „o" und „u" oft zu _____ , _____ und _____ .

Ergänzen Sie die passenden Nomen und Adjektive und vergleichen Sie mit dem Wörterbuch oder der Wortliste.

farbig	*die Farbe*	das Blut	*blutig*
gefährlich		der Mann	
lustig		der Neid	
schmutzig		der Punkt	
unterschiedlich		der Saft	

Ergänzen Sie passende Nomen oder Adjektive aus E 2.

1   Ein _____ Steak ist oft noch ein bisschen _____ .

2   Frühlingstypen und Wintertypen sollten _____ tragen.

3   Neid ist keine typisch weibliche oder _____ Eigenschaft: Fast alle Menschen sind manchmal _____ .

4   „Ständig kommst du zu spät, nie bist du _____ . Und ich muss immer warten – das finde ich überhaupt nicht _____ ."

5   Zu viel _____ ist _____ : Er ist oft Ursache von Krankheiten.

F

Der Ton macht die Musik

Hören und vergleichen Sie.

"R" spricht man im Deutschen konsonantisch [r] oder vokalisch [ɐ].

[r]	[ɐ]
rot	Tor
Ohlren	Ohr
spalren	sparlsam
grau	gern

Lesen Sie die Wörter und unterstreichen Sie alle "r".

	konsonantisches „r" [r]	vokalisches „r" [ɐ]		konsonantisches „r" [r]	vokalisches „r" [ɐ]
Rock	X		braun		
Nachlbar		X	Firlma		
Kleilder			rot		
grün			Prolblem		
immer			Haalre		
Haar			warlten		
hölren			ferltig		
Pulllolver			traulrig		

Konsonantisches oder vokalisches „r"? Hören und markieren Sie.

Ergänzen Sie die Regeln und die Beispielwörter.

Am Wort- oder Silben-Anfang spricht man das _____ „r" [r]:
Rock, _____

Am Wort- oder Silben-Ende spricht man das _____ „r" [ɐ] (= „r" klingt wie „a"):
Nachbar, _____

Üben Sie das konsonantische „r" [r].

Nehmen Sie ein Glas Wasser und „gurgeln" Sie.

Dann „gurgeln" Sie bitte ohne Wasser und sprechen ganz langsam:
rrrosa – rrosa – rosa,
rrrot – rrot – rot,
rosarote Röcke,
grasgrüne Krawatten

Sprechen Sie erst ganz langsam und dann immer schneller und leiser:
rosarote Röcke und grasgrüne Krawatten, rosarote Röcke und grasgrüne Krawatten …

Oder sagen Sie „ach" [x]. Fügen Sie den Stimmton hinzu – [x] wird zu [r]:
Ach I Rita   nach I Rom   Nachlricht   einfach I richtig

Wo hört man das konsonantische „r"? Markieren Sie.

Paar – Paare ◆ Monitor – Monitore ◆ Tastatur – Tastaturen ◆ Formular – Formulare ◆ Tür – Türen ◆
Fahrer – Fahrerin ◆ Mechaniker – Mechanikerin ◆ Friseur – Friseurin ◆ Schauspieler – Schauspielerin ◆
studieren – studiert ◆ fahre – fährst ◆ spart – sparen ◆ erklären – erklärst ◆ notiert – notieren ◆
schwer – schwerer – die schwerste ◆ teuer – teurer – der teuerste ◆ klar – klarer – am klarsten

2/26 Hören Sie, sprechen Sie nach und vergleichen Sie.

Hören Sie und sprechen Sie nach.

F 6
2/27

im Erdgeschoss ◆ dritter Stock ◆ vierte Etage ◆ bei der Herrenmode ◆ ein grauer Pullover ◆
ein rotes Kleid ◆ ein schwarzer Rock ◆ blaugrüne Krawatten ◆ braune Strümpfe ◆
ein orangefarbener Blazer ◆ traurige Farben ◆ Frühlingsfarben ◆ für eine Bewerbung ◆
für die Freizeit ◆ für die Arbeit ◆ fürs Büro ◆ die richtige Größe ◆ wirkt sehr interessant ◆
zu groß ◆ zu kurz ◆ zu teuer ◆ eine Nummer kleiner ◆ andere Modelle ◆ preiswerte Sonderangebote

Üben Sie zu zweit und machen Sie kleine Dialoge.

Guten Tag. Ich suche Krawatten.
Krawatten sind im Erdgeschoss.
Ich suche einen orangefarbenen Blazer.
Tut mir Leid, wir haben nur schwarze, graue und grüne Blazer.
…

Hören Sie und sprechen Sie nach.

F 7
2/28

Grau und schwarz sind Problemfarben für Herbsttypen.
Herbsttypen brauchen warme Farben!

Teure Kleider brauchen teure Kleiderschränke
und teure Kleiderschränke brauchen teure Kleider.

Graugrüne Strümpfe zu rotbraunen Röcken
oder rotbraune Strümpfe zu graugrünen Röcken?

Von Februar bis April verkaufen wir farbenfrohe Winterkleider
vierunddreißig Prozent billiger.

Fröhliche Frühlingsfarben bringen frisches Leben
in Ihre vier Wände!

Wählen Sie einen „Zungenbrecher", lernen Sie ihn auswendig und
üben Sie „Schnellsprechen".

Farbe bekennen

1 ## Lesen Sie den Text und unterstreichen Sie die Farben.

Götz Keitels Kunden kommen aus der ganzen Welt: ein Penthouse in New York, eine Bar in Venedig, eine Büro-Etage in Barcelona. Tabu-Farben kennt Keitel nicht. Meistens kombiniert er mehrere verschiedene Farben.
5 So hat er zum Beispiel in einer Münchner Kneipe Tresen, Tische und Barhocker türkis gestrichen und die Wände in einem warmen Rot. Danach war die Kneipe jeden Abend überfüllt: „Die Kneipenbesucher möchten alle cool sein, also türkis. Gleichzeitig haben sie aber einen
10 geheimen Wunsch nach Schutz und Geborgenheit, also warmes Rot."
Götz Keitel hat sich auf eine Frage spezialisiert, die selbst von einigen Innenarchitekten nicht ernst genug genommen wird: Welche Farben braucht der Mensch,
15 damit er sich wohl fühlt? Und wer weiß schon, was für ein Farbtyp er ist? Manchmal hilft ein Farb-Test, aber der Test allein reicht meistens nicht aus. Deshalb versucht der 40-jährige Malermeister in Gesprächen, den Farbtyp seiner Kunden herauszufinden. „Es bleibt ein Rest
20 Intuition. Aber ich habe noch nie daneben gelegen", bemerkt Herr Keitel selbstbewusst.
Seine Kenntnisse bezieht Keitel aus einer Fülle von Literatur, angefangen bei der Optik Newtons über Goethes Farbenlehre bis zu den Büchern des Schweizer
25 Farbpsychologen Max Lüscher. Bestimmte Wirkungen von Farben sind bei allen Menschen gleich. So verlangsamt Blau zum Beispiel den Blutkreislauf und Rot beschleunigt ihn. Das gilt bei Frauen und Männern genauso wie bei Jung und Alt, bei Senegalesen in Afrika
30 und bei den Inuit in Grönland. Wenn Menschen mit dem Wunsch nach Ruhe zu ihm kommen, heißt das aber noch lange nicht, daß Götz Keitel ihnen blaue Wände

empfiehlt. Die Farbe Blau kann nämlich auch gefährlich werden: „Blau ist die Ruhe des Meeres, aber im Meer kann man auch untergehen. Braun ist für diese Kunden 35 besser, Braun erdet sofort. Denken Sie an die Marlboro-Werbung: der braungebrannte Mann in den braunen Überhosen, in brauner Landschaft, auf einem braunen Pferd. Viele Menschen wollen raus aus einem stressigen Leben und mit dem ganzen Körper die Natur erleben. 40 Wenn man kurz vor einem Herzinfarkt steht, dann ist Braun die ideale Farbe."
Seit kurzem unterrichtet er an der Fachhochschule für Architektur in Düsseldorf und überrascht seine Studenten mit einem kleinen Experiment: Zunächst 45 muss jeder Student eine Farbe unter mehreren Angeboten auswählen. Danach zeigt Keitel den Studenten verschiedene Wohnungen, darunter auch ein Penthouse mit einer großen Glasfront und Blick auf Manhattan. „Wer möchte hier einziehen?" Stets melden 50 sich einige Studenten, die vorher alle die Farbe Gelb ausgewählt hatten. „Der Gelb-Typ hat Sehnsucht nach unbegrenzter Entfaltung und strahlender Weite, eine Sehnsucht nach dem unberechenbaren Abenteuer", erklärt Keitel und fährt fort: „Violett ist nicht so offen. 55 Der Violett-Typ hat ein Ziel: die Veränderung. Violett ist revolutionär. Nicht zufällig war Violett insbesondere bei vielen Frauen in den 70er Jahren so modern."
Aber wenn die Farben so wichtig sind, warum wohnen dann immer noch so viele Menschen in Wohnungen mit 60 weißen Tapeten? „Weiß ist neutral", lacht Keitel, „viele Menschen wollen sich nicht festlegen. Wenn Sie Farbe bekennen, dann müssen Sie auch damit rechnen, daß manche Menschen Ihre Farbe nicht mögen."

2 ## Lesen Sie den Text noch einmal und machen Sie eine Liste.

Farbe: Assoziation:

türkis   *cool,*

3 ## Arbeiten Sie in Gruppen und gestalten Sie ein Geschäft.
Welche Farben wählen Sie aus?

Boutique ◆ Bäckerei ◆ Metzgerei ◆
Blumenladen ◆ Restaurant ◆ Café ◆ ...

Wände ◆ Boden ◆ Vorhänge ◆ Geschirr ◆
Möbel ◆ Theke ◆ Decke ◆ ...

Kurz & bündig

Was ziehen Sie am liebsten an?

Zur Arbeit:

Zu Hause:

Ins Theater, zum Tanzen …:

Was sind Ihre Lieblingsfarben? Warum?

Adjektive

Sie stehen morgens vor Ihrem Kleiderschrank. Was hängt im Kleiderschrank? Was ziehen Sie an?

Meine Regeln für die Adjektiv-Endungen:

„Welch-" und „Was für …" ?

_____ Hose suchen Sie? Eine einfache oder eine elegante?

_____ , für _____ .

_____ Blazer gefällt dir besser? Der grüne oder der blaue?

_____ , der _____ .

_____ Jahreszeitentyp sind Sie? _____

_____ Farben können Sie tragen? _____

Was sagen Sie?

Sie suchen eine Hose und gehen in ein Kaufhaus. Was sagen Sie?

Der Verkäufer fragt Sie: Welche Größe haben Sie?

Er fragt: Und in welcher Farbe möchten Sie die Hose?

Verben mit Dativ

Sie fragen eine Freundin/einen Freund nach ihrer/seiner Meinung

zu einem Treffen am Wochenende: Wie _____ ?

zur neuen Frisur: Wie _____ ?

zum Essen: Wie _____ ?

Interessante Ausdrücke

Test

Test

1   Was ist richtig: a, b oder c ? Markieren Sie bitte.

Beispiel: ● Wie heißen Sie?
■ Mein Name _____ Schneider.

a) hat
✗ b) ist
c) heißt

● Und wer ist das hier auf dem Foto?
■ Das ist _____ kleiner Bruder.

a) mein
b) meinen
c) meine

● Mein Leben in 20 Jahren stelle ich mir so vor:
Reihenhaus, Mercedes 200 D, Frau und zwei
Kinder, Stammtisch.
■ Ist das wirklich dein _____ .

a) Meinung
b) Beruf
c) Ernst

● Was willst du mal werden? Fotografin _____ Ärztin?
■ Ich weiß noch nicht. Vielleicht Fotografin.

a) aber
b) und
c) oder

● Holst du die Kinder von der Schule _____ ?
■ Nein, ich kann heute nicht.

a) zu
b) auf
c) ab

● Wo ist denn der Mülleimer?
■ Der steht unter _____ in _____ .

a) die Spüle - die Küche
b) der Spüle - der Küche
c) eine Spüle - eine Küche

● Wohin gehst du?
■ _____ Klavierstunde.

a) In der
b) In die
c) Ins

● Warum wohnst du denn noch bei deinen Eltern?
■ _____ ich noch nicht genug Geld verdiene.

a) Weil
b) Warum
c) Obwohl

8 ● _____ du mit 15 abends allein in die Disko
gehen?
■ Nein, meine Eltern waren sehr streng.

a) Wolltest
b) Musstest
c) Durftest

9 ● Wo _____ du denn heute morgen?
■ Ich musste zum Zahnarzt gehen.

a) bist
b) warst
c) war

10 ● Was _____ Sie als Kind werden?
■ Journalistin.

a) wollten
b) mussten
c) konnten

11 ● Und wie gefällt es dir in deiner WG?
■ Ganz gut, _____ es manchmal sehr laut ist.

a) obwohl
b) weil
c) aber

12 ● Das Auto sollte doch gestern schon fertig sein.
■ _____ , _____ der Meister war
krank.

a) Ja, aber
b) Nein, aber
c) Doch, aber

13 ● Wie war denn dein Urlaub?
■ Oh, der war _____ super!

a) etwas
b) wirklich
c) ziemlich

14 ● Seid ihr gut in Peking angekommen?
■ Ja, aber wir hatten eine Stunde _____ .

a) Verspätung
b) Abflug
c) Ankunft

15 ● _____ ihr auch zum Grand Canyon geflogen?
■ Nein, wir haben den Bus verpasst.
    a) Habt
    b) Seid
    c) Wollt

16 ● Warum bist du nicht _____ ?
■ Ich habe keinen Urlaub bekommen.
    a) mitgefahren
    b) mitfahren
    c) fahren mit

17 ● _____ Fluss fließt von Dresden nach Hamburg?
■ Die Elbe.
    a) Welches
    b) Welche
    c) Welcher

18 ● Und dir _____ wirklich nichts passiert?
■ Nein, nichts. Es war nur ein kleiner Unfall.
    a) hast
    b) hat
    c) ist

19 ● Was fehlt Ihnen denn?
■ Ich habe seit drei Tagen starke _____ .
    a) Kopfschmerzen
    b) Fieber
    c) Blutdruck

20 ● Und was kann ich tun, Frau Doktor?
■ Sie _____ ein paar Tage im Bett bleiben.
    a) wollen
    b) sollten
    c) möchten

21 ● Ich fahre lieber mit dem Fahrrad.
■ Warum? Mit dem Auto ist es doch viel _____ .
    a) mehr
    b) bequem
    c) bequemer

22 ● In welchem Land leben _____ Menschen?
■ In China.
    a) mehr als
    b) die meisten
    c) meistens

23 ● Kochst du jeden Tag?
■ Nein, leider nicht. Ich koche nur, _____ ich Zeit habe.
    a) weil
    b) dass
    c) wenn

24 ● _____ hat Vera Geburtstag?
■ Am 4. August.
    a) Wann
    b) Wenn
    c) Welche

25 ● Haben Sie auch _____ Hemden?
■ Ja, natürlich.
    a) grünen
    b) grünes
    c) grüne

26 ● Wie _____ dir der blaue Rock?
■ Ja, nicht schlecht.
    a) gefällt
    b) findest
    c) mag

27 ● Was habt ihr gestern noch gemacht?
■ Wir waren in einem _____ Restaurant.
    a) schicken
    b) schickes
    c) schickem

28 ● Später möchte ich mal Pilot werden.
■ Was? Du hast doch eine Vier in Englisch! Da _____ ich aber _____ .
    a) sehe … schwarz
    b) sehe … rot
    c) fahre … schwarz

29 ● Die Deutschen essen jeden Tag Kartoffeln.
▲ Und die Italiener Nudeln.
■ So ein Quatsch. Das sind doch nur _____ .
    a) Tabus
    b) Klischees
    c) Wahrheiten

30 ● _____ Kleid gefällt dir besser.
■ Das blaue. Das steht dir sehr gut.
    a) Was für ein
    b) Was für eins
    c) Welches

2

Wie viele richtige Antworten haben Sie?

Schauen Sie in den Lösungsschlüssel im Anhang. Für jede richtige Antwort gibt es einen Punkt. Wie viele Punkte haben Sie?

_____ Punkte

Jetzt lesen Sie die Auswertung für Ihre Punktzahl.

24–30 Punkte: Wir gratulieren! Sie haben sehr gut gelernt. Weiter so!

13–23 Punkte: Schauen Sie noch einmal in den Lösungsschlüssel. Wo sind Ihre Fehler? In welcher Lektion finden Sie die Übung dazu? Machen Sie eine Fehlerliste.

Nummer	Lektion	(G) = Grammatik	(W) = Wortschatz
2	7, B - Teil		X
6	7, E - Teil	X	
	8,		

- **Ihre Fehler sind fast alle in einer Lektion?** Zum Beispiel: Fragen 8, 9, 11, und 13 sind falsch. Dann wiederholen Sie noch mal die ganze Lektion 8.

- **Ihre Fehler sind Grammatikfehler (G)?** Dann schauen Sie sich in allen Lektionen die Grammatik-Teile von „Kurz & bündig" noch einmal an. Fragen Sie auch Ihre Lehrerin oder Ihren Lehrer, welche Übungen für Sie wichtig sind.

- **Ihre Fehler sind Wortschatzfehler (W)?** Dann wiederholen Sie in allen Lektionen die _Nützlichen Ausdrücke_ von „Kurz & bündig". Lernen Sie mit dem Vokabelheft und üben Sie auch mit anderen Kursteilnehmern. Dann geht es bestimmt leichter.

- (Tipps zum Vokabel-Lernen finden Sie in Tangram 1 A Arbeitsbuch, Lektion 6.)

5–12 Punkte: Wiederholen Sie noch einmal gründlich alle Lektionen. Machen Sie ein Programm für jeden Tag. Üben Sie mit anderen Kursteilnehmern. Und sprechen Sie mit Ihrer Lehrerin oder Ihrem Lehrer.

0–4 Punkte: Lernen Sie lieber Englisch oder vielleicht ein Musikinstrument.

Lesen wie ein Profi

Was lesen Sie wie? Warum? Markieren Sie.

Textsorte	Ich suche konkrete Informationen	Ich will alles genau verstehen	Ich will einen Überblick bekommen	Ich lese schnell und oberflächlich	Ich lese langsam und gründlich	komplett von Anfang bis Ende	nur einzelne Teile des Textes
spannendes Buch (Krimi)							
Veranstaltungstipps fürs Wochenende							
Urlaubspost von Freunden							
Reiseprospekt über Österreich							
Speisekarte im Restaurant							
Rezept im Kochbuch							
Lerntipp in TANGRAM							
Wörterbuch							
Zeitungsartikel über eine neue Diät							
Stellenanzeigen in der Zeitung							

Arbeiten Sie zu dritt und vergleichen Sie oder schreiben Sie einen kleinen Text.

Ein spannendes Buch lese ich langsam und gründlich, weil ich alles genau
verstehen will. Aber Veranstaltungstipps …

Lesen Sie den Text und markieren Sie.

	richtig	falsch
1 Lesen heißt: einen Text laut vorlesen.		
2 Beim Lesen will man immer alles verstehen.		
3 Nicht alles in einer Zeitung ist interessant.		
4 Man liest meistens alle Veranstaltungstipps in der Zeitung gründlich.		
5 Oft sucht man nur eine ganz spezielle Information.		
6 Manche Texte liest man zweimal oder dreimal.		
7 In fremdsprachigen Texten muss man alle Wörter genau verstehen.		

Wie wir lesen

Wenn wir Texte in unserer Muttersprache lesen, lesen wir meistens still. Manche Texte lesen wir langsam und gründlich, viele Texte aber nur schnell und oberflächlich: Lesen und lesen – das sind dann ganz verschiedenen Dinge.

Wenn wir die Zeitung lesen, lesen wir oft „diagonal", nur die Überschriften. Wenn wir
5 eine Überschrift interessant finden, lesen wir schnell den Anfang des Zeitungsartikels. Wenn wir den Text und das Thema dann immer noch interessant finden, lesen wir langsamer und gründlicher weiter.

Den Veranstaltungskalender in einer Zeitung oder Zeitschrift lesen wir nicht von vorne
10 bis hinten. Wenn wir sowieso keine Zeit haben, lesen wir ihn gar nicht. Wenn wir Zeit haben und ausgehen wollen, überlegen wir: Was wollen wir machen?, Wann haben wir Zeit? … Dann suchen wir die passende Rubrik (z.B. Filmtipps oder Konzerttipps) und den passenden Termin. Dort lesen wir zuerst schnell alle Angebote (wir „überfliegen" sie)
15 und lesen dann die interessanten Angebote langsamer, genauer und gründlicher.

Wenn wir schon eine Veranstaltung ausgesucht haben, aber die genaue Zeit oder den Ort nicht mehr wissen, dann überfliegen wir die Veranstaltungstipps in der passenden Rubrik. Wenn wir dann ein passendes Stichwort finden (Filmtitel oder Name einer
20 Band), stoppen wir, lesen gründlich weiter und finden die gesuchte Information.

Und wenn ein Text (z.B. eine Geschichte oder ein Gedicht) sehr interessant oder wichtig für uns ist, dann lesen wir ihn auch mehrmals. Wir versuchen, alles ganz genau zu verstehen – die Informationen im Text und „zwischen den Zeilen". Wir überlegen: Was
25 will uns der Text sagen? Sind wir einverstanden mit den Aussagen? Haben wir ähnliche Erfahrungen gemacht? Finden wir die Formulierungen passend oder schön? Gefällt uns der Text? Warum (nicht)? – wir interpretieren den Text.

Beim Lesen in der Muttersprache sind wir also sehr flexibel. Aber beim Lesen in einer
30 Fremdsprache vergessen wir das oft: Wir lesen alles ganz langsam und gründlich, wollen jedes Wort genau verstehen und sagen gleich beim ersten unbekannten Wort: „Dieses Wort verstehe ich nicht. Ich verstehe überhaupt nichts. Der Text ist zu schwer." Doch auch in fremdsprachigen Texten sind oft nur ganz bestimmte Informationen wichtig –
35 wir müssen nicht immer alles verstehen. Deshalb sollten wir üben, auch in einer Fremdsprache so flexibel zu lesen wie in unserer Muttersprache.

Sind Sie einverstanden? Diskutieren Sie zu dritt oder viert.

Welche Probleme beim Lesen haben Sie? Markieren Sie.

Probleme beim Lesen

A Was soll das? Warum muss ich diesen Text lesen? Das ist oft mein Problem, wenn ich im Unterricht lesen soll. Deshalb verstehe ich die Texte dann auch nicht.

B In der Aufgabe steht: „Lesen Sie die Texte. Welche Überschrift passt wo?" Die Aufgabe ist mir zu einfach. Ich kann die Aufgabe lösen, obwohl ich die Texte gar nicht richtig verstanden habe.

C Das Lesen geht bei mir sehr langsam. Wenn ich einen Satz gelesen habe, haben die anderen schon den ganzen Text gelesen.

D Ich soll einen Text lesen, aber ich verstehe überhaupt nichts. Wenn ich alle Wörter nachschlage, dann brauche ich mindestens eine Stunde.

E In einem Text kommt ein unbekanntes Wort vor und ich weiß ganz genau: Das Wort ist wichtig. Aber ich kenne das Wort nicht. Deshalb verstehe ich dann den Text nicht.

F Manchmal verstehe ich einen Text nicht, obwohl ich die meisten Wörter im Text kenne.

G Meistens verstehe ich die Texte und kann die Aufgaben lösen. Aber ein paar Wörter kenne ich nicht und verstehe ich nicht.

Welche Tipps passen zu Ihren Problemen? Markieren Sie.

Tipps für Lese-Profis

1 **Machen Sie den Text interessant!** Spielen Sie zum Beispiel „Hellseher" (vgl. Lerntipp im Arbeitsbuch S. 134): Lesen Sie die Überschrift und schauen Sie sich die Bilder oder Zeichnungen und das Layout an. Überlegen Sie: Was für ein Text ist das wohl? Wo findet man ihn? Was ist wohl das Thema? Was weiß ich über dieses Thema? Was steht vielleicht im Text? Jetzt sind Sie bestimmt ein bisschen neugierig auf den Text – also los!

2 **Die Aufgaben sind wichtig!** Und wenn Sie die Aufgabe lösen können, dann haben Sie natürlich auch etwas verstanden. Die Aufgaben helfen Ihnen, auch bei schwierigen Texte etwas zu verstehen – manchmal ganz konkrete Informationen, manchmal nur das allgemeine Thema oder die Textsorte, manchmal ein paar wichtige Aussagen. Vergessen Sie deshalb beim Lesen nie die Aufgaben, dann ist es leichter.

3 **Achten Sie auf internationale Wörter und Wortfamilien!** Beim ersten Lesen helfen „internationale Wörter", die Sie schon aus anderen Sprachen kennen. Bei einigen neuen Wörtern kennen Sie zwar nicht das Wort im Text (z. B. „unblutig" oder „Langsamkeit"), aber ein anderes Wort aus der Wortfamilie (also „Blut"/„blutig" und „langsam") und können deshalb die Bedeutung raten.

4 **Sie kennen ein Wort nicht?** Raten Sie mal! Greifen Sie nicht immer gleich zum Wörterbuch – das dauert viel zu lange und ist oft nicht nötig. Wenn das Wort wichtig ist, lesen Sie noch einmal den Satz davor und lesen Sie dann noch ein Stück weiter: Oft kommt eine Erklärung für ein Wort erst später. Bei vielen Wörtern können Sie raten, was für ein Wort es sein muss: ein Name, ein Ort, eine Zeitangabe … Und denken Sie immer daran: Sie müssen nicht alle Wörter verstehen, um die Aufgabe zu lösen!

5 **Machen Sie ein Textgerüst!** Nehmen Sie ein großes Blatt Papier und malen Sie mit Stichworten ein Bild von der Struktur des Textes. Achten Sie dabei auf die Wörter, die Sätze und Satzteile verknüpfen: Konjunktionen wie „und", „aber", „oder", „weil", „obwohl", „dass", „deshalb" und Pronomen oder Artikel wie „sie", „ihnen", „unsere", „kein". Sie helfen Ihnen, die Struktur des Textes zu malen – und so zu verstehen.

6 **Benutzen Sie das Wörterbuch!** Aber nur, wenn das Wort wirklich wichtig ist und Raten nicht weiterhilft. Vorsicht: Viele Wörter haben nicht nur eine Bedeutung. Lesen Sie alle Erklärungen im Wörterbuch und versuchen Sie, die passende Bedeutung zu finden.

7 **Machen Sie eigene Aussagen!** Kombinieren Sie alle bekannten Wörter und überlegen Sie: Wie können die Wörter einen Sinn ergeben? Probieren Sie verschiedene Möglichkeiten aus und vergleichen Sie immer wieder mit dem Text – so findet man oft eine Lösung. Vergleichen Sie dann mit anderen Ihre Ideen und Lösungen.

8 **Trainieren Sie „Schnell-Lesen"!** Üben Sie zum Beispiel „Lese-Raten" (vgl. Lerntipp im Kursbuch S. 92) oder „Wortsuche": Lesen Sie einen Text, den Sie vorher schon einmal gelesen haben. Unterstreichen Sie dabei alle Wörter, die Sie schnell erkennen. Machen Sie dann eine Liste von „schwierigen" Wörtern, die Sie trainieren möchten. Lesen Sie einen anderen Text und suchen Sie dort ein oder zwei Wörter aus Ihrer Liste.

9 **Herzlichen Glückwunsch!** Wenn Sie die Aufgaben lösen konnten, haben Sie das Wichtigste verstanden und sind auf dem besten Wege, auch in der Fremdsprache ein guter Leser zu werden

Diskutieren Sie zu dritt. Welche Probleme haben Sie beim Lesen? Wie finden Sie die Tipps? Kennen Sie weitere Tipps?

Der Ton macht die Musik

Hören und vergleichen Sie.

Hauchlaut [h]	Neueinsatz [ǀ]
Halt!	alt
Hände	Ende
hier	ihr
hofft	oft
Hund	und
Haus	aus
heiß	Eis

Üben Sie das „h".

Tief atmen:
Atmen Sie tief durch die Nase ein und durch den offenen Mund wieder aus.

Hauchlaut „h" = [h]
Halten Sie einen Spiegel vor den Mund und hauchen Sie beim Ausatmen den Spiegel an: der Spiegel „beschlägt".
„hhhhhhhhhhhhhh"

Atmen Sie aus, fühlen Sie den warmen Atem an der Hand und beenden Sie das Ausatmen mit „a":
„hhhhhaaaaaaaa"
Sagen Sie: hhhhaus, hhhaus, hhaus, Haus

Sagen Sie: Hanna, hat, heute, Husten – Hanna hat heute Husten
Heinz, holt, Hanna, Hustentropfen – Heinz holt Hanna Hustentropfen.

Wo hört man [h]? Hören Sie, sprechen Sie nach und markieren Sie.

	[h]	kein [h]		[h]	kein [h]
Hals	X		frü-her		
Fah-rer		X	ge-hen		
Flug-hafen	X		heißen		
Hallo			Woh-nung		
Jahr			Sah-ne		
Sohn			hören		
helfen			wo-hin		
wo-her			Floh-markt		
heute			Ru-he		
Feh-ler			Husten		
An-hang			Nä-he		

Ergänzen Sie.

Das „h" am Wort- oder Silbenanfang _____ .

Das „h" am Wort- oder Silbenende _____ .

Das „h" vor unbetonten Wortendungen (-e , -er, -en) *hört man nicht* _____ .

Ein „h" nach Vokal macht den Vokal _____ .

C 4

Wo hört man das „h"? Markieren Sie.

geh nach H̲ause ◆ gleich h̲alb zehn ◆ haben Sie hier auch Hüte? ◆ halb so alt wie Hans ◆
hilf mir doch mal ◆ hol dir Halstabletten ◆ ich möchte heute nicht ausgehen ◆ ich habe Husten ◆
ich heiße Anna Hortmann ◆ lass mich in Ruhe ◆ nach Hamburg oder Heidelberg ◆
sehr höflich und zurückhaltend ◆ sehr hübsche Schuhe ◆ sind Sie Hanna Ortmann? ◆
stehen mir die Schuhe? ◆ wie alt ist Hanna? ◆ wie findest du Herrn Huber? ◆ wie viel Uhr ist es? ◆
wohin fahrt ihr? ◆ wir führen nur Hemden und Hosen ◆ hilf dir selbst

2/32

Hören Sie, sprechen Sie nach und vergleichen Sie.
Üben Sie zu zweit und machen Sie kleine Dialoge.

Guten Tag, haben Sie hier auch Hüte?

Tut mir Leid, wir führen nur Hemden und Hosen.

C 5

2/
33-36

Hören und sprechen Sie.

Leben zwischen -heit und -keit

Kindheit: Freiheit,
Sicherheit und Fröhlichkeit,
Tollheiten, Dummheiten,
Direktheit und Echtheit.

Unabhängigkeit: Unsicherheit,
Möglichkeiten, Gelegenheiten,
Grobheiten, Gemeinheiten,
Verliebtheiten und Peinlichkeiten.

Hochzeit: Zufriedenheit,
Herzlichkeit und Schönheit,
Verschiedenheiten, Schwierigkeiten,
Bekanntheit und Gewohnheit.
Gemütlichkeit, Bequemlichkeit,
Klarheiten, Wahrheiten.

Krankheit: Unmöglichkeit,
Gesundheit eine Seltenheit,
Traurigkeit, Müdigkeit,
dann Dunkelheit und Freiheit.

Erziehung

Hör auf! Hör zu!
Sei ruhig! Lass mich in Ruh'!
Geh weg! Komm her!
Erziehung ist schwer!

Gute Besserung!

Ich habe Husten,
du hast Husten,
er hat Husten und
sie hat auch Husten.
Wir haben Husten,
ihr habt Husten,
sie haben Husten und
Sie haben auch Husten.

Guten Appetit

Heut' hab' ich Hunger
auf Kohlrouladen:
Zwiebeln hacken,
Hackfleisch in Weißkohl,
heißes Öl,
Brühe mit Mehl
und viel Sahne.
Hmhmhm – herrlich!

Lösungsschlüssel zum Arbeitsbuch

Lektion 7

A1 A – H, B – G, C – F, D – E

A2 *Großeltern*: Großmutter, ¨; Großvater, ¨; *Eltern*: Mutter, ¨;
Vater, ¨; *Geschwister*: Schwester, -n; Bruder, ¨; *Kinder*:
Tochter, ¨; Sohn, ¨e; *Enkelkinder*: Enkeltöchter, ¨; Enkel-
sohn, ¨e; *andere:* Tante, -n; Onkel, -; Schwägerin, -nen;
Schwager, ¨; Nichte, -n; Neffe, -n

A3 **1** Sie ist meine Schwägerin **2** Sie ist meine Tante.
3 Das sind mein Bruder und meine Schwester
4 Das ist mein Neffe. **5** Das sind meine Tochter und mein
Sohn. **6** Das ist meine Enkeltochter / Enkelin.
8 Das sind meine Schwiegereltern. **9** Er ist mein
Enkelsohn / Enkel. **10** Er ist mein Onkel.

A4 **1** 2 Jungen und 2 Mädchen **2** große Schwester = 20 Jahre,
mittlerer Bruder = 10 Jahre, kleiner Bruder = 5 Jahre
3 2 Schwestern und 2 Brüder

B2 **1** richtig **2** falsch **3** richtig **4** falsch **5** richtig
6 richtig **7** falsch

B3 **2** Absender **5** Anrede **1** Datum **8** Unterschrift
3 Empfänger **7** Gruß **6** Text **4** Betreff

B4 *Name*: Virginie Dubost *Alter*: 17 Jahre, im Dezember wird
sie 18. *Wohnort*: Montpellier. *Zukunftspläne*: Sprachen
studieren, Dolmetscherin werden. *Familie*: Sie versteht sich
sehr gut mit ihren Eltern. Ihr Bruder ist Lehrer von Beruf,
ist 25 Jahre, wohnt allein, wird bald heiraten. *Hobbys*:
andere Länder und Sprachen kennen lernen, Tennis spielen,
Reiten. *Lieblingsfächer*: Englisch, Deutsch und Musik.
Andere Informationen: Sie macht bald ihren Führerschein.
Sie hat ein großes Ferienhaus. Tanzen ist für sie sehr
wichtig. Sie hat einen Hund. Er heißt Jacques.

ich – du – sie – er – es/man wir – ihr – sie – Sie

B5 *vgl. Grammatik*; **2** *f, n* und *Plural* **3** *m* und *n*

C3 **2** Wir holen Ihre Wäsche freitags ab. **3** und bringen
sie Ihnen montags fix und fertig zurück.
4 – das Wochenende gehört Ihnen. **5** Natürlich können
wir Ihre Wäsche auch an jedem anderen Tag abholen.
6 Unsere Köche und Köchinnen bereiten täglich köstliche
Mittagessen zu. **7** Mit unserem Party-Service gelingt
jede Feier. **8** Wir stellen Ihnen ein komplettes Buffet
zusammen. **9** Rufen Sie uns an.
1 Verben; anrufen, abholen, zubereiten, aussehen...;
Verb; trennbare Vorsilbe **2** Position 2; Ende.
3 verstehen, besprechen, bestehen.

C4 *normale Verben*: kochen, waschen, geben, bügeln, raten,
kaufen; *trennbare Verben:* zubereiten, einkaufen, anbieten,
aufhängen, aufstehen, aufräumen; *nicht-trennbare Verben:*
ergänzen, gelingen, verbrauchen, verstehen, besuchen,
besorgen

C5 *trennbar*: 1, 2, 7, 10, 11, 16;
nicht-trennbar: 3, 4, 5, 6, 8, 9, 12, 13, 14, 15

C6 *vgl. Hörtexte im Cassetten-/CD-Einleger*

D3 **[p]** Rap, halb, **p**aar, liebt, Schreibtisch Urlaub **[b]** **B**ier,
November, abends **[t]** **T**asse, unterwegs, Lied, Liter,

Südamerika **[d]** **D**ose, modern, Lieder **[k]** **K**ästen, Tag,
fragt, schick, Stücke **[g]** **G**äste, beginnt, Frage
„b" = [p]: halb, Schreibtisch.; „d" = [t]: Lied, Südamerika;
„g" = [k]: Tag, fragt; „ck" = [k]: Schick, Stücke

D4 **[p]** habt ihr Zeit?, ab und zu, Obst und Gemüse, es gibt,
sieben Tage Urlaub, am liebsten **[t]** tut mir Leid, bald
geht's los, nach Deutschland **[k]** Guten Tag., Sonntag zum
Mittagessen, besorgst du die Getränke?, wohin fliegt ihr?

E1 *siehe Ausdrücke mit Präpositionen in E2*

E2 *Wo?* am Flügel, auf seinem Teppich, auf dem Klavier, auf
dem Teller, hinter dem Klavier, im Flur, im Gang in der
Reihe, in einer dunklen Ecke, neben dem Regal, neben dem
Klavier, über dem Sessel, zwischen der Vase und der
Lampe *Wohin?* an den Flügel, ans Konservatorium, auf den
Boden, auf den Notenständer, auf meinen Rücken, in den
fünften Stock, in die Wohnung, in den Sessel, ins Heft, in
meine Tasche, neben den Sessel, neben die Vase, unter den
Stuhl, vor das Regal, zwischen die Noten
1 an, auf, hinter, in, neben, über, unter, vor, zwischen;
Dativ, Akkusativ **2** feminin: der, einer, keiner, maskulin
und neutrum: dem, einem, keinem, Plural: den, -, meinen
3 im Dativ Plural

E3 *keine Bewegung*: sitzen, stehen, sein; *Bewegung von A nach
B*: sehen, laufen, (sich) legen, kommen, (sich) setzen,
stellen

F1 **1** schreiben an + AKK / erzählen von + DAT / berichten
über + AKK / bitten um + AKK **2** schreiben an + AKK /
schreiben über + AKK / erzählen über + AKK / berichten
von + DAT / einladen zu + DAT / bitten um + AKK
3 erzählen von + DAT / denken an + Akk. / sprechen mit
+ DAT + über + AKK **4** jdm gratulieren zu + DAT /
einladen zu + DAT / sprechen über + AKK / diskutieren
mit + DAT + über + AKK

F2 *an + Akk*: schreiben an International Penfriends; denken an
den Nachmittag; *mit + Dat*: sprechen mit den Kindern,
diskutieren mit; *über + Akk*: berichten über die Hobbys,
erzählen über die Zukunftspläne, sprechen über Geburtstage; diskutieren über Familienfeste; *von + Dat*: berichten
von den Ferien, erzählen von der Familie; *zu + Dat*:
einladen zum Kaffeetrinken, gratulieren zum Geburtstag;
um + Akk: bitten um weitere Informationen

G2 **1**d **2**a **3**a, b **4**a, c **5**a, c **6**a **7**d

Lektion 8

A1 mit einem Lebenspartner zusammen / allein / In einer
Wohngemeinschaft / im Wohnheim

A2 **3** man lernt einen Beruf (meistens drei Jahre) **4** allein
leben können, niemand fragen müssen **5** was man im
Monat für eine Wohnung bezahlen muss **6** „Ja!" –
„Nein!" – „Ja!" – „Nein!"... **7** die Unordnung, das
Durcheinander **8** morgen, nächstes Jahr, in fünf Jahren …
9 ohne Arbeit **10** eine andere Möglichkeit **11** die Zeit an
der Universität **12** sie oder er macht eine Lehre

Wortakzent: vgl. Hörtexte im Cassetten-/CD-Einleger

A4 1 Nebensätze; „Weil"-Sätze; „obwohl"-Sätze; Komma
2 Verb; Verb im Infinitiv; Modalverb   3 „weil" oder „obwohl"

A5 *Sätze 1-10: vgl. Hörtexte im Cassetten-/CD-Einleger*
11 Julia spricht perfekt …, weil sie in … geboren ist.
12 Susanne trinkt abends oft …, weil sie dann gut schlafen kann. / Susanna trinkt abends nie …, weil sie dann nicht gut schlafen kann. / Susanna trinkt abends oft …, obwohl sie dann nicht gut schlafen kann. / Susanna trinkt abends nie …, obwohl sie dann gut schlafen kann.
Satzmelodie: Hauptsatz →, Nebensatz ↘

B1 *von links nach rechts:* B, A, D, C *von oben nach unten:* B1, C2, D3, B4

B2 **A** musste, war   **B** hatten, waren, sollte, musste, durfte, musste, hatte, wurden, war   **C** wollte, konnte, waren, sollte, musste, wurde, war   **D** war, musste, durfte, musste, hatte, wollte

B3 1B,   2A,   3D,   4C

B4 1 plötzlich schick war; damals auch Raucher war.   2 den Mülleimer ausleeren und ihr dreckiges Geschirr sofort spülen.; weggehen   3 nur zusammen weggehen.; wieder zu Hause sein.   4 und Rock-Star werden., sonst überhaupt keine Chance hat, einen Ausbildungsplatz zu finden.

B5 *vgl. Grammatik;* 1 t   2 Sie/er/es, sie/Sie   3 o, u Regel Nummer 1

B6 letztes Jahr. früher. seit zwei Wochen. vor zwei Jahren. damals. in den 70er-Jahren. gestern.

C1 1 Du solltest doch schon um sechs Uhr zu Hause sein.
2 Wir mussten zu Hause bleiben, weil unser Babysitter nicht kommen konnte.   3 Konntest du nicht anrufen.
4 Tut mir Leid, aber es ist noch nicht fertig.   5 Ich musste Peter noch bei den Hausaufgaben helfen.   6 Eigentlich schon, aber wir konnten keine Tickets mehr bekommen.
7 Eigentlich schon, aber der Meister war die ganze Woche krank.   8 Ich möchte mein Auto abholen.   9 Wo wart ihr denn gestern Abend.   10 Aber es sollte doch heute fertig sein.   11 Wolltet ihr nicht heute nach Berlin fliegen?
12 Schade, die Party war wirklich gut.

C2 *vgl. Hörtexte im Cassetten-/CD-Einleger*

C3 *vgl. Hörtexte im Cassetten-/CD-Einleger*

D1 1e   2f   3b   4c   5d   6a

D2 Doch, Eigentlich schon, Ja , Eigentlich schon

E2 Ba<u>nk</u>, de<u>nk</u>en, E<u>ng</u>land, E<u>nk</u>el, entla<u>ng</u>, Fra<u>nk</u>en, Frühli<u>ng</u>, Ga<u>ng</u>, Gesche<u>nk</u>, Hu<u>ng</u>er, I<u>ng</u>e, ju<u>ng</u>, kli<u>ng</u>eln, kra<u>nk</u>, la<u>ng</u>sam, li<u>nk</u>s, O<u>nk</u>el, Pu<u>nk</u>t, sche<u>nk</u>en, Schwa<u>ng</u>er, si<u>ng</u>en, tri<u>nk</u>en, Werbu<u>ng</u>, Zeitu<u>ng</u>

F2 Sina 1,2,4 Kirsten 5 Falko 4,6 Tobias 7 Sandra 1,2 Yasmin 3,1,7

Lektion 9

A1 in Frankreich Urlaub machen, eine Kreuzfahrt in der Karibik machen, am Plattensee in Ungarn Urlaub machen, eine Wanderung im Harz machen, an den Gardasee fahren, in die Berge fahren, am Meer Urlaub machen, Camping in Italien machen, einen Deutschkurs in Zürich machen, eine Städtereise nach Berlin machen, nach Paris fahren, eine Weltreise machen, auf Mallorca fahren mit der Transsib von Moskau nach Peking fahren, eine Radtour von Heidelberg nach Stuttgart machen, eine Bus-Rundreise durch Österreich machen, mit dem Auto nach Tschechien fahren.

A3 am Strand in der Sonne liegen, Land und Leute kennen lernen, Sehenswürdigkeiten besichtigen, Ausflüge machen, Sport treiben, einfach mal nichts tun, einen Tenniskurs machen, im Haushalt arbeiten, Zeit für Familie und Hobbys haben, Geld ausgeben

B1 Frankfurt, Bangkok, Tokio, Honolulu (Hawaii), San Francisco, Las Vegas, Grand Canyon

B2 9, 5, 11, 12, 10, 3, 1, 6, 8, 2

B3 1 Wir haben meistens am Strand in der Sonne gelegen.
2 Manchmal haben wir Tischtennis und Volleyball gespielt.
3 Wir wollten auch viele Ausflüge machen.   4 Aber unser Auto ist kaputtgegangen.   5 Wir haben einmal einen Tagesausflug mit dem Bus nach Florenz gemacht.
6 Dort haben wir eine Stadtrundfahrt gemacht.   7 Wir haben viele Sehenswürdigkeiten besichtigt.   8 Dann haben wir einen Stadtbummel gemacht.   9 Wir haben Souvenirs gekauft.   10 Dort haben wir gut gegessen und viel Wein getrunken.   11 Um Mitternacht sind wir dann zum Campingplatz zurückgefahren.   12 Der war aber schon geschlossen.   13 Wir hatten keinen Schlüssel.
14 und mussten im Freien schlafen.   15 Wir haben am nächsten Tag unseren Nachbarn von unserem Ausflug erzählt.
Im Perfekt spricht man über *gestern oder letztes Jahr.*
"Haben" oder "sein" stehen auf *Position 2,* das Partizip Perfekt steht *am Ende.* … benutzt man nicht das *Perfekt,* sondern das *Präteritum.*

B5 *vgl. Hörtexte im Cassetten-/CD-Einleger*

B6 *vgl. Hörtexte im Cassetten-/CD-Einleger*

B7 1 fliegen, fallen, gehen, kommen, umsteigen, umziehen.
2 losgehen, aufwachen, aufstehen, einschlafen, erscheinen

B8 haben gewartet, sind abgeflogen, haben verpasst, sind angekommen, haben gearbeitet, sind zurückgeflogen, haben gemacht, sind gefallen, habe geschlafen, bin ausgezogen, habe gefunden, bin umgezogen, bin gefahren, habe gesessen, bin gegangen.

C1 3 die   10 das   2 das   4 der   9 die   7 der   8 die   1 der   5 die   11 die   6 der

C2 1 das Reisegepäck   2 die Europareise   3 der Reisepreis
4 der Reiseleiter/die Reiseleiterin   5 die Weltreise
6 die Reisegepäckversicherung   7 die Reisepläne.

C3 1a   2b   3a   4b

D1 *vgl. Karten im Umschlag*

D2 *Waagerecht:* 7 Welcher Berg   9 Welche Stadt
10 Welche Stadt   12 Welcher See   16 Welches Bundesland   17 Welche Stadt   18 Welcher Wirtschaftszweig/Welche Industrie   *Senkrecht:* 1 Welches Bundesland   2 Welche Stadt   3 Welches Bundesland
4 Welches Bundesland   5 Welche Stadt   6 Welcher Berg
8 Welcher See   11 Welche Stadt   13 Welche Stadt
14 Welche Stadt   15 Welche Stadt.

E1 Ich muss … sprechen. … aber sie kann … sprechen. … Gerstern in der Italienischstunde war ich die Lehrerin: Die anderen Schülerinnen haben gefragt, und ich habe erzählt …

Nachmittags machen Franziska und ich zusammen
Hausaufgaben .. Ein Mädchen, Mela, hat mich für ...
eingeladen. Gestern hat Franziska mit mir ... gemacht und
mir ... gezeigt. Dann sind wir in das berühmte ... gegangen.
Am Samstag haben wir ... besucht und haben ... gemacht.
Am Sonntag waren wir ... und sind gefahren. Nächste
Woche wollen wir ... besuchen. ... bitte schreib mir mal!

E2 **1** b **2** b **3** a **4** a

E3 **1** hat gewartet **2** war, angerufen. **3** sind gefahren, war
4 war, hat gemacht **5** fahren **6** gehen **7** ist, hat
8 hat korrigiert, gefunden.

E4 *vgl. Hörtexte im Cassetten-/CD-Einleger*

F2 [s]: ist, außerdem, alles, Preis, Disko, Glas, Tasse, etwas,
dreißig, Pässe, heißen, Bus, bis, Schluss. [z]: Sonntag, sehr,
günstig, super, Musik, Saft, Suppe, Käse, sofort.
„ß" = [s]: außerdem; „s" am Wortanfang = [z]: Suppe,
Saft; „s" am Wortende = [s]: Bus, bis; „s" im Wort = am
Silberanfang [z]: günstig / am Silbenende = [s]: Glas.

F3 [z] also, sicher, sechs, Sachen, besuchen, sehen, Süden,
Osten, Kurse, Gläser, Samstag, selten, sehen, leise, lesen,
Sonne, Reise, süß, Pause, Sofa

F4 [ʃ] **Sch**ule, Men**sch**, Fla**sch**e, zwi**sch**en, **sch**enken, fal**sch**,
Sport, **sp**ät, **sp**ielen, **sp**annend, **sp**rechen, **Sp**anisch,
Bei**sp**iel, Ge**sp**räch, Ver**sp**ätung, **St**reit, **St**unde, **st**ill, **St**ock,
stark, **St**ück, ver**st**ehen, bestimmt, an**st**rengend,
Sprech**st**unde, Herbst**sp**aziergang, Gast**sp**iel
„sch" = [ʃ]; „sp" am Wort- oder Silbenanfang =
[ʃt]:Gastspiel, bestimmt; „st" am Wort- oder Silbenanfang =
[ʃp]: Sprechstunde, anstrengend.

G2 *Kästchen von oben nach unten:* 5, 1, 4, 2, 3

G4 eine Reise gebucht, Bücher gekauft, Medikamente gekauft,
die Koffer gepackt.

Lektion 10

A2 **1** Busen **2** Hand **3** Bein **4** Bauch **5** Auge **6** Rücken
7 Mund **8** Knie **9** Arm **10** Fuß **11** Nase **12** Kopf
13 Ohr

A4 b, c, e.
normale Krankheiten : Husten, Schnupfen, Grippe,
Kopfschmerzen, Erkältung *schwere Krankheiten*:
Tuberkulose, Lungenkrebs, Magengeschwür, Herzinfarkt.

A5 **1** müde sein/werden **2** krank sein/werden **3** gesund
sein/werden **4** Kopfschmerzen haben **5** Tabletten
(ein)nehmen **6** Bauchschmerzen haben
7 Rückenschmerzen haben **8** Tropfen (ein)nehmen
9 Medikamente (ein)nehmen **10** zu dick sein/werden
11 hohen Blutdruck haben **12** eine Erkältung haben
13 Übergewicht haben.

A8 *vgl. Hörtexte im Cassetten-/CD-Einleger*

B5 **2** Wieso können Diäten dick machen? **3** Was sagen Sie
als Wissenschaftler zu der neuen Light-Produkten?
4 Welche Tipps können Sie den Leuten, die abnehmen
wollen, noch geben? **5** Herr Dr. Kundel, wir danken
Ihnen für das Gespräch.

B6 schlimm, schlimmer, am schlimmsten, schlimmste; viel,
mehr, am meisten, meiste; wenig, weniger, am wenigsten,
wenigste; dick, dicker, am dicksten, dickste; gut, besser, am

besten, beste; wichtig, wichtiger, am wichtiger, wichtigste;
lang, länger, am längsten, längste; schön, schöner, am
schönsten, schönste; gesund, gesünder, am gesündesten,
gesündeste; schlank, schlanker, am schlanksten, schlankste;
teuer, teurer, am teuersten, teuerste; sparsam, sparsamer,
am sparsamsten, sparsamste; niedrig, niedriger, am
niedrigsten, niedrigste; langsam, langsamer, am
langsamsten, langsamste; schnell, schneller, am schnellsten,
schnellste

Komparativ, Komparativ + „als" **1** Adjektiv + Endung
„-(e)sten" (ohne Nomen) **2** die/der/das + Adjektiv +
Endung + (e)sten (mit Nomen).

B8 **1** teuerste **2** größte **3** größte **4** wertvollste
5 bekannteste **6** meisten **7** jüngste **8** erfolgreichste

C1 **1** Jockey **2** Ärztin **3** Model **4** Gewichtheber

C3 *vgl. Hörtexte im Cassetten-/CD-Einleger*

C4 **1** „weil"- und „obwohl"- Sätze. **2** am Ende.
3 das Subjekt. **4** Nebensatz

C5 *vgl. Hörtexte im Cassetten-/CD-Einleger*

D1 **4** krank – die Krankheit **5** ähnlich – die Ähnlichkeit
6 gesund – die Gesundheit **7** schwierig – die Schwierig-
keit **8** pünktlich – die Pünktlichkeit.
-keit, groß

D2 **1** die Betonung **2** die Bezahlung **3** die Lieferung
4 die Lösung **5** die Übung **6** die Wohnung

D3 **1** Freundlichkeit **2** Pünktlichkeit **3** Ähnlichkeit
4 Gesundheit **5** Schönheit **6** Krankheit **7** Wohnung
8 Schwierigkeiten **9** Betonung **10** Die Lieferung,
Bestellung, Bezahlung **11** Lösungen, Übungen

E2 [x]: machen, lachen, Koch, Woche, suchen, Kuchen,
Bauch, brauchen [ç]: Licht, richtig, König, sprechen,
Würstchen, Gespräch, Griechenland, möchten, Küche,
Bäuche, gleich, euch, Brötchen, manchmal, Milch, durch.
1 [ç] **2** a,o,u; au; [x] **3** [ç] **4** [ç]

E3 *vgl. Hörtexte im Cassetten-/CD-Einleger*

F *Bilder von links nach rechts unten:* 5,2,1,3,4

G1 4, 3, 7, 2, 5, 1, 6

G2 **A** Die Mimose **B** Der Salzer **C** Der Wie-immer-Mann
D Die Ja-Aber-Frau **E** Der Sparsame

Lektion 11

A1 +: Liebe, Glaube, Fantasie, Hoffnung, Ruhe, Energie,
Wärme, Treue, Aktivität. –: Neid, Revolution, Nervosität,
Fernweh, Aberglaube, Angst, Gefahr, Trauer, Kälte
Wortakzent: *vgl. Hörtexte im Cassetten-/CD-Einleger*

A2 *Waagerecht*: **2** bunt **6** grau **7** dunkelbraun **8** violett
10 grün **11** weiß; *Senkrecht*: **1** rot **2** blau **3** schwarz
4 orange **5** gelb **9** grün

B1 *Haare*: lockig, schwarz, blond, rot, grau, glatt, kraus.
Augen: graugrün, braun, blau, schwarz, grün.
Haut/Teint: hell, dunkel, blass, mit Sommersprossen.

B2 Farbtypen und Jahreszeiten. Farbtypen und Länder. Farben
und Alter.

B3 Indien – Herbst-/Wintertypen, Japan – Herbst-
/Wintertypen, Afrika – Herbst-/Wintertypen, Skandinavien

– Frühlings-/Sommertypen
Kinder – Rot/Gelb, Jugendliche – Blau/Brautöne/Schwarz, Erwachsene – immer wieder andere Farben, alte Menschen – Pastelltöne

B4 *vgl. Grammatik*; **1** Adjektive **2** maskulin: *-r*, neutrum: *-s*, Artikel **3** nach Artikeln **4** *n* und *Plural*

B6 **1** rotbrauner **2** grüngelbe **3** stillen **4** grelle **5** großes **6** linke **7** kleiner **8** roter **9** einsamer **10** grüner **11** hellen **12** hellroten **13** kleine **14** weiße **15** kristallene **16** gelber **17** zartes **18** rosafarbene **19** warme **20** orangefarbener **21** warmes **22** blauen **23** angenehme **24** friedlich **25** harmonisch **26** Klare **27** ruhige **28** einfache.

C1 *für sie*: Bluse, Pullover, Hose, T-Shirt, Blazer, Schuh, Socke, Kleid, Hut, Rock *für sie oder für ihn*: Pullover, Hose, T-Shirt, Schuh, Socke, Hut *für ihn*: Bluse, Pullover, Hose, T-Shirt, Krawatte, Anzug, Schuh, Socke, Hemd, Hut, Sakko.

C3 **1** zu einer Hochzeit **2** zu einer Geburtstagsparty

C4 **1**c **2**a **3**e **4**b **5**d

C5 **1** bestimmten **2** unbestimmten / ohne

C6 **1** in der Wohnung, neue Wohnung **2** in der Wohnung, indisches Gericht **3** Telefon, Termin **4** in der Kantine, Kollege **5** im Kleidergeschäft, Pullover

C7 **1**d **2**e **3**a **4**f **5**c **6**b

C8 Kleidung: (Größe) passen, (Farbe, Form) stehen; Personen/Gegenstände; gefallen, finden; Essen: schmecken *Dativ*

D1 3,2,1

D2 *Accessoires*: 1,2,3 *offizielle Treffen*: 3,1,2 *Optionen für den Alltag*: 3,1,2

D3 *vgl. Grammatik*; **1** Dativ **2** Artikeln **3** Plural

E1 verständlich, die Natur – natürlich, die Person – persönlich, die Jugend – jugendlich, die Energie – energisch, die Ungeduld – ungeduldig, der Übermut – übermütig; -ig, -lich, ä, ö, ü

E2 die Gefahr, die Lust, der Schmutz, der Unterschied, männlich, neidisch, pünktlich, saftig

E3 **1** saftig, blutig **2** Farben **3** männliche, neidisch **4** pünktlich, lustig **5** Schmutz, gefährlich

F2 [r] grün, hören, braun, Firma, rot, Problem, Haare, traurig [ɐ] Kleider, immer, Haar, Pullover, warten, fertig

F3 konsonantische (s. F2), vokalische (s. F2)

F5 [ɐ] Paa̱r, Monito̱r, Tastatu̱r, Formula̱r, Tü̱r, Fahre̱r, Mechanike̱r, Friseu̱r, Schauspiele̱r, studie̱rt, fäẖrst, spa̱rt, erklä̱rst, schwe̱r, schwe̱rste, teue̱r, teure̱r, teue̱rste, kla̱r, klare̱r, am kla̱rsten

Lektion 12

A1 **1** a (G) → L. 7 **2** c (W) → L. 7 **3** c (W) → L. 7 **4** c (W) → L. 7 **5** b (G) → L. 7 **6** b (G) → L. 7 **7** a (G) → L. 8 **8** c (W) → L. 8 **9** b (G) → L. 8 **10** a (W) → L. 8 **11** a (G) → L. 8 **12** a (W) → L. 8 **13** b (W) → L. 9 **14** a (W) → L. 9 **15** b (G) → L. 9 **16** a (G) → L. 9 **17** c (G) → L. 9 **18** c (G) → L. 9 **19** a (W) → L. 10 **20** b (G) → L. 10 **21** c (G) → L. 10 **22** b → L. 10 **23** c (G) → L. 10 **24** a (G) → L. 10 **25** c (G) → L. 11 **26** a (W) → L. 11 **27** a (G) → L. 11 **28** a (W) → L. 11 **29** b (W) → L. 11 **30** c (G) → L. 11

B2 falsch, falsch, richtig, falsch, richtig, richtig, falsch

C3 [h]: Hals, Flughafen, Hallo, helfen, heute, Anhang, heißen, hören, wohin, Ruhe, Husten, Nähe; **kein [h]**: Fahrer, Jahr, Sohn, woher, Fehler, früher, gehen, Wohnung, Sahne, Flohmarkt
Das „h" am Wort oder Silbenanfang *hört man*.
Das „h" am Wort- oder Silbenende *hört man nicht*.
Ein „h" nach Vokal macht den Vokal *lang*.

C4 ̲haben Sie hier auch ̲Hüte?, ̲halb so alt wie ̲Hans, ̲hast du ̲heute Zeit?, ̲heute bleibe ich zu ̲Hause, ̲hilf mir doch mal, ̲hol dir ̲Halstabletten, ich möchte ̲heute nicht ausgehen, ich ̲habe ̲Husten, ich ̲heiße Anna ̲Hortmann, lass mich in Ruhe, nach ̲Hamburg oder ̲Heidelberg, sehr ̲höflich und zurück̲haltend, sehr ̲hübsche Schuhe, sind Sie ̲Hanna Ortmann?, stehen mir die Schuhe?, wie alt ist ̲Hanna?, wie findest du ̲Herrn ̲Huber?, wie viel ̲Uhr ist es?, wo̱hin fahrt ihr?, wir führen nur ̲Hemden und ̲Hosen, ̲hilf dir selbst

Wortliste

Seite W1–W34

Wortliste

Wörter, die für das Zertifikat nicht verlangt werden, sind kursiv gedruckt.
Bei sehr frequenten Wörtern stehen nur die ersten acht bis zehn Vorkommen.
„nur Singular“: Diese Nomen stehen nie oder selten im Plural.
„Plural“: Diese Nomen stehen nie oder selten im Singular.
Artikel in Klammern: Diese Nomen braucht man meistens ohne Artikel.

A

ab   62, 67, 68, 84, 86, 89, 90, 103

Abend der, -e   13, 14, 62, 63, 70, 84, 99, 105

Abendessen das, -   54, 84, 105, 113, 123

Abendprogramm das, -e   84

abends   70, 96, 100, 103, 105, 106, 113, AB 69, AB 77

Abenteuer das, -   AB 159

aber   5, 19, 20, 28, 31, 32, 33, 35

Aberglaube der (nur Singular)   131, 132

Abfahrt die, -en   113

abfliegen + SIT   flog ab ist abgeflogen   105, 106

Abflug der, ⁼e   105

abgeflogen = Partizip Perfekt von „abfliegen“   106, 108, 114, 115

abhängen + die Wäsche   84, 85

abhauen   haute ab ist abgehauen   86

abholen + AKK   63, 70, 83, 84, 85, 90, 99, 116

Abi = Abitur das (nur Singular)   80

Abk. = Abkürzung die, -en   AB 99

ablegen + AKK   143

ableiten + AKK + von DAT   du leitest ab, sie/er/es leitet ab leitete ab hat abgeleitet   AB 156

ablenken + AKK   AB 154

abnehmen   du nimmst ab, sie/er/es nimmt ab nahm ab hat abgenommen   119, 121, 124, 130

Abo = Abonnement das, -s   AB 95

abräumen + AKK   AB 99

abreisen   AB 118

abrutschen   AB 100

Absatz der, ⁼e   AB 155

Abschied der (nur Singular)   AB 131

Abschluss der, ⁼se   92, 93

Abschnitt der, -e   AB 148

Absender der, -   AB 91

absolut   AB 77

abspülen   AB 120

abstellen + AKK   84, 85

Abbteilung die, -en   34

abtrocknen + AKK   du trocknest ab, sie/er/es trocknet ab   trocknete ab   hat abgetrocknet   83, 96, 102

abwaschen + AKK   du wäschst ab, sie/er/es wäscht ab   wusch ab hat abgewaschen   83, 86

abwechseln + bei DAT   120

abwechselnd   84, 98, 119

Abwechslung die, -en   AB 130

abwechslungsreich   58

Accessoire das, -s   AB 154, AB 155

ach   39, 46, 54, 55, 63, 90, 100, 101

acht   9, 14, 61, 62, 66, 70, 91, 119

achten   AB 99, AB 122, AB 134, AB 137, AB 142

Addition die, -en   89

Adjektiv-Form die, -en   122

Adjektiv das, -e   32, 39, 122, 133, 134, 139, 142

Adresse die, -n   10, 15, 16, 17, 28, 37, 40, 41, 97

Afrika (das)   5

AG (= Aktiengesellschaft) die   6

aha   40

Ähnlichkeit die, -en   AB 89

ähnlich   16, 68, 137

ähnlich sehen + DAT   du siehst, sie/er/es sieht sah hat gesehen 77

Ahnung die, -en   121, 130, AB 77

Airbus der, -se   6

Airport-Friseur der, -e   6

Akk = Akkusativ der, -e   81, 88

Akkusativ-Ergänzung die, -en   33, 42, 44, 33

Akkusativ der, -e   33, 42, 44, 33, 88, 134, 142

Aktivität die, -en   131, 132, 145

aktuell   31, 103, 135

Akzent der, -e   3, 12, 23, 109

Algebra die   12

Albkohol der (nur Singular)   126

alkoholfrei   127

alle   4, 12, 19, 30, 35, 37, 40, 46

Allee die, -n   AB 28

allein   57, 58, 91, 92, 93, 95, 96, 98

Alleinsein das   92

Allergie die, -n   118, 119

alles   46, 69, 74, 80, 84, 86, 89, 92, AB 17

alles Gute   AB 17

alles Liebe   106

alles Mögliche   129

allgemein   132

Alpen (Plural)   103, 111

Alpengebiet das, -e   AB 124

Alphabet das, -e   27, 74

Alphabet-Lied das, -er   16, 23

Alptraum der, ⁼e   106

als   6, 26, 30, 47, 80, 91, 92, 94

also   12, 20, 27, 37, 43, 67, 84, 92

alt   18, 19, 24, 28, 40, 41, 62, 79

Albter das (nur Singular)   19, 24, 40, 41, 78, 138, AB 23

Alternative die, -n   89, 92

Albtersgruppe die, -n   AB 149

altmodisch   138

Albtstadt die, ⁼e   111, 113

am   20, 23, 28, 49, 54, 60, 61, 80

am liebsten   6, 76

am Stück   56

Ameise die, -n   AB 122

Amerika (das) (nur Singular)   30, AB 32

an   17, 20, 21, 45, 46, 47, 53, 56

anbieten + AKK + DAT   du bietest an, sie/er/es bietet an bot an hat angeboten   141

anbraten + AKK   AB 144

andere   36, 38, 42, 55, 63, 78, 80, 82, AB 11

Augenblick der, -e   AB 79

Augenfarbe die, -n   133

Augu.st der   62, 66, 67, 70

aus   5, 6, 7, 8, 11, 12, 13, 14, 18

ausatmen   AB 98

Ausbildung die, -en   58, 80, 81, 92, 93, 102

ausdenken + sich + AKK dachte aus hat ausgedacht   AB 103

Ausdruck der, ⁻e   14, 28, 42, 56, 70, 74, 88, 90

Ausflug der, ⁻e   60, 99, 111, 113, 137

Ausflugsprogramm das, -e   AB 118

Ausflugstipp der, -s   60

Ausgang der, ⁻e   148

ausgeben + Geld du gibst aus, sie/er/es gibt aus gab aus hat ausgegeben   42

ausgehen ging aus ist ausgegangen   63

ausgewogen   AB 148

ausgezeichnet   137

ausgezogen = Partizip Perfekt von „ausziehen"   94, 138

aushalten   AB 131

auskommen   AB 138

Auskunft die, ⁻e   16

Ausland das (nur Singular)   80, 81, 108

ausleeren + AKK   83, 86, 96

Auslöser der, -   124, 125

Ausnahme die, -n   64, 68, 139

auspacken + AKK   85, 141

ausprobieren + AKK probierte aus hat ausprobiert   147

ausräumen + AKK   84, 85

ausreichen   AB 155, AB 159

ausrichten + DAT + AKK du richtest aus, sie/er/es richtet aus richtete aus hat ausgerichtet   63

Ausrufezeichen das, -   54

ausruhen   113, 114

ausrutschen rutschte aus ist ausgerutscht   126

Aussage die, -n   4, 93, 102, 115, 123, 124, 125

aussagen + AKK   AB 154

ausschalten + AKK du schaltest aus, sie/er/es schaltet aus schaltete aus hat ausgeschaltet   84, 85

ausschlafen du schläfst aus, sie/er schläft aus   68

aussehen + QUA du siehst aus, sie/er/es sieht aus sah aus hat ausgesehen   80, 82, 84, 85, 90, 136

außer   80

außerdem   47, 80

Aussicht die, -en   AB 153

Aussprache die (nur Singular)   AB 99

aussprechen + AKK + QUA du sprichst aus, sie/er/es spricht aus sprach aus hat ausgesprochen   129

aussteigen   AB 122

Ausstellungseröffnung die, -en   62

ausstrahlen + AKK   AB 150

aussuchen + AKK   143

Austauschschülerin die, -nen   AB 127

austral. = australisch   94

Australien (das)   5, 11, 14, 30

auswählen + AKK   120

Ausweis der, -e   27

auswendig   AB 115

ausziehen + DIR zog aus ist ausgezogen   91, 92, 93, 100, 102, 141, 144

Auto das, -s   27, 35, 37, 44, 60, 72, 84, 92, AB 11

Autobahn die, -en   113

Autoindustrie die, -n   112

automatisch   92

Automobil das, -e   AB 155

Autorin die, -nen   AB 79

Autorität die (nur Singular)   AB 155

B

Baby das, -s   84, 95

Babyprogramm das, -e   84

backen + AKK du bäckst, sie/er/es bäckt buk hat gebacken   49, 86

Bäcker der, -   40

Bäckerei die, -en   AB 159

Backwaren die (Plural)   49

Bad das, ⁻er   86, 114

Badeurlaub der (nur Singular)   AB 122

Bahn die, -en   59

Bahnhof der, ⁻e   129

bald   54, 92, 106, 146, AB 50

Ballungsgebiet das, -e   111, 112

Banane die, -n   88, 123, 124

Band die, -s   100

Bank die, -en   72, 84

Bar die, -s   114

Barhocker der, -   AB 159

Basis-Einheit die, -en   AB 36

Basketball der (nur Singular)   80

Bauch der, ⁻e   117, 126

Bauchschmerzen (der) (Plural)   AB 134

Bauernart die (nur Singular)   AB 64

Bauernbrot das, -en   128, AB 64

Bauernhof der, ⁻e   103, AB 63, AB 64

Bauernsalat der (nur Singular)   127

Baumstamm der, ⁻e   AB 150

Baumwoll-Hemd das, -en   135

Baumwoll-Hose die, -n   135

Baumwolle die (nur Singular)   142

Baustelle die, -n   132

bayerisch   111

Bayern   110

Bayern-Rundreise die, -n   113

beantworten + AKK du beantwortest, sie/er/es beantwortet beantwortete hat beantwortet   30, 71, 80, 95, 143

bedanken + sich + bei DAT + für AKK   AB 96

bedeuten + AKK du bedeutest, sie/er/es bedeutet bedeutete hat bedeutet   74, 92, 144, 145

Bedeutung die, -en   AB 123

beeilen + sich beeilte hat beeilt   84, 85, 90

beenden + AKK du beendest, sie/er/es beendet beendete hat beendet   92

beengt   AB 141

Beerdigung die, -en   137

befragen + AKK   AB 138

befriedigend   AB 155

Begegnung die, -en   15

Begeisterung die (nur Singular)   80

beginnen begann hat begonnen   49, 53, 66, 80, 84, 85, 90, 106

begnadet   AB 100

begonnen = Partizip Perfekt von „beginnen"   106, 107, 116

Blick der, -e   104

blond   80, 133, 134

bloß   101

Blume die, -n   AB 64

Blumenladen der, ⸚   AB 159

Bluse die, -n   135, 136, 137, 139, 142

Blut das (nur Singular)   140

Blutdruck der (nur Singular)   118, 119

Blütenhonig der (nur Singular)   AB 64

Blutkreislauf der (nur Singular)   AB 159

Boden der, ⸚   AB 36

Bodensee der   111

bohren + in der Nase   141

Bonbon das, -s   43

boomen   AB 142

Boot das, -e   106, 126

Boutique die, -n   AB 36

Branche die, -n   AB 154

Brandenburger Tor das   111

Brasilien (das)   5, 26

braten + AKK du brätst, sie/er/es brät briet hat gebraten   127

Bratkartoffeln (die) (Plural)   123, 127

Brauch der, ⸚e   AB 103

brauchen + AKK   33, 34, 35, 41, 45, 46, 50, 51

Brauerei die, -en   111

braun   104, 133, 134, 136, 140, 142, 145

braungebrannt   AB 130, AB 159

Braunton der, ⸚e   134

Brief der, -e   88, 148, AB 46

Brieffreund der, -e   AB 90, AB 91, AB 104

Brieffreundschaft die, -en   AB 90, AB 91

Briefkasten der, ⸚   140

Briefkontakt der, -e   AB 90, AB 91, AB 102

bringen + DAT + AKK brachte hat gebracht   55, 84, 96

britisch   18, 28

Brot das, -e   45, 49, 50, 120, 123, 127

Brötchen das, -   86, 123, 124, AB 64

Bruchbude die, -n   AB 122

Brücke die, -n   104, 105

Bruder der, ⸚   51, 77, 78, 79, 90, 102, 144

Brüderlichkeit die (nur Singular)   AB 142

Brühe die, -n   AB 144

Brust die, ⸚e   117

Buch das, ⸚er   36, 37, 50, 56, 74, 80, 90, 109

Buchdruck der (nur Singular)   111

buchen + AKK   AB 118, AB 131, AB 144

Bücherregal das, -e   31

Buchhaltung die (nur Singular)   AB 154

Buchhandlung die, -en   AB 131

Buchstabe der, -n   16, 21, 100, 145

buchstabieren + AKK hat buchstabiert   16, 27, 28, 73

Buddhismus der   27

Buffet das, -s   AB 95

bügelfrei   135

bügeln + AKK   83, 84, 86

Bumerang-Kind das, -er   94

Bumerang der, -s   94

Bundesdeutsche die/der, -n   AB 124

Bundesland das, ⸚er   111, 112, 144

Bundesrepublik die, -en   111

Bundesstaat der, -en   AB 124

bündig   14, 28, 42, 56, 70, 90, 102, 116

Bungalow der, -s   AB 122

Burg die, -en   62, 111, 116

Burgenland das   AB 124

Bürgerhaus das, ⸚er   62

Bürgermeisterin die, -nen   77, 78

Burnus der, -se   AB 150

Büro das, -s   53, 59, 60, 84, 90, AB 36

Büro-Etage die, -n   AB 159

Bürostuhl der, ⸚e   31

Bus-Panne die, -n   113

Bus-Rundreise die, -n   103

Bus der, -se   105, 106, 113, 114, 115

Busen der, -e   117

Business (das) (nur Singular)   136

Busrundfahrt die, -en   113

Bussi das, -s   AB 126

Butter die (nur Singular)   48, 50, 52, 101

Butterkäse der (nur Singular)   52, 56

Buttermilch die (nur Singular)   51

bzw. = beziehungsweise   AB 154

C

Café das, -s   59, 62, 113, 129

Calamares (Plural)   AB 95

Camembert der (nur Singular)   48, 51, 128

Camping das (nur Singular)   103

Campingplatz der, ⸚e   AB 119

Campingurlaub der (nur Singular)   104

Canyon der, -s   AB 118

Cappuccino der, -s   AB 126

Cartoon der, -s   27, 69, 89, 147

Cassette die, -n   11

Cassettenrekorder der, -   133

Cassettensymbol das, -e   74

CD-Player der, -   35, 42

CD die, -s   88, 90

Champagner der (nur Singular)   AB 145

Chance die, -n   46, 84

Chaos das (nur Singular)   92, 95, 100

charakteristisch   134

Charme der (nur Singular)   AB 36

Check-In der (nur Singular)   4

checken + AKK   114

Chef der, -s   58, 63, 68

Chemie die (nur Singular)   AB 124, AB 155

Chemiewerk das, -e   111

Chile (das)   5, 66

China (das)   5, 111

Chinesisch (das)   12, 27

Chirurg der, -en   58

Christentum das   27

City die, -s   AB 11

Clique die, -n   AB 110

& Co. (bei Firmennamen)   59, 70

Cola-Bier das, -e   127

Cola das oder die, -s   25, 26, 28, 55, 121, 123, 127

Computer der, -   12, 35, 36, 37, 40, 41, 42, 87

Computerspiel das, -e   87, 88, 144

cool   39

Cornflakes (Plural)   123

Couch die, -s   39, 62

Couchtisch der, -e   20, 30

Creme die, -s   128, 130

Curry der (nur Singular)   50

Currywurst die, ⸚e   55, 126

D

da   4, 20, 21, 23, 33, 34, 36, 38

Frankreich (das)   35, 70

Französisch (das)   12, 19, 27

Frau die, -en   1, 2, 3, 4, 5, 10, 17, 24, 28

Frauenzeitschrift die, -en   AB 138

frei   58, 62, 69, 80, AB 50

freiberuflich   57, 59

im Freien   AB 120

Freitag der, -e   AB 28

Freitagnachmittag der, -e   116

freitags   AB 46

Freizeit-Stress der (nur Singular)   69

Freizeit die (nur Singular)   57, 69, 105, 138

Freizeitgestaltung die (nur Singular)   AB 46

Freizeitgruppe die, -n   AB 28

Freizeitstomp der, -s   69

fremd   100, 104

Fremdsprachen-Sekretärin die, -nen   136

Fremdwort das, ¨er   113

Freude die, -n   AB 97

freuen + sich + über AKK   AB 93, AB 103, AB 145

Freund der, -e   4, 21, 60, 65, 69, 70, 80, 91

Freundeskreis der, -e   AB 103

Freundin die, -nen   65, 73, 95, 96, 113, 137, 145

freundlich   17, 46, 53, 54

Freundschaft die, -en   95, AB 50

friedlich   AB 150

Frikadelle die, -n   127

frisch   51, 53, 56, 62, 120, 132, 142

frischgepresst   AB 64

Frischkäse der (nur Singular)   128

Friseur der, -e   6, 7, 14, 68

fritieren + AKK hat fritiert   129

fröhlich   45, 132

Fruchtbarkeit die (nur Singular)   132

Fruchtsaft der, ¨e   55

früh   76, 84, 95, 96, 102, 116, AB 79

früher   AB 110, AB 135, AB 138

Frühling der (nur Singular)   66

Frühlingsmorgen der, -   132

Frühlingstyp der, -en   133, 134, 148

Frühstück das (nur Singular)   83, 84, 90, 103, 123, AB 64, AB 76

frühstücken frühstückte hat gefrühstückt   124

Frühstückstisch der, -e   84

frühzeitig   AB 118

fühlen: sich wohl fühlen   89, 136, 142

führen: der Weg führt + DIR   92

Führer der, -   113

Führerschein der, -e   27, 88

Führung die, -en   62

Fülle die (nur Singular)   AB 159

fünf   9, 14, 30, 48, 61, 70, 72, 73

Fünf-Sterne-Hotel das, -s   AB 122

Fünfpfennigstück das, -e   143

funktionieren hat funktioniert   40, 41, 42, 45, 95

für   6, 20, 27, 29, 30, 31, 33, 36

Furcht die (nur Singular)   AB 156

furchtbar   83, 84, 89, 90, 106, 140, 144, AB 79

fürchterlich   AB 156

Fuß der, ¨e   117, 141

Fußball der (nur Singular)   60, 62, 65, 70, AB 68

Fußball der, ¨e   80, 88

Fußballspiel das, -e   60, 65, 69

Fußballspieler der, -   57

Fußboden der, ¨   87, 88

Futon-Stil der   31

füttern + AKK   84

G

gab = Präteritum von „geben"   95, 96, 106, 107, 109

Gang der, ¨e   40, 50, 51, 56

ganz   32, 33, 34, 39, 42, 46, 47, 50

gar nicht   39, 68, 92, 115, 120

gar nichts   80, 95

Garantie die, -n   92

Garnele die, -n   129

Garten der, ¨   AB 64

Gartenmöbel das, -   AB 36

Gartenstadt die, ¨e   111

Gärtner der, -   AB 64

Gast der, ¨e   89

Gastgeber der, -   AB 103

Gasthaus das, ¨er   AB 69

Gastspiel das, -e   AB 129

Gaumen der, -   AB 64

geb. = „geborene"   78

geb. = geboren   126, AB 79

Gebäck das, -e   AB 64

Gebäude das, -   112

gebaut   AB 11

geben + DAT + AKK du gibst, sie/er/es gibt gab hat gegeben   84, 107, 119, 126, 145

geben: es gibt   26, 30, 33, 35, 36, 37, 38, 42, AB 11

Gebirge das, -   112, 116

geblieben = Partizip Perfekt von „bleiben"   106, 116

geboren   18, 28, 66, 70, 79

Geborgenheit die (nur Singular)   AB 159

gebraucht   40, 45, 73

Gebrüder (Plural)   AB 97

Geburt die, -en   95

Geburtsjahr das, -e   19

Geburtsort der, -e   19, 24, 27, 111

Geburtsstadt die, ¨e   111

Geburtstag der, -e   44, 55, 66, 70, 73, 89, 124, 146, AB 17, AB 46, AB 50

Geburtstagsfeier die, -n   89

Geburstagskarte die, -n   AB 102

Geburtstagskind das, -er   AB 103, AB 129

Geburtstagskuchen der, -   AB 94

Geburtstagslied das, -er   AB 103

Geburtstagsliste die, -n   66

Geburtstagsparty die, -s   137

Geburtstagsregel die, -n   AB 102

gedacht = Partizip Perfekt von „denken"   136, 142

Gedanke der, -n   AB 79

Gedicht das, -e   AB 99, AB 141, AB 144

gediegen   AB 154

Geduld die   58

geehrte   AB 91, AB 149

Gefahr die, -en   131, 132

gefährlich   AB 139, AB 156, AB 159

gefallen + DAT du gefällst, sie/er/es gefällt gefiel hat gefallen   47, 76, 136, 137, 142, 147

geflogen = Partizip Perfekt von „fliegen"   106, 107, 108, 114, 116

Gefühl das, -e   140

gefunden = Partizip Perfekt von „finden"   106, 115

gegangen = Partizip Perfekt von „gehen"   106, 107, 114, 116

gegen   89, 125

Gegengrund der, ¨e   93

Gegensatz der, ¨e   AB 150

Gegenstand der, ¨e   AB 153

Gegenteil das, -e   72

geheim   AB 159

Geheimnis das, -se   132

gehen + DIR ging ist gegangen 72, 80, 84, 87, 88, 89, 90, 93

gehen: Das geht (nicht)   34, 46, 52

gehen: Es geht um …   47

gehen: Wie geht's?   2, 8, 11, 14, 20, 21, 26

gehoben = Partizip Perfekt von „heben"   AB 136

geholfen = Partizip Perfekt von „helfen"   147

gehören + zu DAT   120

geht's   2, 8, 11, 14, 20, 21, 26

Geist der (nur Singular)   AB 138

gelaunt: gut gelaunt   AB 115

gelb   131, 132, 134, 140, 142

Gelb-Typ der, -en   AB 159

Geld das (nur Singular)   29, 31, 42, 45, 47, 55, 57, 91

Geldstück das, -e   143

Gelegenheit die, -en   105, AB 46

gelingen   AB 95, AB 96

gelten + für AKK du giltst, sie/er/es gilt galt hat gegolten 107

Gemälde das, -   62

gemein   47

gemeinsam   148

gemischt   25

Gemüse das (nur Singular)   49, 62, 119, 120, 128, 129

Gemüseauflauf der, -e   127

Gemüsebrühe die, -n   AB 144

Gemüsefach das, ¨er   87, 90

Gemüsesuppe die, -n   128

gemütlich   45

genannt   111

genau   11, 14, 28, 36, 38, 42, 53, 55

genauso   35, 82

genervt   80

genial   87

genießen + AKK du genießt, sie/er/es genießt genoss hat genossen   92, AB 64

genommen = Partizip Perfekt von „nehmen"   114

genug   91, 92, 93, 102

Genus-Signal das, -e   134, 139

Genuss der, ¨e   AB 64

geöffnet   46, 73

Geographie die (nur Singular)   112

Gepäck das (nur Singular)   114

gerade   80, 87, 90, 91, 95, AB 11

Gerät das, -e   111, 112

Gericht das, -e   128, 129

gern   25, 49, 52, 54, 56, 60, 67, 69

gerne   20, 26, 28, 54, 55, 58, 60, 62

Gesamtbevölkerung die (nur Singular)   AB 124

Geschäft das, -e   73, 129

Geschäftsbereich der, -e   136

Geschäftsessen das, -   137

Geschäftsleute (Plural)   AB 118

Geschäftsreise die, -n   AB 123

Geschenk das, -e   55, 73, AB 50

Geschenkartikel der, -   AB 36

Geschichte die (nur Singular)   111

Geschichte die, -n   45, 46, 56, 75, 84

geschieden = Partizip Perfekt von „scheiden"   27

Geschirr das (nur Singular)   30, 83, 96, 102

Geschirrspülmaschine die, -n   40

geschlossen = Partizip Perfekt von „schließen"   113

Geschmack der (nur Singular) 126, AB 36

Geschmacksrichtung die, -en   AB 64

geschnitten = Partizip Perfekt von „schneiden"   52, 56

Geschwister (Plural)   78, 79, 90

gesessen = Partizip Perfekt von „sitzen"   106, 114

Gesicht das, -er   AB 100, AB 130

gesoffen = Partizip Perfekt von „saufen"   114

Gespräch das, -e   32, 49, 53

Gesprächspartner der, -   138

Gesprächsthema das, Gesprächsthemen   AB 103

gesprochen = Partizip Perfekt von „sprechen"   113, 129

gest. = gestorben   AB 150

gestalten + AKK   AB 159

Gestaltung die (nur Singular)   AB 63

Geste die, -n   23

gestern   98, 99, 102, 106, 114, 144

gestorben = Partizip Perfekt von „sterben"   121

gesund   120, 121, 122, 123, 127, 130, AB 63

Gesundheit die (nur Singular)   117, 130, 146

Gesundheitslexikon das, Gesundheitslexika   AB 134

Gesundheitsminister der, -   AB 137

Getränk das, -e   25, 49, 112, 120, 127, 129

Getreideprodukt das, -e   120

getroffen = Partizip Perfekt von „treffen"   106

getrunken = Partizip Perfekt von „trinken"   126

geübt   AB 79

Gewand das, ¨er   AB 148

Gewandtheit die (nur Singular)   136

gewesen = Partizip Perfekt von „sein"   106

Gewichtheber der, -   AB 140

gewillt   89

Gewinn der, -e   AB 6

gewinnen gewann hat gewonnen 143

Gewinnzahl die, -en   AB 6

gewisse   AB 89

Gewitter das, -   AB 144

gewöhnen + sich + an AKK   95

gewöhnlich   138, 139

gewonnen = Partizip Perfekt von „gewinnen"   143

Gewürz das, -e   49, 51, 126, 128

Gewürzfarbe die, -n   AB 148

gewusst = Partizip Perfekt von „wissen"   121, 130

gezogen = Partizip Perfekt von „ziehen"   106

gießen + AKK + DIR   AB 144

Gitarre die, -n   12, 41, 65, 80

Gitarren-Musik die (nur Singular)   62

Glas das, ¨er   37, 84, 121, 127, 130

Glasfront die, -en   AB 159

glatt   133

Glaube der (nur Singular)   131, 132

glauben   17, 22, 23, 24, 28, 29, 30, 35

gleich   20, 21, 23, 30, 33, 34, 36, 37

gleiche   136, 142, 143

gleichfalls   130

Gleichheit die (nur Singular)   AB 142

gleichzeitig   84

Glück   das (nur Singular)   58, 80, 140, 146

glücklich   77

Glückwunsch   der, -e   146

Glühwein   der (nur Singular)   127

GmbH   die, -s   136

Goethehaus   das   113

golden   134

gotisch   111

Gott   (der), -er   AB 117, AB 130, AB 131

Gottseidank   113, 114, 116

Grad   der, -e   40

Gramm   das   48, 52, 56

400-Gramm-Packung   die, -en   56

Grammatik-Anhang   der   147

Grammatik   die (nur Singular)   56, 74, 75, AB 76

Graphik   die, -en   123

graphisch   136

Gras   das, -er   140

grasgrün   140, 145

grässlich   AB 79

gratulieren   + DAT   + zu DAT   hat gratuliert   AB 46

grau   133, 137, 138, 140

graublau   140

graugrün   133

greifen   + zum Telefon   griff   hat gegriffen   AB 46

grell   AB 148, AB 150

Grenze   die, -n   112

Griechenland (das)   AB 115

Griechisch   das   12

Grippe   die (nur Singular)   118, 130

grob   AB 63

Grönland (das)   AB 159

groß   12, 32, 58, 62, 67, 73, 80, 89

Groß: die beiden Großen   84

Größe   die, -n   136, 137, 142, 145

Großeltern (Plural)   78, 90

Großmutter   die, -   78, 79, 90

Großstadt   die, -e   92, 111

Großvater   der, -   78, 79, 90

grün   80, 111, 127, 131, 132, 133, 134

Grund   der, -e   93, 144

gründlich   AB 131

Grundumsatz   der (nur Singular)   AB 138

Grundwort   das, -er   AB 123

Gruppe   die, -n   19, 26, 45, 64, 74, 75, 79, 107

Gruppenreise   die, -n   115

Gruß   der, -e   106, AB 17, AB 46

Gulasch   das   50

Gulaschsuppe   die, -n   25, 26, 54, 56, 127

Gummibärchen   das, -   43, 46, 47

günstig   30, 32, 34, 39, 40, 41, 42, 55

gurgeln   AB 157

Gurkensalat   der   AB 152

Gürtel   der, -   135

gut   1, 2, 3, 8, 11, 13, 14, 19, 20

Guten Morgen   1, 2, 14

Guten Tag   1, 2

Gymnasium   das, Gymnasien   AB 91

Gymnastik   die   26

H

Haar   das, -e   95, 117, 133, 134, 142

Haarfarbe   die, -n   80, 90, 134

haben   + AKK   5, 6, 10, 18, 19, 20, 21, 23

hacken   + AKK   AB 144

Hackfleisch   das (nur Singular)   AB 144

Hackfleisch-Teig   der (nur Singular)   AB 144

halb   48, 56, 61, 62, 70, 84, 125, 127

Halbschwede   der, -n   80

halbtrocken   127

Hälfte   die, -n   35, 42, 111

Halle   die, -n   AB 69

hallo   1, 2, 3, 4, 10, 11, 14, 20, 26

Hals   der, -e   77, 117, 146

Halspastille   die, -n   AB 131

halt   47, 51, 63, 100, 114, 125

Halt!   27

Hammelfleisch   das   51

Hand   die, -e   58, 107, 117

Handbewegung   die, -en   AB 145

Handelsfirma   die, Handelsfirmen   111

Handkäs'   der   127, 128, 130

Handwerker   der, -   AB 122

Handy   das, -s   88, 144

hängen   + SIT   AB 100

hängen bleiben   AB 100

harmonisch   AB 150

hart   46, 47, 58, 131, 147

hassen   + AKK   86

Hatschi   130

hatte   = Präteritum von „haben" 95, 96, 102, 105, 106, 148

hätte: Ich hätte gern ...   52, 55, 56, 86, 129, 136, 137, 142

häufigste   AB 142

Hauptattraktion   die, -en   111, 112

Hauptbahnhof   der, -e   AB 11

Hauptfilm   der, -e   AB 79

Hauptgericht   das, -e   127

Hauptrolle   die, -n   126

Hauptsatz   der, -e   93, 100, 124, 125

Hauptstadt   die, -e   105, 111, 144, 145

Haus   das, -er   21, 62, 69, 84, 90, 95, 107, 113

Haus: nach Hause   46, 54, 56, 89, 96

Haus: zu Hause   17, 20, 21, 24, 28, 40, 44, 47

Hausarbeit   die, -en   83, 92, 144

Hausaufgabe   die, -n   84, 97, 98, 99, 102

Hausfrau   die, -en   65, 83

hausgemacht   AB 64

Haushalt   der, -e   35, 42, 77, 83, 84, 96, 102, 144

Haushalts-Blues   der   86

Haushaltsarbeit   die, -en   AB 94, AB 104

Haushaltsgerät   das, -e   35, 36, 72

Haushaltswaren   die (Plural)   30, 36, 49

Hausmann   der, -er   AB 97

Hausnummer   die, -n   AB 23

Haut   die, -e   124, 133, 134, 142

Hautsalbe   die, -n   AB 131

Hautton   der, -e   134

Havanna   die, -s   123

Hawaiihemd   das, -en   AB 155

Hefe   die   49, 53

Hefezopf   der, -e   48

Heft   das, -e   129

heilig   AB 140

Heimat   die (nur Singular)   AB 130

Heimatland   das, -er   114, 123, 129, 144

Heimcomputer   der, -   35

heimisch   AB 64

heimlich   111

Heimweh   das (nur Singular)   AB 141

Heinzelmännchen   das, -   AB 95, AB 97

Kenntnis die, -se   AB 159
Kerl der, -e   61, 126
kerngesund   AB 134
Kerze die, -n   AB 98
kg = Kilogramm   52
Kick der (nur Singular)   80
Kilo das, -s   48, 56, 121, 130
3-Kilo-Paket das, -e   48, 56
Kind das, -er   4, 17, 18, 19, 24,
   27, 28, 43
Kindergeburtstag der, -e   89
Kinderstunde die (nur Singular)
   77
Kinderzimmer das, -   84, 132
Kindesalter das (nur Singular)   134
Kindheit die (nur Singular)   96
Kino das, -s   60, 62, 65, 69, 70,
   73, 76, 113
Kinodienst der (nur Singular)   61
Kiosk der, -e   12
Kirche die, -n   107, 113, 132, 141
Kirsche die, -n   AB 64
Kirschtorte die, -n   111
klappen: es klappt   84, 106, 116,
   125
klar   39, 63, 90, 101, 114, 125, 134
Klasse die, -n   80, 81, 113
Klassenarbeit die, -en   AB 154
Klassenzeitung die, -en   82
klassisch   135
Klavier das, -e   117
Klavierlehrerin die, -nen   AB 100
Klavierzimmer das, -   AB 100
Kleid das, -er   AB 151
kleiden: gut gekleidet   AB 155
Kleider (das) (Plural)   136, 148
Kleiderkauf der (nur Singular)
   135
Kleiderschrank der, -e   84
Kleidung die (nur Singular)   138
Kleidungsstück das, -e   135, 144
klein   26, 39, 52, 82, 91, 100, 113
Kleingedruckte das (nur Singular)
   AB 122
Kleinigkeit die, -en   54, 56, AB 36
Klingel die, -n   91
klingeln   20, 21, 63, 69, 84, 86, 90,
   124
klingen + QUA klang hat
   geklungen   147
Klischee das, -s   138
Klo das, -s   86
Klopapier das (nur Singular)   51,
   87, 88, 90

klug   AB 140
Knäckebrot das, -e   123
knapp   AB 36
Kneipe die, -n   53, 54, 76, 99, 113,
   116, 125
Kneipenbesucher der, -   AB 159
Knie das, -   117
Knoblauch der (nur Singular)   AB
   145
Knoblauchbrötchen das, -   127
Koch der, -e   59
Kochbuch das, -er   AB 144
kochen + AKK   83, 86, 90, 91,
   117, 124, 128, AB 79
Koffer der, -   45, 148
Kognak der, -s   123
Kohlblatt das, -er   AB 144
Kohle die, -n   111
Kohlehydrat das, -e   124
Kohlenhändler der, -   123
Kohlroulade die, -n   AB 144
Kollege der, -n   55, 95, 102, AB
   50
Kollegin die, -nen   20, 55
Kombination die, -en   AB 102
kombinieren + AKK + mit DAT
   hat kombiniert   136
Kombischrank der, -e   31, AB 36
Komfort der (nur Singular)   AB
   131
Komfortmodell das, -e   38
komisch   113, 147
Komma das, -s   89, 93
kommen + DIR kam ist
   gekommen   4, 5, 6, 7, 8, 11, 12,
   13, 14
Kommentar der, -e   AB 100
Komparativ der, -e   119, 122, 130
komplett   31, 84, 103
Kompletteinrichtung die, -en   AB
   36
kompliziert   AB 79
Kompositum das, Komposita
   145
Konferenz die, -en   99
Konfitüre die, -n   AB 64
Konjunktion die, -en   89
Konkurrenz die (nur Singular)   58
können ich kann, du kannst,
   sie/er/es kann   30, 36, 38, 42,
   48, 49, 50, 51
konnte = Präteritum von „können"
   92, 95, 96, 98, 99, 101, 102
konsequent   120

konservativ   AB 154
Konservatorium das,
   Konservatorien   AB 100
Konsonant der, -en   AB 98, AB
   128
Kontakt der, -e   54
Kontaktanzeige die, -n   AB 46
Kontinent der, -e   105
Kontrast der, -e   89, 132
kontrollieren + AKK hat
   kontrolliert   140, AB 69
Konzert das, -e   60, 63, 64, 69, 70,
   100, 112
Konzertkarte die, -n   99
Kopf der, -e   117, 118
Kopfsalat der, -e   51
Kopfschmerzen (der) (Plural)
   105, 106, 118, 119, 124, 130
Korn der (nur Singular)   AB 64
Körper der, -   117, 120
Körperteil der, -e   117, 118, 145
korrigieren + AKK   AB 92, AB
   126
Kosmetik die   36
Kosmetik-Industrie die (nur
   Singular)   AB 142
kosten + AKK du kostest, sie/er/es
   kostet kostete hat gekostet
   30, 33, 34, 38, 39, 40, 41, 48
Kosten (Plural)   121
kostenlos   92
köstlich   AB 64
Kostüm das, -e   112, 136, 142
Kostümball der, -e   137
Kraft die, -e   132
kräftig   AB 148
krank   39, 98, 99, 102, 124, 130,
   144
Kranke die/der, -n   AB 94, AB 134
Krankenhaus das, -er   59, 70, 125
Krankenwagen der, -   140
Krankheit die, -en   118
kraus   133
Kraut das (nur Singular)   127
Kraut das, -er   AB 64
Kräuterbutter die (nur Singular)
   127
Krautwickel der, -   AB 144
Krawatte die, -n   AB 151, AB 155,
   AB 157
kreativ   80
Kreative die/der, -n   AB 154
Kreis der, -e   94
Kreuzfahrt die, -en   116

Nachbarin die, -nen   17, 46
Nachbarland das, ⁻er   112
nachdenken + über AKK   AB 131
nachdenklich   80
nachfragen   AB 63
nachher   101
nachmalen + AKK   AB 133
Nachmittag der, -e   20, 62, 99, 105
nachmittags   28, 105, 113
Nachname der, -n   3, 24
Nachricht die, -en   133, 148, AB 76, AB 79
nachsprechen   du sprichst nach, sie/er/es spricht nach   sprach nach hat nachgesprochen   52, 108
nächste   36, 50, 51, 53, 55, 56, 67, 70
nächstmöglich   136
Nacht die, ⁻e   84, 104, 105
Nachtdienst der (nur Singular) 84
Nachteil der, -e   58
Nachtflug der, ⁻e   105
nachts   57, 58, 60, 65, 124, 126
nackt   AB 97
nah   AB 98
Nähe die (nur Singular)   6, 107, 116
nähen + AKK   AB 97
Nähmaschine die, -n   35, 42
Nahrung die (nur Singular)   AB 138
Name der, -n   2, 3, 4, 6, 8, 10, 11, 14, 15
Namenstag der, -e   AB 50
Namibia (das)   5, 13, 14, 18
namibisch   18, 28
nämlich   20, 89, 91
naschen   123
Nase die, -n   117, 141
nass   AB 100
Nationaltheater das   113
Natur die (nur Singular)   AB 148, AB 156
natürlich   20, 36, 40, 42, 51, 52, 56, 68
Naturwissenschaft die, -en   111
neben   88, 111
nebenan   28
Nebensatz der, ⁻e   93, 121, 124, 125
Neffe der, -n   78, 79, 90
negativ   23, 82, 132

nehmen + AKK   du nimmst, sie/er/es nimmt   nahm hat genommen   20, 21, 26, 27, 28, 38, 42, 47
Neid der (nur Singular)   131, 132
nein   4, 5, 8, 11, 14, 18, 19, 24, 84
Nein-Frage die, -n   AB 96
nennen + AKK   nannte hat genannt   72, 73, 93, 106, 119, 125, 144
nervig   AB 109
nervös   45, 47, 124
Nervosität die (nur Singular)   AB 147
nett   16, 39, 54, 95, 102, 106, 109
neu   20, 21, 40, 43, 66, 68, 80, 81
Neugerät das, -e   AB 46
Neujahr das   9
neulich   115
neun   9, 14, 45, 46, 66, 70, 89, 111
Neuseeland (das)   5
neutral   58
neutrum   12, 134, 139
nicht   10, 15, 17, 18, 19, 20, 21, 23
nicht-alkoholisch   127
nicht-trennbar   85, 90
Nichte die, -n   79, 90
Nichtraucher der, -   AB 144
nichts   49, 63, 68, 80, 89, 95, 104, 106
Nichts zu danken.   49
nie   58, 65, 70, 84, 86, 96, 108, 113
Niederlage die, -n   80
Niederlande die (Plural)   5
Niederösterreich (das)   AB 124
niedlich   AB 97
niedrig   AB 138
niemals   AB 11
niemand   46
Niere die, -n   AB 141
noch   3, 5, 16, 17, 18, 20, 26, 27
Nom. = Nominativ   81
Nomen das, -   12, 23, 32, 33, 37, 43, 81, 82
Nominativ der, -e   28, 33, 37, 78, 112, 134, 139, 142
Nordamerika (das)   5
Norden der (nur Singular)   111, 112
nördlich   112
Nordosten der   AB 124
nordöstlich   116
Nordpol der   16, 28
Nordroute die, -n   104

Nordwesten der   AB 124, AB 125
normal   84, 85, 121, 124, 130
normalerweise   AB 103
Normalschein der, -e   AB 6
Note die, -n   80, 89, 92
Notenständer der, -   AB 100
notfalls   AB 103
notieren + AKK   hat notiert   43, 61, 62, 121
Notiz die, -en   40, 58, 65, 74, 80, 82, 92, 105
Notwendigkeit die, -en   64
November der   66
Nudel die, -n   120
null   9, 14
Null-Diät die, -en   AB 138
Nummer die, -n   9, 10, 16, 25, 27, 62, 112, 120
nur   20, 30, 31, 33, 34, 35, 40, 42, AB 6, AB 11
Nuss die, ⁻e   AB 64
nutzen + AKK   AB 46, AB 63
nützlich   14, 28, 42, 56, 70, 74, 90, 102

O

o.k. = okay   20, 27, 70
oben   23, 46, 50, 51, 53, 56, 80
Ober der, -   54
Oberösterreich (das)   AB 124
Obst das (nur Singular)   49, 62, 119, 120, 123
Obstler der (nur Singular)   AB 64
Obstsaft der, ⁻e   AB 64
Obstsalat der, -e   127
Obstsorte die, -n   AB 64
obwohl   92, 93, 100, 102, 145
obwohl-Satz   93, 100, 102, 121, 124
oder   8, 10, 11, 15, 16, 20, 21, 25
ofenfrisch   AB 64
offen   136
öffentlich   140
offiziell   AB 155
öffnen + AKK   du öffnest, sie/er/es öffnet   öffnete hat geöffnet   20
oft   37, 49, 53, 54, 58, 59, 60, 65
oh   84, 136
ohne   32, 33, 37, 47, 53, 81, 82, 84, AB 11
Ohr das, -en   117
Ohrring der, -e   AB 155
okay   86, 113
Oktober der   66, 70

positiv   AB 147
Possessiv-Artikel der, -   78, 81, 82
Possessivartikel der, -   81, 90
Post   die (nur Singular)   140
postlagernd   AB 90
Postleitzahl die, -en   AB 23
Praktikum das, Praktika   78
praktisch   30, 31, 32, 39, 42
praktizieren + AKK   AB 103
Praline die, -n   AB 50
Präposition die, -en   59, 87, 88
Präpositionalergänzung die, -en   AB 102
Präsens das   21, 28, 70
Präsens das (nur Singular)   96
präsentieren + AKK hat   präsentiert   80, 90, 115
Präteritum-Form die, -en   96
Präteritum-Signal das, -e   96
Präteritum das (nur Singular)   96, 102, 106
Praxis die, Praxen   59, 67, 70
Preis der, -e   30, 40, 48, 56, 62, 73, 129, 135
preiswert   AB 36
Presse-Agentur die, -en   111
Pressestelle die, -n   AB 155
prima   115
Prinzip das, -ien   AB 145
privat   AB 79
pro   30, 143, AB 11
Probe die, -n   67
probieren + AKK hat probiert   52, 56, 76, 127, 130, 137, 141
Problem das, -e   31, 51, 55, 58, 92, 95, 100, 102
Problemfarbe die, -n   AB 158
Produkt-Information die, -en   30
Produkt das, -e   30, 121, 130, AB 63
Produktbörse die, -n   AB 63
Produktpalette die, -n   AB 63
Professor der, Professoren   121
Profi der, -s   57, 61
Programm das, -e   40, 60, 105, 136
programmieren + AKK hat   programmiert   88
Programmkino das, -s   62
Projekt das, -e   45, 114, 129
Prominente die/der, -n   AB 138
Pronomen das, -   32, 33, 42
propagieren + AKK   AB 138
Prospekt der, -e   105, 114

Prost   9, 26, 146
Prozent das, -e   35, 42
Prüfung die, -en   AB 95
Publikum das (nur Singular)   AB 69
Pullover der, -   137, 142, 145
Punk der, -s   62
Punkt der, -e   119, AB 79
pünktlich   86, 98, 105, AB 79
pur   124
putzen + AKK   86
Putzmittel das, -   50
Puzzle das, -s   4, 75

Q

Qual die, -en   AB 100
Qualität die, -en   115, AB 63
Qualitätsware die, -n   33, 34
Quark der (nur Singular)   49
Quatsch der   27
quengeln   84
quer   AB 17
Quiz das, -   121

R

Rad das, ¨er   AB 117
Radio das, -s   12, 14, 41, 130, 133
Radler der, -   127
Radtour die, -en   103
Rampagentin die, -nen   AB 69
Rap der, -s   11, 22, 28, 39, 147
rappelvoll   AB 122
Rat der, Ratschläge   55
Rate die, -n   121
raten du rätst, sie/er/es rät riet hat geraten   17, 19, 22, 35, 51, 87, 121, 128
Ratespiel das, -e   22, 60
Ratgeber der, -   AB 134
Rätoromanisch (das)   AB 124
Ratschlag der, ¨e   54, 55, 119, 130, 145
Rätsel das, -   AB 125
rauchen   96, 119, 130, AB 77
Raucher der, -   AB 109
rauchig   134
raus   69, 86, 113, 148
rausgehen ging raus ist   rausgegangen   99
Realie die, -n   AB 154
rechnen + mit DAT du rechnest, sie/er/es rechnet rechnete hat gerechnet   AB 11, AB 76

recht   136
Recht das, -e   109, AB 76
Recht haben   39
rechts   21, 23, 33, 44, 46, 50, 51, 56
rechtzeitig   AB 103, AB 131
Redaktion die, -en   81
Redaktionsteam das, -s   80, 90
Rede die, -n   AB 103
reden du redest, sie/er/es redet redete hat geredet   129, 141
Refrain der, -s   11, 39
Regal das, -e   31, 39, 47, 50, 56
Regaltür die, -en   AB 36
Regel die, -n   8, 22, 23, 33, 37, 53, 59, 64
regelmäßig   107, 116, 119, 130, 147, AB 79
Regenbogen der, -   AB 147
Regenschirm der, -e   AB 131
Regenwetter das (nur Singular)   AB 131
Region die, -en   111, 112, 147, AB 63
regional   AB 63
reich   107, 138
reichen: Das reicht nicht   AB 68
reichlich   120
Reihe die, -n   71, 87, 143
Reihenhaus das, ¨er   80
rein   36
Reis der (nur Singular)   50
Reise die, -n   103, 106, 109, 113, 114, 116, 145
Reiseapotheke die (nur Singular)   AB 123
Reisebericht der, -e   105
Reisebüro das, -s   82, 114, 115
Reisefieber das (nur Singular)   AB 123
Reisefreiheit die (nur Singular)   115
Reiseführer der, -   145
Reisegepäck das (nur Singular)   AB 123
Reisegruppe die, -n   106, 113
Reisekauffrau die, -en   91
Reiseland das, ¨er   AB 124
Reiseleiter der, -   109, 113
Reiseleiterin die, -nen   7, 24
Reiseleitung die (nur Singular)   115
reisen + DIR du reist, sie/er/es reist reiste ist gereist   57, 58, 80, 113, 115

sprechen + über AKK   6, 17
sprechen: Deutsch sprechen   12, 14
Sprecher der, -   148
Sprechstunde die, -n   AB 129
Spruch der, ⁝e   AB 156
spülen   84
Spülmaschine die, -n   40
spüren + AKK   AB 100
Staatsangehörigkeit die, -en   18, 27, 28
Stadt die, ⁝e   6, 15, 27, 60, 93, 105, 106, 107
Stadtbesichtigung die, -en   113
Stadtbummel der, -   105, 113
Städtereise die, -n   103
Stadtgespräch das, -e   113
Stadtrundfahrt die, -en   103, 105, 106, 116
Stadtrundgang der, ⁝e   113
Stadtschloss das, ⁝er   113
Stadtstaat der, -en   111
Stadtzentrum das, Stadtzentren   112
Stahl der (nur Singular)   111
Stammbaum der, ⁝e   78, 79
stammen + DIR   AB 148
Stammkneipe die, -n   AB 69
Stammkunde der, -n   AB 118
Stammtisch der, -e   80
Standard der, -s   35
ständig   80, 84, 148
Standrücklicht das, -er   40
stark   39, 111, 119, 130
Stärke die, -n   80
Start der, -s   AB 69
starten du startest, sie/es startet   AB 11
Station die, -en   106, 113
Statistik die, -en   35, 123
statt   123, 145
stattfinden sie/er/es findet statt fand statt hat stattgefunden   145
staubsaugen   83
Staubsauger der, -   35, 37
Std. = Stunde die, -n   113
Steak das, -s   127, AB 64
Steckbrief der, -e   78, 79
stehen + SIT stand hat gestanden   4, 8, 12, 20, 21, 33, 44, 46, 148
stehen lassen + AKK   86
Stehlampe die, -n   20, 31, 32, 33, 37, 72
steigen stieg ist gestiegen   AB 11

steigern + AKK   122
Stelle die, -n   AB 77
stellen + AKK + DIR   4, 47, 145
Stellenanzeige die, -n   AB 46
Stereoanlage die, -n   35, 37, 42
stets   AB 159
Stewardess die, -en   87, 90
Stichwort das, ⁝er   133
Stil der, -e   AB 155
still   46, 89, 96
Stille die (nur Singular)   AB 140
Stimme die, -n   46
stimmen   35, 55, 56, 83, 130
stimmhaft   AB 98, AB 128
stimmlos   AB 98, AB 128, AB 129
Stimmton der, ⁝e   AB 143, AB 157
stinken + DAT stank hat gestunken   86
Stock der, Stockwerke   36, 38, 42, 84
Stoff der, -e   74
stören + AKK   100
strahlend   132, 134, 142
Strand der, ⁝e   104, 105, 106
Strandhotel das, -s   103
Straße die, -n   18, 129, 141
Straßenbahn die, -en   113
Straßenmarkierung die, -en   140
streichen + AKK strich hat gestrichen   68
Streit der (nur Singular)   46, 92, 93, 95, 102, 144
streiten du streitest, sie/er/es streitet stritt hat gestritten   89
streng   AB 92, AB 109
Stress der (nur Singular)   57, 58, 65, 130
Strophe die, -n   11, 39, 51, 86
Stück das, -e   25, 26, 54, 56, 121, 128, 130
Student der, -en   24, 91, 92, 102, 138
Studentenwohnheim das, -e   91
Studentin die, -nen   91, 96, 100
studieren hat studiert   59, 70, 91, 93, 100, 113
Studium das, Studien   80, 81, 92
Stufe die, -n   80, 90
Stuhl der, ⁝e   30, 31, 32, 33, 34, 37, 39, 42
Stunde die, -n   40, 84, 105, 106, 114, 129, 147, AB 11, AB 28
stundenlang   89
stündlich   AB 134

Suaheli (das)   12
Subjekt das, -e   21, 33, 73, 93, 124
Suche die (nur Singular)   80
suchen + AKK   4, 23, 29, 31, 33, 34, 36, 38
Südamerika (das)   5
Süden der (nur Singular)   111
Süditalien (das)   AB 131
südöstlich   AB 124, AB 125
Südwesten der (nur Singular)   116
Suite die, -n   AB 140
summen + AKK   43
super   32, 34, 39, 40, 63, 80, 89, 95, AB 6
Super-Schnell-Deutsch-Lern-Gerät das, -e   76
super-günstig   AB 118
Superlativ-Form die, -en   122
Superlativ der, -e   122, 130
Supermarkt der, ⁝e   43, 45, 46, 47, 50, 51, 86, AB 46
Suppe die, -n   25, 26, 28, 127, 128
surfen   103
Surfkurs der, -e   103, 104
süß   127, 128
Süßigkeit die, -en   44, 45, 46, 47, 54, 56, 96
Süßwaren die (Plural)   49
Symbol das, -e   60, 74, 132
symbolisieren + AKK hat symbolisiert   132
sympathisch   122, 136
Symptom das, -e   AB 134
System das, -e   27
Systemmöbel das, -   AB 36
Szene die, -n   AB 79

T

T-Shirt das, -s   135, 136, 139, 142
Tabelle die, -n   6, 17, 22, 23, 28, 30, 47, 68
Tablette die, -n   119
Tabu das, -s   141, 144
Tabu-Farbe die, -n   AB 159
Tafel die, -n   AB 76
Tag der, -e   1, 2, 3, 11, 14, 20, 26, 27
Tagesablauf der (nur Singular)   AB 104
Tagesfahrt die, -en   105, 106
Tagesflug der, ⁝e   105
Tageskalender der, -   60
Tagesmenü das, -s   AB 145

Trend der, -s 91, 92

trennbar 85, 90, 107, 108, 116

trennen + AKK + von DAT 85

Treppe die, -n AB 100

Tresen der, - AB 159

Treue die (nur Singular) 132

trinken + AKK trank hat getrunken 20, 21, 25, 26, 28, 54, 56, 76

Trip der, -s 114

trocken 123, 127

Tropfen der, - 119

trotzdem 80

Tschechien (das) AB 117

tschechisch AB 124

tschüs 14, 84, 90, 130

Tube die, -n 115

Tuberkulose die (nur Singular) AB 134

tun + AKK + DIR 107

tun + nichts 104

Tunesien (das) AB 150

Tür die, -en 14, 84, 94

Turban der, -e AB 150

Türkei die 5

türkis AB 153, AB 1593

Türkisch (das) 12, 27

Turm der, ⁓e 113

Turngemeinde die, -n AB 28

Turnhalle die, -n AB 28

Turnier das, -e AB 92

Turnschuh der, -e AB 155

Tut mir Leid 26, 28, 34, 38, 42, 50, 53, 55

Tüte die, -n 47, 52, 56

TV (das) (= Fernsehen) 36

Twen der, -s 92

Typ der, -en 131, 134, 138, 142

typisch 112, 127, 129, 139, 144

U

U-Bahn-Station die, -en 138

u. a. = unter anderem 105

üben 5, 6, 11, 12, 13, 29, 38, 39

über 6, 17, 19, 25, 30, 34, 35, 39

überall 6, 17, 19, 25, 30, 34, 35, 39

Überblick der (nur Singular) 120

überfüllt AB 159

Übergewicht das (nur Singular) 118

übergießen AB 144

überhaupt 89, 100, AB 68

Überhose die, -n AB 159

überlegen AB 133

übermorgen AB 76

Übermut der (nur Singular) 16

übermütig AB 156

Übern. = Übernachtung die, -en 103

überprüfen + AKK überprüfte hat überprüft 17

überraschen + AKK + mit DAT AB 154, AB 159

Überraschung die, -en AB 113

Überraschungsei das, -er 43, 44, 46, 56

Überraschungseier-Börse die, -n 62

überreden + AKK AB 130

Überschrift die, -en 91, 115

Übersicht die, -en 74, AB 63

übertreiben + es + mit DAT AB 155

übertrieben = Partizip Perfekt von „übertreiben" 113

üblich 106

übrigens AB 92

Übung die, -en 23, 74, 75, 147

Uhr die, -en 14, 58, 61, 62, 67, 69, 70, 73

Uhrzeit die, -en 61, 62, 67, 70, 74

um 47, 55, 58, 61, 62, 63, 67, 68

umfassen + AKK du umfasst, sie/er/es umfasst umfasste hat umfasst AB 32

Umfrage die, -n AB 105

Umgangssprache die (nur Singular) 100

Umgebung die, -en AB 46

umgehen + QUA + mit DAT AB 138

Umlaut der, -e 16

Umsatz der, ⁓e 30

umsteigen stieg um ist umgestiegen 113

umstellen + AKK 119

umziehen AB 121, AB 122

Umzug der, ⁓e 68

unabhängig 92, 93

Unabhängigkeit die (nur Singular) 92

unbedingt 67, 121, 134

unbegrenzt AB 159

unbequem AB 76

unberechenbar AB 159

unbestimmt 137

unbestimmt: unbestimmter Artikel 23, 28, 42

Unbewusste das (nur Singular) 132

und 1, 2, 3, 4, 5, 6, 7, 8, 9, 10

Understatement das, -s AB 154

unerträglich AB 122

Unfall der, ⁓e 113

unfreundlich 17

ungebeten AB 122

ungebunden 80

Ungeduld die (nur Singular) AB 156

ungeduldig AB 156

ungefähr 125

ungenügend AB 155

ungern AB 155

ungesund 127, 131

unglaublich AB 145

Universität die, -en 129

Universitätsabschluss der, ⁓e 92

unmöglich AB 79

unpünktlich 105

unmusikalisch AB 100

unnormal AB 138

Unordnung die (nur Singular) AB 105, AB 109

unregelmäßig 107, 116, 122

uns 33, 34, 44, 45, 46, 56, 60, 68, AB 28

unser 39, 45, 46, 47, 77, 80, 81, 90

Unsinn der (nur Singular) AB 76

unten 23, 46, 50, 51, 53, 58, 63

unter 87, 88, 90, AB 63

unterbrechen + AKK AB 100

untereinander AB 154

untergehen AB 159

Untergeschoss das, -e 36, 38

Unterkiefer der, - AB 114

Unterlagen (die) (Plural) 136

Untermiete die (nur Singular) 93

Unternehmen das, - 30

Unternehmensberatung die, -en AB 155

Unterricht der (nur Singular) 80, 89, 99, 103, 129, 140, 147

unterrichten + AKK AB 159

unterscheiden + sich + in DAT du unterscheidest, sie/er/es unterscheidet unterschied hat unterschieden 121

Unterschied der, -e 145

unterschiedlich AB 63

unterschreiben + AKK unterschrieb hat unterschrieben AB 77

Unterschrift die, -en   AB 91

unterstreichen + AKK   unterstrich hat unterstrichen   12, 37, 68, 81, 88, 93, 95, 100

unterstützen + AKK   du unterstützt, sie/er/es unterstützt unterstützte hat unterstützt   80

Untersuchung die, -en   121

Unterton der, ⁻e 134, 142

unterwegs   6, 55, 57, 60

unzufrieden AB 106

Urlaub der (nur Singular)   67, 70, 92, 94, 95, 96, 99, 103

Urlaubs-Angebot das, -e   103

Urlaubs-Paradies das, -e 111

Urlaubs-Test der, -s AB 117

Urlaubs-Typ der, -en   103

Urlaubsland das, ⁻er   115

Urlaubsort der, -e   AB 118, AB 124

Urlaubspläne (der) (Plural) AB 118

Urlaubspost die (nur Singular)   106

Urlaubswetter das (nur Singular)   AB 117

Urlaubsziel das, -e   111

Ursache die, -n   49

US-Dollar der, -s 29

USA die (Plural) 5

u.s.w. 107, 143

V

Vampir der, -e AB 126

Variante die, -n 132

Varieté-Revue die, -n 62

Varieté das, -s 62, 63, 113

variieren + AKK   hat variiert 101

Vase die, -n AB 100

Vater der, ⁻   43, 44, 56, 78, 79, 80, 90, 95

vegetarisch   127

Veilchen das, - AB 147

Verabredung die, -en   68

verabschieden + sich + von DAT AB 100

verändern + sich   133

Veränderung die, -en 107

Veranstaltung die, -en   62, 108, 116

Veranstaltungskalender der, -   60, 62

Veranstaltungstipp der, -s 60

verarbeiten + zu DAT   AB 144

Verb das, -en 4, 7, 8, 20, 21, 33, 44, 54

Verb-Endung die, -en 21, 68, 96

verbergen + sich + SIT du verbirgst, sie/er/es verbirgt hat verborgen 134

verbessern + AKK   hat verbessert 113

Verbesserung die, -en   AB 28

Verbform die, -en 64

verbieten + DAT + AKK   AB 138

verbinden + AKK   du verbindest, sie/er/es verbindet verband hat verbunden   89, AB 11

Verbot das, -e   64

verbrauchen + AKK   verbrauchte hat verbraucht   85

Verbraucher der, - AB 63

Verbraucherschutzzentrale die, -n 47

verbringen + AKK + SIT   AB 92

Verbstamm der, ⁻e 108

verderben + DAT + AKK   du verdirbst, sie/er/es verdirbt verdarb hat verdorben 89

verdienen + AKK   verdiente hat verdient   57, 91, 92, 140

Verein der, -e   54, 80, 81

Vereinigung die, -en AB 63

Vereinslokal das, -e   25

Vergangene das (nur Singular) 106

vergessen + AKK   du vergisst, sie/er/es vergisst vergaß hat vergessen   85, 105, 106, 108, 113, 116, 124, AB 79

Vergleich der, -e   AB 139

vergleichen + AKK   verglich hat verglichen   2, 4, 9, 10, 22, 23, 30, 33, 78

verheiratet   18, 19, 24, 27, 28, 41, 80, 82

verk: zu verkaufen   40

Verkauf der, ⁻e   55, 62

verkaufen + AKK   verkaufte hat verkauft   30, 40, 47

Verkäufer der, -   33, 38, 52, 53, 59, AB 11

Verkäuferin die, -nen   38, 137

Verkaufshit der, -s 35, AB 36

Verkehr der (nur Singular)   AB 69

Verkehrsknotenpunkt der, -e AB 11

Verkehrsmittel das, -   140

verkocht AB 79

Verlag der, -e AB 154

Verlagszentrum das, Verlagszentren 111

verlangsamen + AKK   AB 159

verlassen + AKK   du verlässt, sie/er/es verlässt verließ hat verlassen   84, 85, 90

verliebt 124, 145

verlieren + AKK   verlor hat verloren   AB 138, AB 141

verloren = Partizip Perfekt von „verlieren"   106

vermeiden + AKK   AB 154

vermengen + AKK + mit DAT   AB 144

vermischt 132, 142

Vermischtes 115

vermitteln + zwischen DAT (und DAT) 132

Vermittlung die (nur Singular)   AB 91

vermuten + dass ...   du vermutest, sie/er/es vermutet vermutete hat vermutet   121

Vermutung die, -en 92

Vernunft die (nur Singular)   AB 156

vernünftig   AB 154, AB 156

Verpackung die, -en 56

verpassen + AKK   du verpasst, sie/er/es verpasst verpasste hat verpasst   106, 108, 113, 114, 116, AB 79

Verrat der (nur Singular) 131

verreisen du verreist, sie/er/es verreist verreiste ist verreist   94

Vers der, -e 76

verschieben + AKK   verschob hat verschoben AB 79

verschieden   128

verschiedene   30

Verschönerung die, -en AB 36

verschreiben + DAT + ein Medikament   AB 136

verschwinden AB 96

Versicherung die, -en   AB 123, AB 154, AB 155

versorgen + AKK   AB 94

Verspätung die, -en   105, 106

Versprechen das, -   AB 138

Verstand der (nur Singular) 131

verstanden = *Partizip Perfekt von*
  „*verstehen*" *113, 115*
verständlich *AB 156*
Verstärker der, - *AB 127*
Versteck das, -e *88*
verstecken + AKK versteckte hat
  versteckt *88*
verstehen + AKK verstand hat
  verstanden   49, 85, 91, 100, 114,
  115, 133
verstellbar *31*
versuchen + zu + Infinitiv
  versuchte hat versucht   84, 85
verteilen + AKK   AB 94, AB 144
Vertrag der, -äe   AB 142
Vertretung die, -en *AB 69*
Verwandte die oder der, -n (ein
  Verwandter)   77, 93
Verwandtschaft die, -en *AB 104*
verwöhnen + AKK + mit DAT *AB*
  95
Verzeihung die (nur Singular)   51,
  53, 61
verzichten + auf AKK du
  verzichtest, sie/er/es verzichtet
  verzichtete hat verzichtet *92*
verzweifelt *AB 76*
Video das, -s *36*
Videogerät das, -e *AB 46*
viel   6, 16, 20, 21, 29, 30, 31, 33
viele   80, 85, 90, 92, 93, 94, 95,
  100
Vielen Dank! *16, 38, 41, 49, 51,*
  52, 54, 56
vielleicht   17, 20, 22, 24, 26, 28,
  29, 30
vier   9, 14, 69, 71
viermal   65
Viertel das, - *35, 42, 56, 61, 70, 105*
Vietnam (das) *5*
Vietnamesisch (das) *12*
violett *80, 132, 140*
Violett-Typ der, -en *AB 159*
Viskose die (nur Singular) *135*
Vogel der, -̈ *80*
Vokabel die, -n *AB 141*
Vokabelheft das, -e *20*
Vokal der, -e *43, 74*
Vokalwechsel der, - *68, 84*
Volksfest das, -e   112
Volksgruppe die, -n   AB 148
Volkshochschule die, -n   54, 59
Volksmund der (nur Singular)
  111

voll   126, 134, 141, 142
Volleyball der (nur Singular) *54,*
  AB 28
Volleyball-Techniken die (Plural)
  AB 28
völlig   106, 116, AB 79
Vollkornbrot das, -e *AB 64*
vollständig *136*
vollwertig *120*
vom   21, 60, 67, 68, 70
von   3, 4, 6, 7, 8, 10, 14, 15, 16
vor   4, 35, 46, 47, 53, 61, 66, 70
vor 3 Jahren   108
vor allem   92, 95, 120, 132
vorbei   28, 69, 76, 115, 125, AB 28
vorbeilaufen + SIT läufst vorbei,
  läuft vorbei lief vorbei ist
  vorbeigelaufen *AB 100*
vorbeikommen + SIT   kam vorbei
  ist vorbeigekommen   67, 125
vorbeischauen + SIT *AB 103, AB*
  118
vorbereiten + AKK du bereitest
  vor, sie/er/es bereitet vor
  bereitete vor hat vorbereitet
  84, 85
Vorbild das, -er *AB 155*
Vordergrund der (nur Singular)
  AB 150
Vorführung die, -en *105*
vorgehen + drei Felder ging vor
  ist vorgegangen *71*
Vorhang der, -̈e   AB 159
vorher   101, AB 77
vorlesen + DAT + AKK du liest
  vor, sie/er/es liest vor las vor
  hat vorgelesen *84, 85, 143*
Vorliebe die, -n *AB 148*
Vormarsch der (nur Singular) *35*
Vormittag der, -e   62, 67, 99
Vorname der, -n   3, 6, 10, 16, 24,
  27, 73
vorne   33, 34, 36, 38, 50, 51, 74,
  84, 87
Vorschau die (nur Singular) *60*
Vorschlag der, -̈e   64
Vorschule die (nur Singular) *84,*
  90
Vorsicht die (nur Singular)   AB
  103, AB 138, AB 156
vorsichtig *AB 154, AB 156*
Vorsilbe die, -n *85, 107, 108,*
  113, 144, 145
Vorspeise die, -n *127*

vorspielen + AKK *146*
vorstellen + DAT + AKK   79, 80,
  85, AB 63
vorstellen (sich etwas)   106
Vorstellung die, -en   59, 68, 106
Vorteil der, -e   58
Vorwahl die, -en   27, AB 6
Vorzugsmilch die (nur Singular)
  AB 64
VWL-Studium das (nur Singular)
  80

W

waagerecht   AB 125, AB 147
wach   84, 107
Wachstum das (nur Singular) *132*
Wagen der, -   102
Wahl die (nur Singular)   120
wählen + AKK   11, 21, 39, 65, 78,
  101, 147
wahr   62
Wahrheit die, -en   138
wahrscheinlich   AB 136
Währung die, -en *29, 30*
W-Frage die, -n *4, 8, 14*
Wahrzeichen das, - *111, 112*
Wald der, -̈er   111
Waldhonig der (nur Singular) *AB*
  64
Walnussöl das (nur Singular) *52,*
  56
Wand die, -̈e   141
wandern   AB 115
Wanderung die, -en *103, 137*
wann   18, 28, 62, 66, 67, 68, 70, 73
Wanze die, -n *148*
war *84, 87, 90, 92, 95, 96, 98, 99*
wäre *125*
warm   127, 131, 132, 134, 142
Wärme die (nur Singular)   131
Warnung die, -en *AB 138*
warten + auf AKK   du wartest,
  sie/er wartet wartete hat
  gewartet   45, 46, 47, 67, 106,
  107, 114, 116
warum   33, 47, 58, 82, 92, 93, 95,
  98
Warum-Frage die, -n *102*
was   3, 4, 6, 7, 8, 9, 10, 13, 14
Waschbecken das, - *87, 90*
Wäsche die (nur Singular)   83, 84,
  86
Wäscheberg der, -e *AB 95*
waschen + AKK du wäschst,

Wohnstudio das, -s   62
Wohnung die, -en   19, 20, 21, 24, 28, 39, 41, 68
2-Zimmerwohnung die, -en   91
Wohnungstür die, -en   17, 20, 21
Wohnwagen der, -   35, 37, 42
Wohnzimmer das, -   20, 21
wollen ich will, du willst, sie/er will wollte 63, 64, 68, 69, 70, 92, 95, 96, AB 63
Wollteppich der, -e   31, 36
Wort das, ¨-er   12, 27, 37, 43, 46, 47, 54, 72
Wortakzent der, -e   22, 43, 85, 108, 113
Wörterbuch das, ¨-er   12, 54, 56, 64, 88, 107, 147
Wortkarte die, -n   AB 102, AB 134, AB 151
Wortliste die, -n   12, 22, 38, 74, 107, 147
Wortschatzarbeit die (nur Singular) AB 104
Wunder das, -   AB 124, AB 134, AB 148
wunderbar   16, 113, 114
wunderschön   111
wundervoll   39
Wunsch der, ¨-e   52, 56, 64
wünschen + DAT + AKK   AB 95, AB 103, AB 152
wünschen: Sie wünschen?   52
wurde = Präteritum von „werden" 95, 96, 102, 121, 130
Würfel der, -   71
Würfelzucker der, -   121, 130
Wurfholz das, ¨-er   94
Wurst die, ¨-e   56, 119, 126
Würstchen das, -   25, 26, 50, 54, 124, 127
Wurstwaren die (Plural)   49
wütend   140

X

x-mal   27

Y

Yuppie der, -s   138, 139, 142

Z

z. B. = zum Beispiel   85, 111, 143
Zahl die, -en   9, 14, 22, 73, 74
Zahlenangaben die (Plural)   42
zahlreich   111

Zahn der, ¨-e   115
Zahnarzt der, ¨-e   99
Zahnpasta die, Zahnpasten   115
Zank der (nur Singular)   AB 140
zart   AB 150, AB 148
zartgeräuchert   AB 64
ZDF das   111
zehn   9, 14, 66, 70
Zehnmarkschein der, -e   88
Zeichen das, -   111, 112
zeichnen + AKK du zeichnest, sie/er/es zeichnet zeichnete hat gezeichnet   136
Zeichnung die, -en   141
Zeigefinger der, -   AB 114
zeigen + DAT + AKK   80, 84, 115, 136, 137, 142
Zeile die, -n   10, 24, 41, 53, 65, 76, 89, 100
Zeit die, -en   6, 40, 42, 45, 52, 57, 58, 62
Zeitangabe die, -n   67, 70
Zeitform die, -en   106
zeitlich   124, 125
zeitlos   AB 36
Zeitschrift die, -en   36, 88
Zeitschriftenverlag der, -e   111
Zeitung die, -en   36, 37, 50, 59, 70, 111
Zeitungsanzeige die, -n   AB 108
Zeitungsausschnitt der, -e   AB 100
Zeitungsbericht der, -e   111
zentral   AB 11
Zentrale die, -n   111
Zentrum das, Zentren   27, 111, AB 11
Zeppelin der, -e   16, 27
Zettel der, -   5, 20, 21, 45, 55
Zeug das (nur Singular)   115
ziegelrot   AB 150
ziehen + die Aufmerksamkeit auf AKK zog hat gezogen   132
Ziel das, -e   73, AB 63
ziemlich   91, 109, 116
Zigarette die, -n   12, 43, 44, 50, 96
Zimmer das, -   68, 91, 95, 98
2-Zimmerwohnung die, -en   91
Zitat das, -e   AB 138
zögern   80, 92
Zoll der   40
Zoo der, -s   60
zu   6, 11, 12, 13, 17, 20, 21, 22
zu Besuch   17, 20

zu dritt   78, 80, 88, 100, 107, 109, 137
zu Hause   84
zu wenig   55
zu zweit   6, 11, 12, 13, 29, 38, 39, 40
zubereiten + AKK   AB 95, AB 96, AB 144
Zucker der (nur Singular)   20, 21, 28, 50
zudecken + AKK   AB 144
zuerst   38, 52, 53, 87, 93, 143
zufällig   AB 159
zufrieden   47
Zug der, ¨-e   116, 129
zugleich   132, AB 11
zuhören + DAT   80, 84, 85, 86, 90, 92
Zukunft die (nur Singular)   80, 82, 90, 92, 140, 146, AB 11
Zukunftspläne (der) (Plural)   AB 92, AB 102
zum (= zu dem)   4, 17, 20, 21, 23, 28, 31, 44
zunächst   AB 159
zunehmen du nimmst zu, sie/er/es nimmt zu nahm zu hat zugenommen   124
Zungenbrecher der, -   AB 158
zuordnen   AB 148
zur (= zu der)   52, 60, 62, 68, 70, 72, 74
zurück   84, 87, 90, 92, 95, 100, 102
zurückbringen + AKK brachte zurück, hat zurückgebracht   AB 95
zurückfahren + DIR du fährst zurück, sie/er/es fährt zurück fuhr zurück ist zurückgefahren 106, 115
zurückfliegen + DIR   flog zurück ist zurückgeflogen   94, 114
zurückgeben + DAT + AKK du gibst zurück, sie/er/es gibt zurück gab zurück hat zurückgegeben 44, 49, 56
zurückgeflogen = Partizip Perfekt von „zurückfliegen"   114
zurückgehen + DIR   ging zurück ist zurückgegangen   71, 87
zurückhaltend   80
zurückkommen + DIR   kam zurück ist zurückgekommen   92, 95
zurückwerfen + AKK   du wirfst

Buchstaben und ihre Laute

Vokale

einfache Vokale:
Der Ton macht die Musik

a	[a]	dann, Stadt
a, aa, ah	[a:]	Name, Paar, Fahrer
e	[ɛ]	setzen, Geste
	[ə]	setzen, Geste
e, ee, eh	[e:]	den, Tee, nehmen
i	[ɪ]	Bild, ist, bitte
i, ie, ih	[i:]	mir, Spiel, ihr
o	[ɔ]	doch, von
o, oo ,oh	[o:]	Cola, Zoo, wohnen
u	[ʊ]	Gruppe, hundert
u, uh	[u:]	gut, Stuhl
y	[y]	Gymnastik
	[y:]	Typ

Umlaute

ä	[ɛ]	Gäste
ä, äh	[ɛ:]	spät, wählen
ö	[œ]	Töpfe, zwölf
ö, öh	[ø:]	schön, fröhlich
ü	[y]	Stück, Erdnüsse
ü, üh	[y:]	Tür, Stühle

Diphthonge

ei, ai	[ai]	Weißwein, Mai
eu, äu	[ɔy]	teuer, Häuser
au	[aʊ]	Kaufhaus, laut

Vokale in Wörtern aus anderen Sprachen

ant	[ã]	Restaurant
ai, ait	[ɛ:]	Portrait, Saison
ain	[ɛ:]	Refrain
au	[o]	Restaurant
äu	[ɛ:ʊ]	Jubiläum
ea	[i:]	Team
ee	[i:]	Darjeeling
eu	[e:ʊ]	Museum
	[ø:]	Friseur
ig	[aɪ]	Design
iew	[ju:]	Interview
on	[õ]	Saison
oa	[oʊ]	Toaster
oo	[u:]	cool
ou	[aʊ]	Couch
u	[ʌ]	Curry, Punk, Puzzle

Konsonanten

einfache Konsonanten

*b, bb	[b]	schreiben, Hobby
*d	[d]	einladen
f, ff	[f]	Freundin, Koffer
*g	[g]	Wagen
h	[h]	Haushalt
j	[j]	Jahr
k, ck	[k]	Küche, Zucker
l, ll	[l]	Telefon, alle
m, mm	[m]	Lampe, Kaugummi
**n, nn	[n]	Mantel, kennen
**p, pp	[p]	Papiere, Suppe
qu	[kv]	Qualität
*r, rr, rh	[r]	Büro, Gitarre, Rhythmus
**s, ss	[s]	Eis, Adresse
	[z]	Sofa, Gläser
ß	[s]	heißen
t, tt, th	[t]	Titel, Mittag, Methode
v	[f]	verheiratet, vielleicht
	[v]	Varieté, Verb, Video
w	[v]	Wasser
x	[ks]	Infobox
z	[ts]	Zettel

*am Wortende / am Silbenende

-b	[p]	Urlaub
-d, -dt	[t]	Fahrrad, Stadt
-g	[k]	Dialog
nach -i-	[ç]	günstig, ledig
-r	[ɐ]	Mutter

**Konsonanten mit Varianten

ch	[ç]	nicht wichtig
	[x]	Besuch
	[k]	Chaos, sechs
ng	[ŋ]	langsam
ph	[f]	Alphabet
sch	[ʃ]	Tisch
st *am Silben-anfang*	[ʃt]	stehen, verstehen
sp *am Silben-anfang*	[ʃp]	sprechen, versprechen
-t- *vor* ion	[ts]	Spedition

Quellenverzeichnis

Umschlagfoto mit Alexander Aleksandrow, Manuela Dombeck, Anja Jaeger, Kay-Alexander Müller und Lilly Zhu:
Arts & Crafts, Dieter Reichler, München

Kursbuch

Seite 77/78:	Fotos: Silke Hilpert, München
Seite 83:	Cartoon: Wilfried Poll, München
Seite 84:	Text aus: Stern 45/94, Petra Schnitt/STERN, Picture Press, Hamburg; Fotos: Michael Wolf/VISUM, Hamburg
Seite 89:	Cartoon: Peter Gaymann, © CCC Arno Koch, München
Seite 94:	Foto C: Andrea Mahlknecht, Landshut
Seite 101:	Cartoon: Erich Rauschenbach, © CCC Arno Koch, München
Seite 103:	Foto links, oben rechts: René Grimm, München; Mitte, unten: Erna Friedrich, Ismaning; rechts unten: PhotoPress, Stockdorf (Seve)
Seite 104:	Foto A, D, E: Erna Friedrich, Ismaning; B: Bavaria Bildagentur, Gauting (Picture Finders); C, F: PhotoPress, Stockdorf (Schöfmann, Fuhrmann)
Seite 105:	Foto rechts: Erna Friedrich, Ismaning
Seite 107:	Wörterbuchauszüge aus: Langenscheidts Großwörterbuch Deutsch als Fremdsprache, München, 1998
Seite 114:	Fotos: Tourismus-Zentrale Hamburg
Seite 115/129/141:	Cartoons: © Tom Körner, Berlin
Seite 117:	Abbildung: Zirkusleute von Karl Hofer, Museum Folkwang, Essen
Seite 120:	Abbildung: DGE-Ernährungskreis, © Deutsche Gesellschaft für Ernährung e.V., Frankfurt/Main
Seite 122:	Fotos: 2x Mitte: dpa, Zentralbild Berlin (Harry Melchert, Carsten Rehder); links: Otto Versand, Hamburg; rechts: EMI Köln (Frank Bender)
Seite 123:	Grafik oben aus: Spiegel special Nr. 4/1996, Spiegel-Verlag, Hamburg
Seite 126:	Liedtext: Horst-Herbert Krause/Diether Krebs; Musik: Juergen Triebel © by Edition Accord Musikverlag GmbH. Hamburg; Foto: EMI Köln (Frank Bender)
Seite 128:	Foto oben: dpa (Brakemeier); Foto 1, 3, 4: MHV-Archiv; 2: Spanisches Fremdenverkehrsamt (Francisco Ontañoñ), Frankfurt/Main; 5: IKEA Deutschland Verkaufs-GmbH & Co.; 6: Kikkoman Trading Europe, Düsseldorf
Seite 131/133:	Fotos Typberatung: Südwest Verlag, München
Seite 135:	Fotos: Quelle Schickedanz AG & Co., Fürth
Seite 136:	Foto: Siegfried Kuttig, Lüneburg
Seite 144:	Foto links oben: Tourismus-Zentrale Hamburg; Mitte: Siegfried Kuttig, Lüneburg; rechts unten: Erna Friedrich, Ismaning
Seite 145:	Foto Mitte links: Helga Schmid, Forstinning; Mitte rechts: Tierbildarchiv Angermayer, Holzkirchen; Siegfried Kuttig, Lüneburg

Arts & Crafts, Dieter Reichler, München: Seiten 80, 91, 100, 105 links, 118, 123, 124
Manfred Tiepmar/Rosa-Maria Dallapiazza/Eduard von Jan, Frankfurt/Main: Seiten 79, 82, 96, 107, 108, 119, 121, 137, 147
Werner Bönzli, Reichertshausen: Seiten 87, 88, 94 (A,B,D), 124, 135, 137 oben

Arbeitsbuch

Seite 89:	Fotos A+H: Süddeutscher Verlag, Bilderdienst, München; B+G: Angelika Rückert, Ismaning; C+F: Ernst Kirschstein, Ismaning; D+E: Kurt Bangert, Wolnzach
Seite 99/129:	Wörterbuchauszüge aus: Langenscheidts Großwörterbuch Deutsch als Fremdsprache, München, 1998
Seite 108:	Foto links Mitte, 2 x rechts oben/links unten: Gerd Pfeiffer, München; Haltestelle: Jens Funke, München
Seite 111:	Foto: Gerd Pfeiffer, München
Seite 118:	Fotos: siehe Kursbuch Seite 104
Seite 133:	Foto links: Otto Versand, Hamburg; rechts: MHV-Archiv
Seite 138:	Foto 1: (André Durand), 2: (dpa), 3: (Markus Beck), 4: (Jung) alle dpa Frankfurt/Main; Text aus: Stern 10/93, © Volker Pudel, Georg Westermeyer/STERN, Picture Press, Hamburg
Seite 139:	Flugzeug: DASA, München; Auto: Adam Opel AG, Rüsselsheim; Ballon: Pionier Travel, Stöttham; Bahn: Deutsche Bahn AG, Berlin; alle anderen: Prospektmaterial
Seite 140:	Foto oben links/rechts: (Mike Nelson)/Stringer) dpa Zentralbild, Berlin; Modell: Wöhrl Bekleidung, Nürnberg
Seite 141:	Gedicht aus: Gesammelte Werke von Erich Fried, Verlag Klaus Wagenbach, Berlin
Seite 143:	Zeichnungen von Katja Dalkowski aus: Sprechen Hören Sprechen, Verlag für Deutsch, Ismaning
Seite 145:	Text aus: Stern 51/94, Hans-Heinrich Ziemann/STERN, Picture Press, Hamburg
Seite 150:	Bild: Städtische Galerie im Lenbachhaus, München
Seite 154:	Fotos: Siegfried Kuttig, Lüneburg
Seite 155:	Schaubild aus: Stern 37/95, © STERN, Picture Press, Hamburg
Seite 159:	Textauszug aus: Stern 45/94, © Uwe Rasche/STERN, Picture Press, Hamburg

Art & Crafts, Dieter Reichler, München: Seiten 106, 108 (alle anderen), 115, 136, 140 (alle anderen), 144
Manfred Tiepmar, Rosa-Maria Dallapiazza, Eduard von Jan: Seiten 94, 134, 137,
Werner Bönzli, Reichertshausen: Seiten 98, 108 (Inseratleserin, Zwiebeln, Kalender), 114, 129.

Wir haben uns bemüht, alle Inhaber von Bild- und Textrechten ausfindig zu machen. Sollten Rechteinhaber hier nicht aufgeführt sein, so wäre der Verlag für entsprechende Hinweise dankbar.